Le duc d'Enghien, François Joseph Bosio, Château de Versailles. © RMN

FLORENCE DE BAUDUS

LE SANG DU PRINCE

Vie et mort du duc d'Enghien

ÉDITIONS DU
ROCHER
Jean-Paul Bertrand

DU MÊME AUTEUR

Julie, divertissement (ouvrage collectif), L'Âge d'Homme, 1996.
Volkoff lapidaire, 314 aphorismes, L'Âge d'Homme, 2000.
Le Lien du sang, Éditions du Rocher, 2000.

ISBN 2 268 04143 3

Contemplons avec vénération les siècles écoulés, rendus sacrés par la mémoire et les vestiges de nos pères ; toutefois n'essayons pas de rétrograder vers eux, car ils n'ont plus rien de notre nature réelle, et si nous prétendions les saisir, ils s'évanouiraient.

CHATEAUBRIAND,
Mémoires d'outre-tombe.

PROLOGUE À PRAGUE

Le tramway 22, bon gros véhicule confortable, m'a déposée rue Loretanska qui monte au Hradschin, château des rois de Bohême.

Je suis seule à Prague et Prague est à moi pour tout ce dimanche de novembre : je m'enchante de passer cette journée à découvrir sa beauté baroque.

Sur la place Hradcanske namesti, il faut d'abord passer devant le musée de la Torture : dans la cour carrée, au milieu des canons la gueule en l'air, un mannequin grandeur nature représente un bourreau revêtu de la tête aux pieds d'une cagoule noire. Les mains cachées dans ses manches, debout derrière une guillotine, il semble attendre sa ration de condamnés.

Au bout de la place qui se termine en terrasse à l'entrée du château, la perspective est plus réconfortante et je contemple avec bonheur la ville qui déploie sous mes yeux les toits de ses maisons ocres, roses et bleues.

À la cathédrale Saint-Guy, j'ai assisté à la messe, comme Chateaubriand, venu rendre visite au roi Charles X en exil. J'ai flâné sur le pont Charles, entre les statues de pierre et les vendeurs de grenats. À Staré Mesto, au cœur de la vieille ville, je me suis fondue dans la foule des badauds pour assister au défilé des automates de l'hôtel de ville. En fin d'après-midi, la pluie et le froid m'ont poussée vers l'église Saint-Nicolas : là où Mozart en personne avait joué de l'orgue, commençait un concert. Bercée par l'*Ave verum*, je me suis mise à rêver au duc d'Enghien, prince de la famille royale de France qui, par l'intermédiaire de sa bien-aimée Charlotte, m'amenait en Bohême et m'inspirait une nouvelle aventure littéraire.

Au cimetière parisien de Picpus, séparées par une grille bleue des deux fosses où reposent les mille trois cent six victimes guillotinées pendant les six dernières semaines de la Terreur révolutionnaire, se côtoient les tombes de leurs descendants. Pendant que j'écrivais leur histoire [1], j'avais remarqué l'inscription gravée sur une tombe modeste :

Ici repose Charlotte-Louise-Dorothée, princesse de Rohan-Rochefort, décédée à Paris le 1er mai 1841, à l'âge de soixante-treize ans et demi.

Modèle de bonté et d'amabilité, elle réunissait toutes les qualités du cœur et de l'esprit. Sa vie péniblement traversée par les chagrins fut exemplaire et chrétienne.

En novembre 1803, elle avait épousé secrètement Louis-Antoine-Henri de Bourbon-Condé, duc d'Enghien.

Elle fut fidèle au souvenir.

Après de brèves recherches, j'avais correspondu avec la comtesse Kottulinsky, née princesse Marguerite de Rohan-Rochefort, descendante du prince Benjamin, neveu de la princesse Charlotte, qui avait fait souche en Autriche.

Dans une de ses lettres [2], Mme Kottulinsky m'avait raconté une anecdote aussi romanesque qu'étrange : le cœur du duc d'Enghien, enveloppé dans une boîte en velours, aurait été adressé discrètement à la princesse Charlotte. Enfermé dans une urne, il aurait été conservé près de deux siècles dans la chapelle de Loukov, nécropole des Rohan, à quelques kilomètres de leur château de Sychrov, au cœur de la Bohême.

En 1986, les tombes des princes de Rohan furent profanées et l'urne contenant le cœur du duc d'Enghien brisée. La comtesse

1. Florence de Baudus, *Le Lien du sang.*

2 Lettre citée *in extenso* dans *Le Lien du sang.*

Kottulinsky recueillit la précieuse boîte de velours et la rapporta en France en juillet de cette année-là, dans la plus grande discrétion à cause des autorités communistes tchèques. Au cimetière de Picpus, en présence de quelques membres de sa famille, dont Mme la comtesse de Paris, Mme Kottulinsky déposa cette boîte, protégée dans une urne de marbre neuve, dans le caveau de Charlotte, à côté de son cercueil.

La publication de cette lettre dans mon livre me valut un courrier abondant : vérité incontestable pour Mme Kottulinsky, cette histoire n'était pour d'autres, se disant fort bien renseignés, qu'une légende digne de ces régions lointaines où foisonnent les vampires, légende que je n'aurais jamais dû propager.

Sans donner une importance excessive à cette guérilla, j'étais intriguée. Quand *Le Lien du sang* fut achevé, je décidai d'accepter l'invitation de Mme Kottulinsky qui me proposait de me rendre à Prague et, de là, à Sychrov avec elle.

J'avais une autre raison de me passionner pour le duc d'Enghien.

Je m'étais intéressée à l'histoire de Picpus parce que mon ancêtre Hugues de Baudus est une des mille trois cent six victimes enterrées dans les fosses.

Son fils aîné, mon ancêtre Amable, ne perdit pas la vie aussi tragiquement que son père, mais sa carrière politique et même son destin familial furent bouleversés par l'exécution du duc d'Enghien.

En mars 1804, Amable, rentré d'émigration grâce à son ami, le marquis de Fontanes, travaillait comme historiographe au ministère des Relations extérieures que dirigeait Talleyrand.

Au moment de l'exécution du prince, Talleyrand appela Baudus dans son cabinet. Comme chef de la diplomatie française, il devait avertir ses ambassadeurs en poste à l'étranger qui auraient à « justifier » l'attitude de leur gouvernement. Le ministre pensait qu'Amable, juriste de profession, s'acquitterait fort bien de cette tâche. Entendant ce qu'on attendait de lui, mon aïeul se leva et assura le ministre que jamais il n'écrirait une pareille note. Talleyrand le fit rasseoir et changea de conversation, sans se montrer le moins du monde irrité de son refus. Il ne lui en reparla plus jamais mais Napoléon ne pardonna pas à Baudus son acte d'indépendance. Tant qu'il resta au pouvoir, il poursuivit Amable et son fils, Élie, de sa rancune.

Amable, lassé des humiliations, finit par accepter, sur la proposition de Murat qu'il connaissait depuis leurs années de collège à Cahors, de quitter de nouveau la France pour s'installer à Naples comme gouverneur de ses enfants. Mon aïeul y passa six ans, laissant à sa femme la charge d'élever seule les leurs.

Sychrov est une toute petite ville, à deux heures de voiture au nord de Prague. Personne n'y parle français ni même anglais. *Dobry den* ai-je vite appris à dire en guise de bonjour, et cela suffit, car la comtesse Kottulinsky est une parfaite interprète.

Grande et mince, cheveux blonds et regard clair, Mme Kottulinsky porte avec élégance pantalon, col roulé et loden vert. Son air d'autorité me fascine autant que sa passion pour la propriété de ses ancêtres. Quand, après la guerre, la Tchécoslovaquie passa sous régime communiste, le château de Sychrov devint musée d'État, mais les habitants de la ville, en tout cas ceux que j'ai rencontrés, ne semblent pas s'en soucier : nous passons chez plusieurs anciens employés du château à qui Mme Kottulinsky fait une courte visite amicale et offre des vêtements chauds dont son coffre de voiture est rempli. Une des familles a cuisiné des gâteaux pour nous. Mme Kottulinsky demande des nouvelles de tous. Le temps et les gouvernements peuvent faire et défaire les États, ils ne semblent pas porter atteinte aux relations nouées par la fidélité mutuelle.

Le château baroque acquis en 1740 par Charles-Alain, prince de Rohan, aux Wallenstein, s'est métamorphosé au cours du XIXe siècle en un gigantesque monument néogothique au toit d'ardoises et aux murs jaune et orangé, recouverts d'armoiries polychromées, celles des familles alliées aux Rohan, qui écrase de sa majesté le modeste village de Radimovice. Dans le parc immense, j'ai admiré l'élevage de faucons et les serres, et j'ai emprunté les allées que foula l'impératrice Sissi, comme tant de souverains d'Europe.

Le docteur Milos Kadlec, figure ronde et front dégarni, la quarantaine respectueusement aimable, est le directeur de Sychrov. Il ne parle, lui aussi, que le tchèque, mais me dit, par l'intermédiaire de

Mme Kottulinsky, à quel point il est heureux de me voir ici : aucun écrivain français s'intéressant à l'Histoire n'y est jamais venu.

M. Kadlec nous accompagne à l'intérieur du château. C'est lui qui en possède les clefs mais sa déférence continue de manifester que c'est Mme Kottulinsky l'âme des lieux. Quoi qu'elle m'ait dit, le domaine me semble admirablement conservé et je n'en reviens pas de découvrir ce morceau vivant de France là où personne n'aurait l'idée d'aller le chercher. Voici le couloir où, petite fille, elle faisait des courses de bicyclette avec ses sœurs, voilà leur ancienne chambre d'enfants où dormit le roi Charles X, « et le bureau de papa », dit-elle en me faisant entrer dans une bibliothèque où un grand nombre de volumes sont français.

À côté des portraits des Rohan célèbres, tous les rois et reines de France sont représentés en majesté, copies des tableaux que nous connaissons à Versailles ou au Louvre. Une niche à mi-course de l'escalier d'honneur contient un buste en marbre du duc d'Enghien. Dans la galerie des portraits de famille, le sien a sa place à côté de celui de la princesse Charlotte. Il est évident qu'ici, le duc d'Enghien est de la famille, par mariage.

Dans la chapelle du château, la tribune communique avec une chambre : « Celle de maman, m'explique Mme Kottulinsky. Comme elle était tout le temps enceinte, c'est ici qu'elle aimait prier. » La statue de Godefroy de Bouillon, ancêtre des Rohan, se tient à droite de l'autel. De l'autre côté, sur un autel latéral, deux chandeliers en bois sculptés encadrent une urne de porphyre manifestement restaurée, sur un socle de marbre rose où je lis l'inscription : « duc d'Enghien ».

« C'est dans cette urne qu'était le cœur du prince, m'explique Mme Kottulinsky. Voyez, je l'ai fait recoller : elle avait été brisée par les voyous qui ont profané les tombes à Loukov. La boîte en velours qui contenait le cœur avait été jetée à terre. C'est pour cela que j'ai voulu la mettre en sécurité à Picpus. »

Plus tard, nous prenons biscuits et café que nous offre le conservateur.

« Notre famille a gardé quelques affaires ayant appartenu au duc d'Enghien », me dit Mme Kottulinsky. Elle dit quelques mots au conservateur qui sort et revient avec un chapeau rond en velours rouge, cerclé d'un galon argent, et un porte-document très usé.

« Il y avait aussi une redingote verte, ajoute-t-elle, mais nous ne savons pas où elle est. »

Comment cette boîte en velours et ces objets sont-ils arrivés ici ? Confiés au neveu de Charlotte à la mort de celle-ci ? Je n'ose insister car je vois bien que certaines questions pourraient choquer mes hôtes qui n'ont aucun doute sur l'authenticité de cet héritage familial.

J'ouvre le porte-document et trouve un papier où est écrit ce texte mystérieux d'une écriture ancienne : « Portefeuille de Monseigneur le Duc d'Enghien fusillé à Vincennes. Voir le paquet de lettres ci-contenu, où se trouvent : lettres du Duc d'Enghien, de la Princesse Charlotte de Rohan, du Prince-Cardinal Louis-René-Édouard de Rohan. »

Les lettres ont disparu du portefeuille.

Nous voilà à Loukov. Le mausolée tombe en ruine et les arbres malingres agonisent. Le tout respire une atmosphère lugubre, comme si ce coin de forêt n'était plus que décomposition en marche.

Mais la comtesse Kottulinsky ne semble pas s'en apercevoir. Elle me fait descendre dans la crypte. Le tremblement qui me prend n'est pas dû qu'à la température de novembre.

Les cercueils sont rangés dans des cavités à leur taille, creusées dans le mur : douze de chaque côté sur deux niveaux, tous pareils, sarcophages en fer forgé avec les noms gravés en lettres d'or. Un seul est au milieu de la pièce sur deux tréteaux. « C'est celui de mon grand-père, dit Mme Kottulinsky en caressant le cercueil d'un geste distrait mais qui me paraît très tendre. Les voyous sont entrés par là – elle me montre une trouée dans le mur, qui laisse entrevoir un sentier –, ils ont ouvert tous les cercueils et cassé l'urne du duc d'Enghien. Je suis arrivée avec le jardinier, j'ai vu tous ces pauvres corps, et je sais maintenant comment ils étaient habillés. Je les connais vraiment. Il n'y a que ma petite sœur que j'ai refusé de regarder. »

En prononçant ces mots, elle me semble plus proche de ses morts que de la vie même. Je ne sais plus où je suis. En dehors du temps certainement.

Et que m'importe si ce n'est pas le cœur du prince qui est dans la boîte en velours. Ici, le souvenir du duc d'Enghien continue d'exister. Je ne me sens aucun droit, aucune envie surtout, de le contester.

*
* *

Je rentrai à Paris, désireuse de chercher ce qui pourrait authentifier le récit de Mme Kottulinsky.

Le duc d'Enghien fut exécuté dans la nuit du 20 au 21 mars 1804 et son corps jeté à même la terre, sans cercueil, dans une fosse creusée à la hâte quelques heures à peine avant le drame – ah ! toutes ces ressemblances avec les victimes enterrées à Picpus.

Dans les jours qui suivirent, des sentinelles se relayèrent, rendant impossible toute tentative d'enlèvement du corps.

Revenu sur le trône, Louis XVIII, le 15 mars 1816, ordonna par l'intermédiaire de son garde des Sceaux que fût effectuée à Vincennes l'exhumation du corps et sa translation dans une chapelle de dépôt où fut célébrée, le 21 mars 1816, une première messe solennelle. Il fallut attendre huit ans que la restauration de la Sainte-Chapelle de Vincennes fût terminée pour transférer le cercueil du prince dans le monument funéraire où il est aujourd'hui. Dans le dossier du duc d'Enghien conservé aux archives du SHAT [1] à Vincennes, une lettre manuscrite, datée du 20 mars 1824, fait mention d'une cérémonie funèbre le 27 mars, en présence du duc de Bourbon, père du duc d'Enghien.

Le lundi 18 mars 1816 avait commencé l'enquête suivie de l'exhumation du corps qui se déroula solennellement le 20 mars 1816.

En présence du ministre de la police, et des chevaliers de Contye et Jacques, deux fidèles de la maison de Condé, les chirurgiens du prince de Condé recueillirent les restes du duc d'Enghien pour les déposer, « avec les terres environnantes », dans un cercueil de plomb soudé en leur présence.

---

1 Service historique de l'armée de terre.

Avec les restes humains, furent recueillis un anneau d'oreille en or très bien conservé, une chaîne et un médaillon, un cachet d'argent aux armes des Condé, de petites clefs attachées à un cordon de montre – la montre n'a pas été retrouvée –, quelques ducats, les restes d'une petite bourse en cuir, des dents, un couteau.

Dans quel état pouvait être le cœur du prince après douze ans enfoui à même la terre alors qu'il est précisé que « tous les ossements étaient privés de parties molles » ?

Que m'importe une fois de plus ? Le cœur de Louis-Antoine-Henri de Bourbon-Condé a battu dans un corps bien vivant. Le duc d'Enghien n'est pas qu'un prince assassiné. Trente et un ans d'une vie de prince, cela ne peut pas se résumer à une fusillade nocturne dans un fossé.

CHAPITRE I

Un petit prince charmant

Après m'avoir installée à une des six places de la bibliothèque du musée Condé, au château de Chantilly, une jeune femme m'a apporté les documents que j'avais demandés : deux gros volumes enfermés dans des peaux de chamois. Elle les pose soigneusement sur un « futon » en velours marron et me tend une paire de gants blancs. Cette petite cérémonie m'enchante : j'aime que ces manuscrits, reliés ventre de biche et amarante, aux couleurs de l'habit de chasse des Condé, soient entourés du plus grand respect et je m'y soumets avec bonheur ; il m'arrivera, au cours de la journée, d'oublier d'enlever ces gants pour taper sur mon ordinateur, jamais je n'oublierai de les mettre pour tourner les pages.

J'ai pris l'agréable habitude de passer une journée par semaine à Chantilly : cinquante-cinq kilomètres exactement entre mon appartement parisien et la grille du parc. Je me suis familiarisée avec le trajet : la moitié du chemin sur l'autoroute du Nord puis la direction de Senlis jusqu'à Chantilly. Je retrouve avec plaisir, sur les panneaux indicateurs, les noms des villages qui étaient les buts de promenade des seigneurs de Condé et leurs propriétés : Luzarches, Écouen, Vineuil, Coye...

Il me faut en principe trois quarts d'heure pour faire la route. Sauf les jours de grèves ou manifestations diverses, car alors mon temps de parcours peut se multiplier. À l'abri dans ma voiture, et pour garder mon calme, j'écoute de la musique et je pense aux princes de Condé qui, pour ne pas se priver d'une chasse ou d'une fête, galopaient entre Chantilly, Paris et Versailles plus facilement que moi.

Quelles que soient les minutes perdues dans les embouteillages, je ne me lasse pas de l'approche de Chantilly. Après avoir quitté la route nationale, on entre dans la forêt – attention, passage de gros animaux, nous est-il indiqué – et soudain, après un dernier tournant, on embrasse de la hauteur, en un seul coup d'œil, les grandes écuries, le bâtiment que l'on appelle aujourd'hui château d'Enghien, et le château principal entouré d'eau.

Pour entrer à la bibliothèque, il faut obliquer à gauche dans la grande allée et entrer par la capitainerie.

Et moi qui veux, à tout prix, retrouver ce qu'embrassait le regard du petit prince, je marche chaque fois en essayant de gommer de mon œil le grand château reconstruit au XIXe siècle sur les ordres du duc d'Aumale, fils de Louis-Philippe et héritier des Condé, pour mieux voir les écuries, le château d'Enghien et le petit château XVIe qui, eux, étaient bien là. Le grand château qui existait avant la Révolution, je le connais par les gravures de l'époque mais j'ai du mal à le remettre, par le seul jeu de mon imagination, à la place de celui qui se reflète aujourd'hui dans la Nonette, humble rivière agrandie et magnifiée par Le Nôtre.

Me voici donc plongée dans le *Journal des chasses de S.A.S. Mgr le prince de Condé*, présenté par le seigneur Toudouze, lieutenant de ses chasses. À partir de janvier 1748, Toudouze n'a pas manqué un seul jour de noter le moindre détail des chasses et des pêches et d'y mêler *les anecdotes et les événements relatifs aux fêtes données à l'occasion des entrées, mariages, naissances des princes et princesses de la maison de S. A. S*[1]. Si le journal s'arrête au 25 juin 1785, c'est que le seigneur Toudouze est mort le lendemain. Une brève note l'annonce en conclusion.

Chaque jour, sous sa surveillance, deux copies étaient faites de son récit, une pour le prince de Condé, l'autre pour le duc de

1. Dans un souci de clarté, j'ai choisi de rétablir, dans les citations, l'orthographe et la ponctuation modernes et donc, de supprimer un certain nombre de majuscules.

Bourbon. Une est conservée à la bibliothèque Mazarine, l'autre est entre mes mains.

Quelle satisfaction d'être à la source ! Aucun récit postérieur ne vaut pour moi le travail au jour le jour de cet homme qui m'offre la vie quotidienne de la maison de Condé pendant l'enfance du personnage auquel je me consacre.

Et comme il m'est facile, puisque j'ai la chance d'être sur les lieux mêmes, de franchir deux siècles pour me retrouver au jour de la naissance du petit prince ! « Le 2 août 1772, S. A. S. Mme la duchesse de Bourbon est accouchée d'un prince à huit heures trois quarts du soir, les premières douleurs pour l'enfantement ayant commencé vers les quatre heures du matin. »

La journée se déroule comme aux premières pages de ces contes de fées qui s'ouvrent par l'effervescence joyeuse d'une naissance princière. Tandis que M. de Maillé est parti pour Compiègne annoncer au roi Louis XV et à la famille royale l'heureux accouchement de la jeune mère, les plus grands princes se pressent autour du berceau.

Celui qui les reçoit, Louis-Joseph, prince de Condé, n'est pas le moins prestigieux. S'il ne règne pas, son sang est aussi noble que celui du roi : comme le roi, il descend de Robert, comte de Clermont, sixième fils de Saint Louis. Le premier à porter le titre de prince de Condé fut le valeureux Louis de Bourbon, tué d'un coup de pistolet par Montesquiou, après la bataille de Jarnac, en 1579. Son père était roi de Navarre et son frère aîné, Antoine de Bourbon, fut le père de Henri IV.

Ce grand-père de trente-six ans, qui s'illustra pendant la guerre de Sept Ans contre le maréchal de Brunswick – dont nous aurons à reparler –, est veuf d'une princesse de Rohan-Soubise, morte à la naissance de leur fille, la princesse Louise. Bien qu'il ait sincèrement pleuré sa femme, le prince s'est consolé avec Mme de Monaco qui lui offre une existence presque conjugale un peu contrariée tout de même par le fait que le prince de Monaco se refuse à mourir.

L'heureux père, qui porte le titre de duc de Bourbon, a lui aussi fait un mariage d'amour. À quatorze ans, il a eu le coup de foudre pour sa cousine, la princesse Bathilde d'Orléans. Mais il en a aujourd'hui dix-sept, et sa femme ne l'intéresse plus que très modérément. Cela ne l'empêche pas de présenter fièrement son fils à son beau-père, le duc d'Orléans qui est arrivé à Chantilly dès quatre heures de l'après-midi avec son fils, le duc de Chartres, qui passera à la postérité sous le peu glorieux nom de Philippe-Égalité.

Le duc de Penthièvre, beau-père du duc de Chartres et de la princesse de Lamballe – dont le massacre en 1792 sera une des hontes de la Révolution –, est là aussi. Est-ce la nature qui a fait ce prince pieux et mélancolique, comme le décrit Chateaubriand dans sa *Vie de Rancé*, ou le deviendra-t-il à cause de la Révolution et de ses malheurs ? Pour l'heure, il assiste à l'ondoiement de l'enfant par M. le curé qui s'est rendu au château dans l'après-midi avec le clergé.

Deux salves de canon ont été tirées de vingt-sept coups chacune.

Ce même jour, « le nouveau-né étant sur un oreiller, le feu a pris à l'eau-de-vie qui a gagné l'oreiller qui s'est enflammé. Le prince était tout en feu. Il fut retiré promptement sans accident ».

Quelques biographes du prince n'hésitent pas à faire du pathos avec cet incident, déclarant que l'enfant était d'une faiblesse extrême et que les accoucheurs, dans leur précipitation à le frotter à l'eau-de-vie un peu trop près de la cheminée, ont manqué le faire rôtir au lieu de le sauver. Du coup, ils donnent à ce fait la résonance d'un glas lugubre, premier avertissement d'un destin tragique.

Je ne partage pas cette opinion : j'aurais tendance à penser que le nouveau-né a eu plutôt de la chance de ne pas brûler vif et que, ce jour-là, le destin lui fut favorable.

Il est vrai que les portraits nous montrent un enfant ravissant mais délicat. Son regard bleu et rêveur, un brin mélancolique, ne révèle pas une grande vivacité. Il en aura, pourtant, à revendre.

Le compte rendu de cette journée mémorable se termine par une note solennelle : le roi a donné un titre à l'enfant princier qui sera duc d'Enghien, comme son ancêtre illustre, le Grand Condé, vainqueur de Rocroi et de Norlingen au temps de Louis XIV [1].

---

1. On trouve, dès l'an mil, la trace des seigneurs d'Enghien en Hainaut. Par le jeu des héritages, le nom, éteint depuis 1482, demeurait une seigneurie du roi de

J'ai refermé pour un moment le livre et ôté les gants blancs car Nicole Garnier, conservateur en chef du domaine, vient me chercher. Son expression, plus concentrée que sévère, se transforme dès qu'elle parle des trésors dont elle a la charge. Passionnée et passionnante, elle m'emmène repérer à travers le château et le parc ce qui subsiste de l'enfance du duc d'Enghien, « ce grand absent, me confie-t-elle. Il n'a rien construit ici, rien aménagé, rien collectionné ».

J'en ai la triste preuve en admirant l'exposition du cabinet des livres qu'Emmanuelle Toulet, conservateur de la bibliothèque, me commente avec verve : tous les seigneurs de Chantilly, jusqu'à la Révolution, faisaient apposer leurs armes sur les couvertures de leurs livres. Si les armes des Condé sont immuables – de France, au bâton péri en bandes de gueules – la façon de les associer permettait à chacun de marquer son identité. Chaque livre devient ainsi reconnaissable : à la différence classique de la forme de l'écu – en losange pour les jeunes filles, doubles ovales pour les femmes mariées – s'ajoutent en décoration les colliers d'ordre de chevalerie (Saint-Michel, Saint-Esprit), les insignes de fonction (épée de connétable) mais aussi les cordelières identifiant les veuves ou les abbesses.

J'ai admiré les reliures d'Anne de Montmorency datant du XVIe siècle – Chantilly appartint aux Montmorency avant de revenir aux Condé –, celles de la princesse des Ursins, du Grand Condé, puis du dernier prince de Condé, le grand-père du duc d'Enghien. Même son épouse, la princesse de Rohan-Soubise, morte à vingt-trois ans, a eu le temps de commencer sa propre collection.

Aucun livre n'a été recensé relié aux armes du duc d'Enghien... et ne le sera jamais !

Les appartements du duc et de la duchesse de Bourbon furent occupés par le dernier propriétaire de Chantilly, le duc d'Aumale.

France. En 1607, Henri IV, qui avait besoin d'argent, vendit son domaine d'Enghien-en-Hainaut à Charles de Ligne, comte d'Arenberg, tout en stipulant que le titre d'Enghien serait maintenu dans la famille des Bourbon-Condé qui, depuis 1567, avaient vu leur terre de Nogent-le-Rotrou érigée en duché-pairie d'Enghien.

Ce titre était, depuis, l'apanage des aînés des Condé.

La chambre où est né le duc d'Enghien était devenue le boudoir de la duchesse d'Aumale. La pièce, toute petite, est tendue de satin violet broché d'argent, décoration qui date du XIXe siècle. Mais la cheminée est toujours là, où était allumé le feu qui faillit embraser le nouveau-né. De part et d'autre, deux pastels représentent la duchesse de Bourbon et son fils, le duc d'Enghien, à l'âge de quatre ans. L'enfant tient d'une main une paire de ciseaux, de l'autre la ribambelle de personnages en papier qu'il vient de découper et fixe un regard grave sur le peintre qui pourrait bien être sa mère[1].

Contiguë au boudoir, une pièce minuscule est décorée de singeries que « le petit prince a connues », me précise Nicole Garnier. Les panneaux peints par Christophe Huet en 1735 évoquent la grâce des dessins de Watteau. Ils représentent des singes vêtus comme des gentilshommes : cueillette des cerises, baignades, patinage à glace... Pour l'automne, les deux guenons sont à cheval, portant l'habit de vénerie des Condé et se trouvent en forêt auprès d'une table de pierre où est dressée une collation. « Vous passez devant cette table en venant de Paris », me dit Nicole Garnier.

J'ai remarqué, en effet, cette table en pierre qui se trouve au milieu d'un rond-point, à la sortie de Montgrésin, quatre kilomètres avant l'entrée du château : une lieue.

« Ce carrefour a été dessiné par Le Nôtre vers 1670, continue Nicole Garnier, et la table placée là par les princes de Condé qui y venaient attendre leurs hôtes royaux pour leur offrir une collation avant leur entrée solennelle au château. Traditionnellement aussi, ils s'y faisaient servir un repas froid lors des chasses à courre. »

Les scènes des quatre saisons sont complétées de médaillons illustrant des fables de La Fontaine : j'imagine bien le petit duc d'Enghien apprenant ses leçons en observant ces singes, cigale ou grenouille.

Nous revenons à la bibliothèque par les grands appartements. Au-dessus d'une vitrine, Nicole Garnier me fait remarquer un buste

1 La tradition familiale rapporte que ce portrait fut réalisé par la duchesse de Bourbon elle-même bien qu'aucune signature n'apparaisse sur le pastel.

en plâtre du duc d'Enghien de Deseine. Extraordinaire! C'est le même que le marbre qui est à Sychrov[1]!

Deux jours après la naissance du prince, le clergé et les bourgeois de Chantilly furent au château congratuler les princes, et les poissardes de Paris vinrent, selon l'usage, faire leurs compliments. Le 9 août, jour anniversaire de Mgr le prince de Condé, il fut chanté à la paroisse, à l'issue des vêpres, un *Te Deum*. De nouveau, des salves de canon furent tirées pendant l'office, en action de grâces de l'heureux accouchement de Mme la duchesse.

La fête du 15 août pour célébrer l'Assomption revêt, cette année-là, une solennité particulière. Sous le ton sérieux de Toudouze perce la joie familiale et populaire: la fête commence sur ordre du prince à quatre heures de l'après-midi. Sur la grande pelouse devant le château, on danse de bon cœur et les garçons tirent à l'arc, seize compagnies ce jour-là. Les grands concourent pour une écuelle d'argent et les petits pour un gobelet, tous deux gravés aux armes des Condé. Les princes viennent voir la fête en voiture et lancent des pains d'épice au public.

On en lança beaucoup pour célébrer Mme la duchesse qui se levait pour la première fois de ses couches.

Pendant que la fête se poursuit sur la pelouse, les princes continuent leur promenade vers les chenils et les grandes cascades avant de rentrer pour une collation aux ménageries du château.

Le 2 septembre, Mme la duchesse a été relevée de ses couches dans la chapelle du château par M. le curé de Chantilly, accompagné du chapelain du château; elle est allée voir pour la première fois «Mgr le duc d'Anghien[2]» qui suçait consciencieusement son pouce dans son appartement du bâtiment neuf, achevé trois ans auparavant sur les ordres du prince de Condé pour loger ses domestiques, avant

1. Le buste en marche exécuté par Deseine et exposé à Paris au Salon de 1822 avait disparu. Après vérification, Mme Kottulinsky m'envoie un courrier pour me confirmer que le buste de Sychrov porte l'inscription: « En 1816 par de Seine (*sic*) de l'ancienne académie royale de peinture.»

2 Autre orthographe, parmi d'autres, d'Enghien.

d'y faire installer son petit-fils et ses nourrices. « Un genre de motel de l'époque », plaisante Nicole Garnier qui habite un des appartements de cette longue bâtisse réchappée de la démolition révolutionnaire et qui porte, aujourd'hui, le nom de château d'Enghien.

Le 6 septembre, ce fut l'apothéose des réjouissances consacrées à l'heureux accouchement de cette princesse de vingt-deux ans.

Ordonnée par Mgr le prince de Condé, la fête a été annoncée par un *Te Deum* chanté en fin d'après-midi. Après les vêpres, une salve de vingt-neuf coups de canon a été tirée : la ville entière de Chantilly est invitée à s'associer à la joie des princes.

À neuf heures du soir a commencé la comédie qui a nécessité une semaine entière de répétitions quotidiennes et qui a pour titre *Fête du Premier-né.* Les quatre princes, Condé, Bourbon, Orléans et Chartres, ont chacun un rôle.

Puis, la jeune mère est montée en voiture pour voir les illuminations avant de rentrer dans son appartement d'où elle a pu admirer le feu d'artifice tiré par les bourgeois de Chantilly, annoncé par une nouvelle salve de vingt-neuf coups de canon.

C'est alors que la féerie a commencé : le secret des préparatifs avait été gardé de façon que l'héroïne de la journée en retirât tout le plaisir souhaité.

Attirée par un bruit de musique, la princesse s'est dirigée vers le grand salon où elle a découvert une assemblée de fées, génies, enchanteurs et leurs suites ainsi qu'une armée de guerriers, de géants et de nains. Tout ce monde s'est rangé autour de la princesse.

Les enchanteurs étaient... mais c'est facile à deviner ! les quatre princes ; et parmi les fées, on pouvait admirer la bien-aimée du prince de Condé, Mme de Monaco.

Après avoir entendu quelques morceaux de musique et de chant, le cortège salua l'héroïne de la fête avant de défiler dans la cour du château.

Venaient d'abord :

douze guerriers portant d'une main un bouclier et de l'autre une pique garnie de lanternes, précédés par leur chef à cheval tenant un bâton de commandement garni d'une lanterne de couleur.

Ensuite,

six sauvages portant des massues, six Égyptiens, huit enchanteurs asiatiques, six géants, une fée portée par quatre Chinois sur un palanquin.

Derrière,

des bergers menant des chevrettes et tenant des houlettes, huit petites bergères chinoises et la fée des Joujoux portée sur un palanquin orné de tous les joujoux de l'enfance.

Puis,

nombre de suivants dont la fée Sensible à cheval, précédée de trois pages habillés en Indiens et huit petites bergères thessaliennes portant des corbeilles de fleurs,

le génie de la Musique à cheval, habillé à la turque, tenant des cymbales, précédé de six musiciens turcs jouant pendant la marche,

le génie de l'Ivresse sur son tonneau, traîné par un âne, tenant une coupe dans laquelle un petit satyre pressait des grappes de raisin tandis que d'autres satyres lui versaient à boire.

Et puis,

dix Égyptiens annonçant la fée Lumineuse et ses musiciens habillés en Turcs et portant des transparents représentant d'un côté des soleils naissants et de l'autre un enfançon.

Ensuite,

le chef des nains à cheval et ses huit nains portant des lanternes à leurs bonnets.

Enfin les calèches, celle des quatre enchanteurs avec cocher et postillon habillés en sauvages, celle des fées avec cocher et postillon en Indiens, celle des dames de la princesse dont l'équipage était en costume turc et celle de la princesse, à la mode chinoise,

suivies de douze guerriers qui fermaient ce défilé monumental.

Condamnée aux seules descriptions de Toudouze, je caresse l'idée d'exploiter ma propre imagination pour ajouter ici, la couleur d'une soierie, là, le jeu des lumières, mais je décide de refuser ce trucage. Je veux que mon investigation dans le Chantilly du duc d'Enghien s'arrime le plus fortement possible à ce qu'il fut en réalité ; les indications qui me sont offertes me paraissent suffisantes pour rendre vivant cet univers disparu. Je tiens à laisser les zones d'ombre dans leur obscurité : les éclairages n'en seront que plus intenses.

Par les routes illuminées, le cortège se dirigea vers la « maison de Sylvie » transformée en palais des fées. Sur le chemin, des spectacles fleurissaient : ici, des marionnettes, là, des danseurs de corde et des parades de toute sorte.

Toutes les pièces de la maison de Sylvie étaient décorées au chiffre de la duchesse de Bourbon et de trophées de l'hymen surmontés de cœurs enflammés. Dans la salle du conseil, les fées installèrent la princesse sur un trône surmonté d'un dais. Alors, deux génies chantèrent un hymne à la naissance du jeune prince.

Ensuite, la princesse et toute la compagnie s'installèrent au salon pour un somptueux festin en musique.

Puis l'on se mit à danser.

Hélas ! un orage affreux se déclara qui mit fin bruyamment à la fête donnée en l'honneur de la naissance de Mgr le duc d'Enghien.

Le long de la pièce d'eau qui se trouve devant le château d'Enghien, j'ai emprunté le sentier qui conduit à la maison de Sylvie. Le chemin serpente si bien qu'on ne voit la maison qu'en arrivant dessus. Je suis d'emblée charmée par la façade toute de plain-pied, offrant une jolie avancée en arrondi. Malgré mon absence complète de talent, je m'arrête quelques minutes pour faire un croquis avant de faire le tour de la maison. Mes fenêtres sont bancales et le dessin des balcons ferait rire n'importe quel étudiant en architecture, mais ce travail fixe mieux la maison dans ma mémoire que la carte postale que je trouverai plus tard dans la boutique du musée.

Sur un des murs, je découvre une plaque avec un poème, disant que cette mystérieuse Sylvie était la princesse des Ursins, qui épousa en 1612 Henri II, duc de Montmorency, et fut célébrée sous ce nom par les poètes Théophile de Viau et Mairet.

La maison, construite au début du XVIIe siècle, a été réédifiée par le Grand Condé vers 1680. « Aujourd'hui, on la loue pour des réceptions, m'a dit Nicole Garnier. Contentez-vous de regarder l'architecture extérieure, l'intérieur a été refait à l'époque du duc d'Aumale.»

Un petit parterre à la française avec une fleur de lys en buis s'étale devant une série de portes-fenêtres grandes ouvertes : une soirée se prépare car on déroule un tapis rouge dans le salon. Il ne m'est pas très difficile d'imaginer comment s'affairaient ceux qui décorèrent le palais des fées pour Mme la duchesse de Bourbon.

C'est donc là, enchanteurs et princesses, que vous choisîtes de clore la fête célébrant la naissance de Mgr le duc d'Enghien !

Je coupe volontiers ma journée de travail en déjeunant dans le restaurant installé dans les anciennes cuisines du célèbre Vatel, fidèle serviteur immortalisé par la marquise de Sévigné, et qui mourut un jour maigre en se précipitant sur son épée fichée dans une porte, parce que les chasse-marée n'arrivaient pas à temps pour lui permettre d'offrir un repas de poisson au roi Louis XIV.

Les plats qu'on me sert sont de mon époque, mais les desserts sont accompagnés de la fameuse crème chantilly inventée peu de temps avant la naissance du petit prince : dans une jatte, battez de la crème fraîche d'un geste lent et large pour que l'air pénètre bien dans la crème et la transforme en mousse. Parfumez de vanille, de sucre et servez. «Il s'en gavait», suppose à juste titre Nicole Garnier.

Avant de rejoindre la bibliothèque, je me promène dans le parc, soucieuse de marcher dans les allées où gambadait l'enfant princier, évitant pour cela l'ouest du château, détruit à la Révolution, et transformé en un jardin anglais qu'il n'a pas connu.

Ce qui me surprend toujours, mais me plaît infiniment, est la volonté qu'eut Le Nôtre de décentrer le château au profit de la statue équestre du connétable de Montmorency, qui, dominant l'escalier monumental – le grand degré –, est le véritable point de départ du domaine.

Au fil de mes promenades, je me suis familiarisée avec l'entrelacs de ces jardins dessinés par Le Nôtre sur les ordres du Grand Condé, avant ceux de Versailles. Des panneaux de bois m'aident à m'orienter, me prouvant que je suis bien dans le domaine du petit prince ; ils portent les noms que je retrouve dans Toudouze : le Jeu de paume, les Cascades, l'île d'Amour, le Pavillon chinois...

La duchesse de Bourbon va très vite cesser de jouir de la beauté de Chantilly. Obligée de laisser l'éducation de son fils à sa gouvernante, la vicomtesse de Nesles, puis aux précepteurs choisis par son beau-père, elle fait de fréquents séjours à Villers-Cotterêts, chez son père, le duc d'Orléans. Elle y oublie pour un temps les infidélités de son mari, et calme sa jalousie en se consolant avec l'un ou l'autre de ses soupirants.

Menant l'existence commune à de nombreux couples de la cour, elle se serait peut-être contentée de cette situation mais le prince de Condé et le duc de Bourbon en décideront autrement.

Dans le carton d'archives consacré à la duchesse de Bourbon, j'ai retrouvé les pages du manuscrit original, liées par un ruban bleu ciel, de l'accord pour la séparation des deux époux datant du 1er janvier 1781, la décision du roi, elle, est du 12 décembre 1780.

Le duc d'Enghien a huit ans et demi.

Le texte de cette séparation « de gré à gré et non juridique » porte les signatures du prince de Condé et du duc d'Orléans mais il a été vu par le roi.

« Mme la duchesse de Bourbon verra toujours son fils tant qu'elle voudra et lors que M. le duc d'Enghien aura la permission d'aller au spectacle, il pourra y aller avec sa mère », inscrivent les deux grands-pères. Et le roi fait préciser que « M. le duc de Bourbon la fera avertir tout de suite s'il tombait malade ».

« Mme la duchesse de Bourbon continuera de voir Mlle de Condé [sa belle-sœur, la princesse Louise] ». Sans commentaire du roi.

« Elle fera tous les ans une visite à M. le prince de Condé qui la lui rendra » et « M. le duc fera quelques visites à sa femme dans le courant de chaque année ». Et le scribe du roi écrit dans la marge *convenu.*

L'enfant ne sera pas souvent confié à la duchesse de Bourbon. Pourtant la baronne d'Oberkirch, dont je reparlerai, raconte qu'ayant dit au prince – douze ans – d'aimer bien sa mère bien que la voyant peu, s'entendit répondre : « Madame, mon cœur la voit toujours. »

Dans la vie quotidienne et dans l'affection du petit prince, sa tante, Louise de Condé, Mademoiselle, comme l'appelle Toudouze, va prendre alors une grande place. Elle avait quinze ans lorsque naquit le duc d'Enghien et, l'automne de cette année-là, courut le bruit de son mariage possible avec le comte d'Artois. Finalement le mariage du comte d'Artois fut annoncé... avec Marie-Thérèse de Savoie. Comment toutes les intrigues politiques se sont-elles démêlées ? Le seul fait certain est que la princesse Louise fut la victime de ces machinations de cour qui contribuèrent à la dégoûter du mariage et à l'enraciner à Chantilly en compagnie de son neveu qu'elle aimait tendrement.

Un jour d'été, alors que Leurs Altesses Sérénissimes se promenaient à pied sur le cours des remparts, Mademoiselle a perdu sa montre. Qui a été retrouvée.

M'arrêtant un instant de lire Toudouze, je me plais à imaginer princes, princesses, amis et serviteurs furetant dans l'herbe : grand-papa et la compagnie dans un joyeux enchevêtrement de robes de soie et de culottes à la française !

Incident minuscule ? Incident d'une vie de famille. Mais cette famille est celle du roi. Et Toudouze ne s'y trompe pas qui mêle le roi aux événements très intimes de la vie à Chantilly, mentionnant par exemple que chaque année, dans les premiers jours de septembre, Louis XVI se rendant à Compiègne passe par Senlis sur les terres de ses cousins Condé. Ces soirs-là, la coutume est de lui présenter le tableau de chasse de la capitainerie.

Mes journées passées à Chantilly m'aident à comprendre à quel point l'héritier de la race des Condé est à la fois prince du sang et petit garçon très entouré d'affection.

Cette tendresse qui liait grands-parents et petits-enfants est un trait commun aux princes de Condé : le bonheur du Grand Condé était de recevoir les siens à Chantilly.

Le petit prince voyait souvent son cousin germain, le futur Louis-Philippe, qui avait un an de moins que lui. Dans leurs conversations d'enfants revenait le grave sujet des cadeaux : « Moi, se vantait le duc d'Enghien, j'ai beaucoup plus d'étrennes que vous, parce que j'ai trois grands-papas, grand-papa Condé, grand-papa Orléans et grand-papa Soubise, tandis que vous n'avez que deux grands-papas, grand-papa Orléans et grand-papa Penthièvre[1]. »

Quand je me promène à Versailles, j'ai conscience de la splendeur royale ; je trouve tout grand, beau... et froid. À Chantilly, je retrouve en partie cette magnificence, mais j'aime la percevoir adoucie par l'intimité familiale des Condé.

C'est au Hameau que cette impression m'habite le plus. Construit par le prince de Condé en 1774, cet ensemble, qui enchantera la reine Marie-Antoinette et servira de modèle au Hameau de Versailles, comprenait sept maisonnettes à colombages et toits de chaume dont cinq sont toujours visibles.

Construites pour varier les réceptions en leur donnant un caractère rustique sans leur enlever le luxe, elles étaient, à dix minutes de marche à pied du château, un des buts favoris de promenade pour le prince de Condé qui aimait y prendre l'un ou l'autre repas avec ses enfants ou la compagnie. Je lis même que le 12 août 1779, après avoir chassé sans succès le sanglier, le prince et sa compagnie sont rentrés à deux heures du matin au château après avoir dîné au Hameau, « ayant fait leurs cuisines eux-mêmes » !

Étonnant d'ailleurs de voir avec quelle précision Toudouze inscrit dans le détail les heures fantaisistes auxquelles les princes se couchent et se lèvent, partent et arrivent, dînent et soupent.

Sur la pelouse, devant une des maisons, j'ai dégusté une terrine de chevreuil tandis que mon esprit volait vers un petit prince rentrant de la pêche et « se gavant », ici même, de crème chantilly.

Le mardi 11 mai 1774, vers trois heures de l'après-midi, après douze jours de maladie, le roi Louis XV mourut de la petite vérole. Contre ce fléau, le vaccin n'était pas encore découvert mais le principe de l'inoculation faisait son chemin dans les esprits.

Les princes de Condé se flattent d'être à la pointe du modernisme : le 16 avril 1777, on apprend que Mgr le duc d'Enghien a été inoculé six jours plus tôt : Son Altesse Sérénissime a eu environ

1. Comtesse de Clinchamp, *Chantilly*.

cent vingt grains de petite vérole mais il n'est arrivé aucun accident. Le prince de Condé, resté borgne à la suite d'une attaque de petite vérole, avait veillé à ce que son petit-fils fût immunisé. À ce propos, cette peste de Mme de Genlis n'avait pas manqué l'occasion de faire un mot d'esprit : comme Louis-Henri de Bourbon, père du prince de Condé, avait perdu un œil dans un accident de chasse, elle avait jugé amusant de raconter que « chez les Condé, on était borgne de père en fils » !

Le petit duc d'Enghien passait une partie de l'année à Paris au Palais-Bourbon, aujourd'hui siège de la Chambre des députés.

Construit au début du XVIIIe siècle, ce palais parisien avait été racheté par Louis XV qui l'avait offert à son cousin, le prince de Condé, en reconnaissance de ses hauts faits guerriers.

Le prince avait fait reconstruire le palais de façon grandiose, obtenant du roi le détournement de la rue de Bourgogne qu'il avait fait placer dans l'axe de son portail pour pouvoir fermer la rue de l'Université par une place qu'il avait conçue comme l'entrée monumentale de son palais.

À l'âge de six ans, le petit prince est confié à un précepteur, l'abbé Millot, et, pour son instruction militaire, au comte de Virieu qui ne le quittera que pour mourir.

Je demande à Ramdame Manseur, le bibliotécaire du musée Condé, s'il existe des archives concernant ces années d'éducation.

Il m'apporte très vite un premier objet bien tangible : un cahier de format écolier, écrit par un adulte, entièrement en latin ! Observations de sciences physiques sur lesquelles a dû s'escrimer le petit prince qui apprenait probablement par cœur ces paragraphes d'un tiers de page chacun, au titre souligné à la règle : *De horizonte, De meridiano, De equatore, De planatis secundaris...* Je suppose que le jeune élève avait quelques dissipations !

Ce cahier ne satisfait pas ma curiosité.

La semaine suivante, en m'apportant la correspondance de mes trois princes de Condé que je dépouille petit à petit, Ramdame Manseur me montre un article paru dans une revue de Senlis le

10 décembre 1950 et écrit par une certaine Mlle Dugas. Cette demoiselle fait un portrait de l'abbé Claude-François-Xavier Millot, né à Ornans en 1726, ancien jésuite, membre de l'Académie française et précepteur du duc d'Enghien de 1779 à 1785, date de sa mort. Tout indique, d'après elle, les qualités éducatives de l'abbé, des données de devoirs aux corrections en marge, des conseils grammaticaux aux conseils de style. Et de fonder ses affirmations sur la lecture de trois cahiers ayant appartenu au duc d'Enghien... et conservés au musée Condé !

Le bibliothécaire se met en quête, et revient bientôt triomphant, avec les trois trophées.

Reliés en cuir fauve, ces cahiers comportent chacun près de quatre cents pages jaunies, recouvertes par deux écritures à l'encre pâlie. Contrastant avec la graphie perlée de l'abbé, les lettres pataudes et énormes de l'élève, qui s'arrondissent, s'amenuisent, s'affermissent au fil des pages me livrent la personnalité de mon petit prince, bien plus réel, pour moi, que si j'avais de lui toute une collection de photos ou de films.

Je feuillette lentement les cahiers, émue de relever les taches d'encre, les dessins de fleurs ou de maisons qui truffent les déclinaisons latines.

Le prince est là tout entier, avec son badinage, sa loyauté, sa lucidité sur ses faiblesses, sa soif de gloire.

Toute sa vie à venir est en germe dans ces quelque mille pages.

Je voudrais tout transcrire !

L'abbé Millot a face à lui un enfant empli de bonne volonté : « Si je travaille bien, a-t-il écrit à son père, je ferai le bonheur de mes parents, si je fais mal, je fais leur malheur ; ils seront contents de moi, et nous coulerons une vie heureuse. »

Malgré tout, l'effort ne lui est pas naturel et il est peu enclin à passer des heures immobile devant des leçons à apprendre. Enfant dissipé, certes, mais enfant princier. Un jour que ses gouverneurs l'avaient puni, pour une bêtise, à dîner seul, ils lui demandent s'il n'en est pas honteux : « Eh ! messieurs, répond-il, c'est vous plutôt qui êtes privés de l'honneur de manger avec moi ! »

Ruser pour remplir sa mission, voilà à quoi s'attache le précepteur. « Je m'avisai un jour de jeter une question sur le papier, écrit-il ; je lui remis la plume et il répondit ; le dialogue se prolongea, il s'en fit un plaisir. »

Grâce à cette trouvaille, l'enfant va ingurgiter latin, histoire, littérature, grammaire, géographie, catéchisme et que sais-je encore d'indispensable à un prince de la maison de Bourbon. « On ne croirait pas possible, explique l'abbé, qu'une tête aussi enfantine pût penser et s'exprimer comme je l'ai vu dans plusieurs de ces dialogues. S'il eût été plus capable d'application, il aurait écrit moins de fadaises ; mais je doute qu'il eût trouvé des traits aussi heureux. C'étaient les saillies d'un moment. »

Dès la deuxième page du premier cahier, l'abbé Millot écrit une version :

« *Spero fore ut sapiens fias.* »

Réponse de la main de l'élève de six ans :

« J'espère que vous deviendrez sage.

– *Nihil futurus est qui nihil discit.*

– Celui qui n'apprend rien ne sera rien. »

Cette dernière formule a dû terriblement marquer le petit prince car on retrouve cette angoisse dans les leçons suivantes qui gardent astucieusement la forme de dialogues.

« Pourquoi serait-il honteux de ne pas savoir la mythologie ? demande l'abbé.

– D'abord parce que tout le monde la sait, transcrit l'enfant. Ensuite si on en parle dans le monde on reste comme une bête sans savoir ni que dire ni que faire encore pour sa propre satisfaction. »

Un peu plus tard, l'abbé, à propos de la science :

« Pourquoi vous est-elle nécessaire ?

– Je ne veux pas être un ignorant.

– Pourquoi craignez-vous de l'être ?

– Je serais déshonoré. »

L'honneur omniprésent et la hantise du déshonneur, déjà !

Et lorsque l'abbé lui demande de tracer un plan d'études qui

« [lui] paraisse digne de fixer sans ennui [sa] bonne tête », le prince fait cette réponse grave de sa grosse écriture de bonhomme de six ans :

« Dès deux heures du matin *(sic)*, je commence par répéter une fable de La Fontaine, et quelques vers de Virgile, cela dans un quart d'heure, ensuite traduction par écrit pendant une demi-heure, histoire pendant une demi-heure, traduction de Térence pendant trois quarts d'heure.

Le soir traduction, non par écrit *(sic)*, de quelques vers de Virgile, y comparer l'abbé de L'Ille. Pendant une demi-heure, article des hommes illustres à traduire par écrit, pendant trois quarts d'heure – un quart d'heure d'histoire, une demi-heure de Térence.

– Et cela *sans ennui*[1], souligne le maître, car c'est la chose proposée. »

Mais le prince est honnête :

« Je ne pourrais pas travailler sans ennui.

– Vous êtes donc le plus malheureux des enfants, poursuit le maître qui veut aller jusqu'au bout du raisonnement. Et comme je prends beaucoup de part à ce malheur, indiquez-moi le moyen de vous amuser sans renoncer au travail. »

Et le prince d'avoir cette conclusion merveilleuse :

« Je ne vous l'enseignerai pas parce qu'il est nécessaire que je travaille. »

Les deux pages suivantes sont raturées et pleines de pâtés : relâchement compréhensible après un tel aveu !

Tout de même, le petit prince semble avoir du mal à fixer son attention.

« Oh ! le beau personnage que celui d'un être sans raison ! s'exclame l'abbé.

– J'ai mal fait aujourd'hui, reconnaît l'enfant. Pour la dernière fois je vous mécontente et vous verrez bientôt un changement total. »

Mais les bonnes intentions ne font pas les bonnes habitudes : à la suite d'un exercice tout barbouillé, loyauté de la réponse :

« Est-ce là conter avec élégance ?

1. Souligné dans le texte.

– Non mais aussi je n'ai pas mis assez d'attention. »

L'honnêteté foncière de l'élève ne l'empêche pas d'être espiègle. Un jour, le maître propose une phrase latine que le prince traduit ainsi :

« Jusques à quand une mouche, une chanson vous tiendront-elles lieu d'étude ? »

Et il ajoute cette impertinence :

« Avec des mouches et du chant j'étudie bien. Qu'importe-t-il donc que je prenne des mouches et que je chante sans cesse. »

Imperturbable, le maître lui fait traduire son impertinence en latin !

De l'impertinence, certes, mais de l'esprit et du charme : à un peintre qui vient de terminer un bouquet de fleurs, l'enfant trouve ce joli compliment : « Ah ! monsieur, permettez-moi d'en prendre une ! »

Vient l'étude des rois de France : c'est l'Histoire mais ce sont ses ancêtres. Il y a toujours sous-jacent : j'aurais pu, je pourrais être à cette place et avoir à prendre telle ou telle décision.

Avec quelle diversité l'abbé rend les personnages vivants et l'élève actif !

Le petit prince est appelé à tracer le portrait d'Henri IV en énumérant ses qualités d'homme.

« Il était fort instruit, bon, il avait une passion immodérée pour les femmes qui lui fit faire beaucoup de fautes *(sic)* [...].

– Comme guerrier.

– Plein de valeur, de courage, de vivacité...

– Comme roi.

– Pardonnant facilement. »

Et ainsi pendant des pages et sur tous les rois !

Le Grand Condé fait partie des personnages privilégiés de l'étude. Il est, pour son héritier, la référence absolue.

Un jour que l'élève s'obstine à ne pas apprendre sa leçon de mythologie, le maître lui dit que son ignorance le rend indigne d'un aussi grand homme. Le petit prince s'approche alors du buste du Grand Condé et fond en larmes : « Ah ! monsieur l'abbé, ne me dites pas que je n'en serai jamais digne. »

Une autre fois, encore grondé, il se retrouve devant le buste, et citant La Fontaine : « Grand Condé, vous êtes le plus grand homme de l'univers. Vous fîtes le bonheur de ceux qui vous entouraient. Votre petit-fils s'annonce mal [...] mais "en toutes choses, il faut considérer la fin". »

À cet illuste ancêtre, au demeurant, l'enfant n'hésite pas à donner des conseils. Appelé à rédiger une lettre ou un discours d'un sage ami du Grand Condé pour le dissuader d'entreprendre la guerre civile, voici avec quelle ardeur il écrit, et je respecte son orthographe :

« Quoi monseigneur vous oubliez a un tel point votre devoir, quoi vous voulez faite la guerre civile. hebien qu'y gagnerez vous qu'en vous ferai la guerre contre votre roi. vous vous retirerez chez les espagnols. là ils vous feront faire de grandes fautes par leur lenteur naturelle. vous n'eprouverez que desagremens dans la guerre civile, croyez-moi renoncez-y et devenez fidel sujet du roi. »

Les leçons d'histoire conduisent tout naturellement aux leçons de morale mais le prince, tout en écoutant son maître, garde son propre jugement :

« La conduite de Scipion est admirée. Pourquoi ? demande l'abbé.

– Parce qu'il était modeste, bon, aimant sa patrie, ayant toutes les qualités possibles.

– Comme il est maître de ses passions quoique si jeune ! en profite pour remarquer le maître.

– Comme je voudrais lui ressembler !

– Si vous le vouliez réellement, vous en prendriez les moyens.

– Je vais les prendre car j'ai une vraie envie de lui ressembler... »

Jusque-là, tout va bien, mais le maître va prononcer une phrase inopportune au goût de son élève :

« Ce que je vois par l'exemple de Scipion, c'est que la vertu et le mérite valent bien mieux que l'argent et les plaisirs. »

Et l'enfant de répliquer avec malice :

« Ceci est une sentence d'avare. »

Pendant que le duc d'Enghien apprend à être un prince accompli, pour les seigneurs de Chantilly et la compagnie, c'est-à-dire les invités permanents, la vie poursuit un cours banal et gai dans sa splendeur, rythmé par les orages, chaleurs, gelées, brouillards et inondations dont l'intensité est notée avec le plus grand soin par Toudouze.

La chasse est la grande occupation et se pratique tous les jours que fait le bon Dieu, quelle que soit la saison : chevreuils et cailles, faisans et faisandeaux, alouettes et marcassins, toutes les pièces de gibier sont dénombrées avec le nom du seigneur qui les a abattues. Une seule fois, je vois qu'on a chassé le loup et que cinq ont été tirés aux battues de neige. C'était pendant l'hiver 1783-1784 qui dut être terrible : le prince de Condé fit une distribution du gibier pour les pauvres de Chantilly et dut faire venir du bois et du charbon à Paris, car la capitale s'en trouvait dépourvue.

Le 4 novembre, « jour de Saint-Hubert pour la chasse au cerf », le rendez-vous a lieu à la fameuse table, où j'aime désormais m'arrêter moi aussi, quand j'arrive à Chantilly, pour rêver à mes Condé se restaurant de viandes froides, à la lisière de la forêt, avant de les retrouver dans leurs manuscrits.

Ce soir de Saint-Hubert où le prince de Condé avait fait attaquer un cerf six cors, la curée s'est faite aux flambeaux dans la cour du château.

L'hiver, quand il neige, le cerf est chassé en traîneau.

Il n'est pas rare, aussi, pour offrir un spectacle aux dames qui n'ont pas suivi la chasse, de rabattre l'animal vers le grand canal où il se jette, poussé par les chiens et affolant les cygnes. La curée peut alors se faire sous les fenêtres des grands salons.

Le 2 novembre 1779, il y eut chasse au daim. Un daim dix cors avait été pris près du Bois-Mousseron et fut chassé dans le parc, d'une façon si prodigieuse que les habitants du château et du bourg se regroupèrent tous pour l'admirer. Alors le prince de Condé fit grâce au daim.

Quelques jours plus tard, le prince lui donna sa liberté après lui avoir fait mettre un collier de cuivre sur lequel étaient gravés ces mots : « Je me suis fait chasser dans tous les jardins et fait prendre au Hameau. J'ai été attaqué dans la forêt de Chantilly, j'ai obtenu ma grâce en faveur du plaisir que j'ai donné, on me voit très souvent dans la forêt et dans le parc du château. »

De temps en temps, l'abbé demande au petit prince d'inventer une fable pour illustrer une vertu ou un défaut. Je ne résiste pas au plaisir de recopier celle de la guêpe incorrigible :

« Une malheureuse guêpe volait jour et nuit pour faire le plus de mal qu'elle pouvait quoiqu'il ne lui arrivât que du mal. Un jour elle voulut tuer une araignée elle se prit dans la toile et ne s'en tira qu'avec une patte de moins un autre jour elle entra dans une office et là se mit à manger tout le sucre qu'elle pouvait trouver on la voit on veut la tuer mais elle pique celui qui l'approche elle laisse son aiguillon dans le doigt de celui qui voulait la prendre en s'en allant elle rencontre une ruche elle veut prendre du miel mais elle tombe sous les coups des abeilles. »

Je suis aussi surprise que le maître qui ne s'en cache pas :

« Que prétendez-vous prouver par cette fable ?

– Qu'il arrive malheur à ceux qui malgré les bons avertissements retombent toujours dans les mêmes fautes », répond l'enfant, quelque peu agacé.

Le caractère primesautier du prince se révèle à chaque instant. On sent bien que l'étude l'ennuie, qu'il s'applique par devoir mais qu'il cherche tous les moyens de se distraire sans déplaire à son professeur. Au milieu d'une leçon, je trouve ce mot de l'enfant :

« Voulez-vous que je fasse un petit conte ? »

Et l'abbé, plein de psychologie, répond :

« Volontiers, pourvu qu'il soit digne de la leçon.

– Je commence (et comme il devait être soulagé d'avoir cessé de traduire Virgile pour quelques minutes !) : un jeune enfant aimait à s'amuser qui était corrompu dans la mollesse. Un jour son père lui apporta des livres voilà l'enfant qui se met à lire ses livres le voilà qui devient savant sage et qu'il ne s'amuse qu'à lire c'est son plus grand plaisir.

– Cela est charmant, s'écrie l'abbé qui ne se fait pas trop d'illusions. Je voudrais bien voir une semblable métamorphose. »

« Peut-on ne pas s'aimer ? » demande un jour l'abbé au cours d'une leçon de morale.

Et on va voir à quel point les réponses de l'enfant sont honnêtes: «Non, on est toujours porté à s'aimer.

– Est-ce un devoir?

– Oui, quand on le mérite.

– N'est-ce pas cependant à force de s'aimer que le libertin, le paresseux, l'avare, etc., se livrent au vice?» poursuit l'abbé qui tend un petit piège.

Mais l'enfant ne tombe pas dedans:

«Mais il faut s'aimer dans les justes bornes et non avec passion.»

Le maître passe alors à l'instruction qui doit être poursuivie avec ardeur et application.

«Je doute que vous admettiez ce devoir de l'homme envers soi-même.

– Oh Dieu! s'écrie le petit prince. Que dites-vous là vous me croyez donc bien bête.

– Sans être bête, on peut par indolence ou par quelque autre motif s'éloigner de l'instruction, écrit l'abbé qui veut pousser l'enfant dans ses retranchements.

– Je serais bien fâché d'avoir ce défaut car il me paraît le plus grand que l'on puisse avoir.»

Et l'abbé, toujours conscient qu'il éduque un prince du sang:

«Un prince sans instruction, dans les conseils, dans les armées, que fera-t-il?»

Et le prince de sept ans répond:

«Dans les conseils on lui demande son avis, il en donne un mauvais, quelques personnes par flatterie le suivront on décidera l'affaire et la voilà perdue, s'il est dans les armées il hasardera imprudemment une bataille décisive et la perdra et il sera déshonoré pendant toute sa vie.»

Mais un prince doit combattre et dompter ses passions.

«On ne combat que ses ennemis, commence l'abbé. Nos passions le sont-elles?

– Oh sûrement.

– Que diriez-vous de la passion du jeu?» demande l'abbé qui a une idée derrière la tête.

Réponse qui ne pose pas de difficulté à l'enfant:

« Elle est très dangereuse parce qu'on peut s'y ruiner. »

Passant à un domaine plus délicat :

« Et la passion de la chasse ? »

Et l'enfant, qui adore déjà ce que son grand-père et son père aiment au-delà de beaucoup de choses, donne une réponse prudente :

« C'est un excès pardonnable mais il vaut mieux se modérer car ce qui est outré ne vaut jamais rien. »

Éduquer un prince, c'est l'exciter aux grands sentiments et aux grandes actions.

« Qu'est-ce qui doit vous y exciter ?

– L'amour de la gloire, répond l'enfant avec fierté. Le désir de ressembler à mes pères.

– On vante la médiocrité, écrit alors le maître. Ne pourrait-elle pas vous paraître suffisante ? »

La réaction est cinglante :

« De quoi me parlez-vous là ? Rester dans la médiocrité, quelle bassesse ce serait, rester dans la médiocrité, vous croyez donc que je veux me déshonorer ! »

L'honneur, encore et toujours !

« Vous en seriez plus tranquille », continue le perfide.

Mais l'enfant réplique :

« Oui, mais je n'aurais pas la satisfaction intérieure qu'on a quand on a fait quelque chose de grand.

– Qu'entendez-vous par la *gloire* dont l'amour doit vous animer ? poursuit le maître.

– J'entends qu'un prince doit donner l'exemple de l'amour des grandes choses. »

N'oublions pas : sept ans !

« Quelle définition ! s'exclame l'abbé mécontent. La gloire consiste *à donner l'exemple*.

– C'est que l'expression me manque, reconnaît l'enfant. Car je sais bien ce que c'est que la gloire. »

Enfant, il l'est pleinement, mais toujours conscient de ce qu'il est appelé à être. Un jour, l'abbé lui propose de représenter le Grand Condé quittant les champs Élysées pour voir son petit-fils. La conversation s'engage. Au milieu du dialogue, le Grand Condé dit que « satisfait des progrès de son petit-fils, il lui apporte des joujoux ». Éclat de rire : « Ah ! M. l'abbé, vous jouez bien mal votre rôle ! Une épée, à la bonne heure, mais des joujoux ! »

Privé de la présence de sa mère, le prince n'en a que plus d'affection pour son père. À la fin de la guerre d'Indépendance d'Amérique, le duc de Bourbon est envoyé à la suite du comte d'Artois vers Gibraltar. L'imagination de son fils s'enflamme :

« Ah ! mon cher papa, écrit-il, ainsi vous allez vous exposer aux plus grands périls, vous allez à Gibraltar, vous me quittez ! L'absence est le plus grand des maux, c'était déjà bien assez de vous voir si rarement ! Au moins, permettez-moi de partir avec vous, et si par malheur vous mourez, j'aurai au moins la consolation de mourir avec vous ! Renoncez à votre projet, mon cher papa, ne prenez pas le chemin de la mort ; je ne puis penser à cela sans pleurer ! »

Une deuxième lettre, qui corrige la première, est un cri d'exhortation à l'héroïsme, admirable dans sa candeur :

« Mon cher papa, ma première lettre est plutôt la lettre d'une fille que celle d'un Condé. Je m'en vais en faire une à ma manière.

« Oui papa acquérez de la gloire, battez bien les Anglais, prenez Gibraltar. Après l'avoir pris, revenez, venez nous revoir. Ensuite partez, allez en Amérique, et montrez que vous êtes Condé. J'espère aussi pouvoir le montrer un jour et j'attends ce moment avec impatience. Le grand Condé s'appelait duc d'Enghien quand il gagna la bataille de Rocroi, peut-être que ce nom me portera bonheur, car tous les Enghiens *(sic)* sont heureux ; celui de la bataille de Cérizole, celui qui gagna la bataille de Rocroi. J'espère l'être aussi. Adieu mon cher papa. »

Je terminerai ce survol des cahiers par ce petit dialogue :

À propos de Scipion après la défaite des Romains l'abbé écrit :

« Voilà ce que doit vous inspirer le spectacle des révolutions humaines ! vous croyez peut-être n'avoir rien à craindre !

– Non je vis ici tranquille et avec plaisir, je m'amuse, voilà ce que j'appelle ne rien craindre. Je mène ici une vie infiniment heureuse parce que j'aime.

– Et si demain la fièvre vous couchait sur le carreau ?
– Je suis trop jeune pour mourir. »

À partir de l'été 1781, l'été de ses neuf ans, le prince est cité presque chaque jour par Toudouze, le plus souvent avec sa tante Louise : entre les séances à la salle d'armes, les jeux de volant et les promenades en voiture ou en gondole, Mgr le duc d'Enghien « tire l'oiseau sur l'arbre de la pelouse » avec son grand-père, apprend à plotter à la paume, prend sa première leçon d'équitation et pêche avec acharnement dans tous les étangs, canaux et rivières du domaine avant sa première chasse au sanglier.

Le 15 août de cette année-là, il va, avec sa tante Louise, pour la première fois, à la messe de paroisse : M. le curé le reçoit à l'entrée de l'église avec les cérémonies d'usage qui octroient à Mgr le duc « les premiers honneurs de l'église ».

À la fête qui suit la cérémonie, le prince est assez grand maintenant pour jeter lui-même au public les pains d'épice traditionnels.

La danse, sur la pelouse, dura jusqu'à quatre heures du matin.

En cette veille de la Saint-Jean 1784, un guetteur, envoyé par le prince de Condé sur les combles du château, scrute le ciel. À cinq heures et demie, il crie enfin : « Elle est en vue ! »

Elle, c'est la *Marie-Antoinette*, magnifique ballon fait de mille cinq cent quarante peaux de moutons et de soixante-quatorze lés de toile de coton azur[1]. L'aérostat s'est envolé quelque trois quarts d'heures plus tôt de la cour des Ministres, à Versailles, devant une foule nombreuse et gaie, en présence du roi et de la reine, et de leur invité, le roi de Suède, Gustave III.

Avec des cris d'excitation joyeuse, les princes de Condé se précipitent sur l'esplanade pour entendre les vigies s'exclamer : « Il a pris feu en tombant sur un chêne : l'arbre est en flammes ! »

Et toute la compagnie de se précipiter vers les étangs de Commelles. Les seigneurs des environs arrivent de toutes parts pour accueillir

1. Françoise Chapard, « Un ballon en forêt de Coye ».

les passagers, l'aéronaute Pilâtre de Rozier et le chimiste Proust, qui parviennent à éteindre les flammes, sauvant le drapeau de la reine !

Les savants sont conduits au château, suivis des spectateurs enthousiastes. Un souper est servi à tous et les questions fusent dont une ravissante du petit prince :

« N'avez-vous pas eu trop chaud près du soleil ? »

Après le repas, le prince de Condé se fait apporter une carte de ses terres, avise le carrefour le plus proche du lieu d'atterrissage et déclare que celui-ci sera nommé « carrefour Pilâtre-et-Proust » en l'honneur des héros.

Aujourd'hui, dans le parc de Chantilly, juste derrière le Hameau, un ballon dirigeable permet aux visiteurs d'admirer le domaine vu du ciel. Je me dis qu'il est tout particulièrement à sa place ici et qu'il est un joli rappel de cette après-midi d'été 1784.

Sur les cartes géographiques, le carrefour Pilâtre-de-Rozier figure toujours, mais le nom de Proust a curieusement disparu.

Minutieusement recensées par Toudouze, les visites princières participent de l'éclat des Condé.

L'empereur Joseph II, frère de la reine Marie-Antoinette, Mesdames, filles du roi Louis XV, le roi de Suède sous le nom de comte d'Aga et le prince Henri de Prusse sous le nom de comte d'Oels ne manquent pas de goûter aux plaisirs innombrables que leur offrent les seigneurs de Chantilly.

La réception la plus fastueuse fut celle organisée en l'honneur du grand-duc, futur Paul Ier de Russie et de la grande-duchesse, qui voyageaient sous le nom de comte et de comtesse du Nord et se rendirent à Chantilly les 10, 11 et 12 juin 1782.

Le témoignage de Toudouze est complété par le récit de la baronne d'Oberkirch, amie d'enfance de la grande-duchesse :

« Le mot qui courait dans Paris : le roi a reçu M. le comte du Nord en ami, M. le duc d'Orléans en bourgeois, et M. le prince de Condé en souverain. »

Et de transcrire la réponse du comte du Nord : « Cela est profondément juste. On ne peut rien dire de trop de la maison de Condé, aucun monarque n'aurait pu faire mieux ; ne fût-ce qu'à cause de ce beau lieu de Chantilly que rien n'égale. »

Le grand-duc plus admiratif de Chantilly que de Versailles ! Voilà qui en dit long sur la splendeur des Condé.

M. de Mintier avec deux pages, deux piqueurs et un attelage de huit chevaux étant allé attendre le grand-duc et la grande-duchesse à Luzarches pour les escorter jusqu'à Chantilly où le prince de Condé les accueillit à leur descente de voiture et le duc de Bourbon présenta son fils de presque dix ans, le duc d'Enghien. Les invités princiers furent alors conduits au salon où les attendait la princesse Louise avec toutes les dames.

Après le déjeuner, promenade. Sous des voûtes de verdure garnies de rubans et de banderoles aux chiffres de leurs altesses impériales, les princes, donnant le bras aux dames, leur firent découvrir les premiers charmes du parc en commençant par les écuries, puis la pelouse et les chenils, pour voir les chiens de l'équipage.

Après la promenade, spectacle : Mlle Audinot, dans *L'Ami de la maison,* de Marmontel, fit grande impression sur le grand-duc, ce qui provoqua un accès de dépit chez la grande-duchesse. Des spectacles variés occupèrent la compagnie jusqu'à la tombée de la nuit. On put alors découvrir les illuminations des jardins, puis souper dans l'île d'Amour.

Le lendemain, les princes se promenèrent dans le château : cabinet d'histoire naturelle, galerie des Conquêtes avec les tableaux retraçant les batailles gagnées par les princes de Condé au cours des siècles et qu'on peut encore admirer aujourd'hui.

Le grand-duc se plut à assister à une partie de jeu de paume.

Le soir, souper au Hameau : dans la plus grande des maisons, celle qui encore auberge aujourd'hui, toute tapissée de feuillages, douze tables étaient dressées d'une douzaine de couverts chacune. « C'était commode, gai, sans façon et parfaitement bien imaginé », commente la baronne d'Oberkirch.

Le temps était « à souhait », la nuit éclairée par six cents lanternes posées dans les arbres. On marcha jusqu'à la maison de Sylvie, on flâna en pirogue tandis que la musique accompagnait le clapotis de l'eau. Pourquoi dormir ? Une chasse aux flambeaux fut organisée. Les princes montèrent à cheval, les dames dans des calèches découvertes. Au moment où la comtesse du Nord montait en voiture, le petit duc d'Enghien vint lui offrir un bouquet de fleurs.

Chantilly triomphait, vivant comme jamais, gazouillant de toutes ses hirondelles, glougloutant de toutes ses cascades, odorant de tous ses parterres, froufroutant de tous ses brocarts. Chantilly triomphait à travers son maître, le prince de Condé, dont on disait qu'il était un des princes les plus braves d'Europe, curieux de sciences et de littérature, amateur de peinture et de botanique. Oui ! Chantilly triomphait par toutes les fibres de son domaine, de ses bêtes et de ses gens, tous à la dévotion de son petit prince chevaleresque qui faisait sa cour à la future tsarine.

Le 12 juin, la chasse recommença dès l'aube. Certains, comme le duc de Bourbon, ne s'étaient même pas couchés. Le cerf, une troisième tête attaquée au bosquet de Vineuil, enfila une allée qui aboutit à la grille du Vertugadin de Chantilly. De là, il se mit à courir dans le parc. M. le duc de Bourbon, qui voulait offrir le plus beau spectacle et savait comment faire, força l'animal à se jeter dans le canal et à le traverser, poursuivi par la meute des chiens.

Une foule d'invités et de paysans était accourue, joyeuse et bigarrée. Il faisait complètement jour maintenant et l'eau reflétait la plus excitante des fresques. « Ah ! mon Dieu, le beau tableau ! » ne cessait de s'écrier le grand-duc.

Un homme, Jean-Baptiste Le Paon, ne perdait pas une miette du spectacle ni des paroles du grand-duc : peintre attaché à la maison de Condé, il se mit à crayonner vivement cette extraordinaire scène d'hallali. Quand le tableau fut achevé, deux ans plus tard, le prince de Condé le fit envoyer au grand-duc Paul qui le plaça à Saint-Pétersbourg. Beaucoup plus tard, en 1884, le grand-duc Wladimir en fit exécuter une copie qu'il offrit au duc d'Aumale pour le remercier de l'avoir reçu à Chantilly.

C'est cette copie devant laquelle j'aime rêver pour me reposer de mes écritures.

Dans l'immédiat, les honneurs furent pour la comtesse du Nord et le prince de Condé lui donna les quatre dents et les bois du cerf.

La princesse fit monter les dents en girandole en les entourant de diamants.

Au moment de partir, le comte du Nord manifesta au prince de Condé ses regrets de quitter un tel paradis :

« Je changerais tout ce que je possède contre votre beau Chantilly.

– Oh ! Votre Altesse y perdrait trop...

– Non, répondit le futur tsar, car ce serait devenir Condé ! »

Le prince de Condé exprima alors le souhait de se rendre un jour à Saint-Pétersbourg ce qu'accepta avec enthousiasme le grand-duc.

« Hélas ! ce n'est qu'un rêve », soupira alors le prince[1].

Comment aurait-il pu savoir que dans cette immense Russie, il emmènerait, avec son petit-fils, son armée recueillie par ce même Paul, devenu tsar ?

Et la vie familiale reprend son cours. Paris commence à bruire de mille rumeurs qui n'atteignent pas le cours paisible des saisons à Chantilly. Les chaleurs continuent de succéder aux gelées.

Le 25 mars 1785, à Versailles, naît un petit prince qui fait le bonheur des Français et qui sera connu sous le nom tragique de Louis XVII.

Le 17 mai de cette année-là, en présence du prince de Condé, du duc et de la duchesse de Bourbon et de Mademoiselle, le duc d'Enghien, douze ans et demi, est baptisé dans la chapelle de Versailles[2]. Il reçoit les prénoms de Louis, comme son parrain, le roi Louis XVI, Antoine, comme sa marraine, la reine Marie-Antoinette, et Henri comme tous les princes de Condé[3].

Le duc de Bourbon distribua, dit-on, trois mille boîtes de dragées.

Le 2 février 1788, le duc d'Enghien se rendit à Versailles avec son père et son grand-père pour être reçu chevalier des Ordres du roi (Saint-Esprit et Saint-Michel).

---

1. Baronne d'Oberkirch, *Mémoires*.
2. Le duc d'Enghien ayant été ondoyé à sa naissance, cette cérémonie de baptême n'était que la solennité du sacrement, comme il était de coutume pour les princes du sang.
3. Jamais ses proches ne l'appelleront par ses prénoms, ils le nomment *d'Enghien*, tout simplement. Je ferai comme eux et n'écrirai donc pas *Enghien* comme c'est l'usage aujourd'hui.

Dans la Grand-Chambre du Parlement où, pour la seule fois dans l'Histoire, trois générations de Condé siégeaient ensemble, le nouveau chevalier de quinze ans et demi, regard clair et boucles blondes, revêtu pour la circonstance du manteau à traîne brodé des flammes du Saint-Esprit, prononça son premier discours public.

Ce jour-là, le duc d'Enghien était exactement à la moitié de sa vie.

Dans les mois qui suivirent, son grand-père l'emmena au camp de Saint-Omer. Le prince de Condé prenait en main l'éducation militaire de son petit-fils dont il ne doutait pas qu'il serait le digne descendant de la maison de Condé, servant le roi et la France en accomplissant ce qu'il était né pour être : un prince soldat.

À six ans, il avait écrit à son père : « Je lis avec contentement les héroïques actions de nos rois ; en voyant de si beaux exemples, je me sens une ambition de les imiter : mais ce m'est assez pour maintenant d'être enfant de désir et de n'avoir d'autre volonté que la vôtre. »

La Révolution, l'exil et la guerre vont exacerber le combat intérieur du jeune prince : volonté très forte d'écrire sa propre page de gloire, contrariée par l'impuissance à se dégager de l'emprise de son père et surtout de son grand-père.

CHAPITRE II

Il émigre

« Nous apprîmes le mardi 14 juillet au soir à Chantilly que les révoltés s'étaient emparés de la Bastille ; nous eûmes de la peine à le comprendre, mais enfin cela était : je crus alors ne pouvoir me dispenser de me rendre le lendemain avec mes enfants auprès du Roi, dont au moins la couronne était en danger. »

Ainsi s'ouvre le journal du prince de Condé.

En quelques mots, tout est dit, avec un sang-froid qui me paraît extraordinaire. L'univers enchanté de Chantilly, les chasses au cerf et les pêches dans les étangs, les dîners au Hameau et les illuminations sur la grande pelouse viennent de basculer brutalement derrière les frontières d'un temps irrécupérable. Que perçoit le prince de la tragédie en marche ? À cette heure, il ne se pose aucune question sentimentale, il prend acte des faits et sa première pensée est pour le roi et le salut de la monarchie. Pour cela, il va offrir l'essentiel de ce qu'il est, de ce qu'il a : ses enfants. Ce prince libéral, protecteur des arts, qui ne tolérait pas les châtiments corporels dans l'armée et avait plusieurs fois bravé l'autorité royale, se mue brusquement et à jamais en un défenseur acharné des privilèges de la noblesse et du roi [1].

14 juillet 1789 : la date est à tel point symbolique que le prince en fait la première de son manuscrit commencé à Bruxelles le 19 juillet. Jusqu'au 20 mai 1795, il notera jour après jour ce que les

1 Alexéi Vassiliev, *L'Armée royaliste des émigrés du prince de Condé dans l'empire de Russie.*

événements lui dictent. Vision subjective sûrement mais témoignage irremplaçable pour moi. Rien à voir avec les jugements des époques postérieures. C'est cette perception de l'Histoire à chaud qui m'importe car mon esprit de femme du XXe siècle peut se nourrir, sans intermédiaire, du monde qu'observe le prince de Condé.

Une deuxième voix se fait entendre, celle du duc d'Enghien dans son journal écrit entre 1789 et 1794. À la différence de son grand-père, il n'écrit pas quotidiennement mais le recul n'est que de quelques jours, quelques semaines tout au plus, et la même sensation d'observation immédiate se fait sentir, tandis que la différence de sensibilité entre l'homme de cinquante-trois ans et l'adolescent de dix-sept permet d'apprécier la richesse des deux points de vue.

Le duc de Bourbon a lui aussi raconté ce départ de France, récit de deux pages à peine mais qui donne des détails précieux [1].

En quelques heures, le changement des mœurs est sensible : les routes ont cessé d'être sûres et la population montre son hostilité. Un homme portant la livrée des Condé a été insulté. Finies, en un éclair, les allées et venues à toutes les heures du jour et de la nuit dans la sérénité d'une France paisible : pour se rendre à Versailles, le prince se fait escorter de gentilshommes et d'une vingtaine de ses gens encore fidèles, armés jusqu'aux dents.

Le duc d'Enghien, victime en chemin d'un malaise sérieux, est ramené à Chantilly.

Dans la soirée du 15 juillet, le prince de Condé arrive à Versailles, avec son fils et sa fille. Il s'entretient avec le comte d'Artois et en conclut « qu'il n'y a plus de ressources pour le Roi, et qu'il [va] boire le calice jusqu'à la lie ». Le prince en gémit « du plus profond du cœur ».

Le 16 au matin, le prince décide tout de même d'assister au lever du roi pour lui demander s'il a décidé d'aller à Paris : « J'étais alors bien résolu à l'y suivre quoi qu'il m'en pût arriver. Il me dit qu'il n'en était pas encore question mais que s'il y allait il n'aurait pas besoin de moi ; ces paroles ne me laissèrent aucun

1. Archives de Chantilly. Inédit.

doute que ma présence à son entrée dans Paris ne lui parût importune ou nuisible. »

Louis XVI ne veut pas de son cousin Condé pour le protéger. Ses plans l'effraient. Et puis, la reine n'a qu'antipathie envers ce trop puissant personnage : ni elle ni le roi ne veulent devoir le trône au descendant du Grand Condé qui avait mené la Fronde contre Louis XIV. Que le prince de Condé en ait été blessé, comment en douter ? Perplexe aussi : comment sauver le roi malgré lui ? Il passe la journée à voir les uns et les autres, apprenant la démission du garde des Sceaux, M. de Barentin, suivie de celle de tous les ministres, « et que tout [est] perdu ».

« Bien des gens pensaient que le Roi prendrait une résolution digne du sang qui coulait dans ses veines », écrit le comte d'Espinchal[1], fidèle ami du prince de Condé, et qui espérait, comme lui, un ordre militaire de Louis XVI, « mais jamais il n'en eut le courage. Tout ce qu'il put faire fut d'approuver la fuite de M. le comte d'Artois et de ses enfants, ainsi que toute la Maison de Condé. Ce départ fut donc arrêté dans l'intérieur de la famille royale. Les adieux furent touchants. »

Louis XVI met tout en œuvre pour hâter le départ de son frère, de ses enfants et de ses cousins Condé : le comte d'Artois reçoit de la main du roi un passeport pour avoir assistance de tous les commandants des places qu'il aura à traverser. Au cas où il arriverait malheur aux princes du sang qui restent en France, le roi veut peut-être mettre une partie de sa famille sous la protection des souverains qui constituent, à l'étranger, le rempart des Bourbons.

Le prince de Condé sait aussi que dès le soir du 14 juillet, des placards ont été affichés dans Paris qui mettent à prix les têtes du comte d'Artois et des princes de Condé[2]. Donner sa vie pour le roi est une chose, être tué par une populace haineuse en est une autre, parfaitement inutile. Le prince de Condé ne fuit pas : en obéissant à la volonté du roi, il se replie, convaincu qu'il n'en rebondira que mieux.

1. Comte d'Espinchal, *Journal d'émigration.*
2. Duc de Castries, *Les Hommes de l'Émigration.*

Et son petit-fils partage le même avis : « Le refus du Roi qui ne voulut point permettre à mon grand-père de le suivre à Paris détermina mes parents à sortir du royaume et à chercher des remèdes aux maux de la France. »

Mais par cet acte, le prince de Condé transforme son destin et celui de ses enfants. À l'intérieur du royaume, ce chef militaire français, auréolé de ses victoires, serait le plus brillant et surtout le plus apte à défendre le roi.

Louis XVI se méfie de cette protection et la refuse.

Hors des frontières, le prince de Condé ne sera plus qu'un banni : toute son ardeur, sa science amoureuse des armes et des hommes, sa patience légendaire, ne suffiront pas à écrire l'épopée victorieuse dont il rêvait.

La conclusion lointaine et tragique de ce départ ? Les fossés de Vincennes.

Le comte d'Artois et le prince de Condé sont convenus de la route à prendre. Le 17, à minuit, le comte d'Artois quitte Versailles, à cheval, presque seul. Un peu plus tard, les ducs d'Angoulême et de Berry prennent le départ, accompagnés de leurs gouverneurs. Le comte d'Artois atteint Chantilly où le duc d'Enghien lui prête une voiture et six chevaux appartenant à son père, afin qu'il joigne le premier relais où il empruntera une voiture de poste pour se rendre à Bruxelles.

À quatre heures, le prince de Condé quitte Versailles à son tour, à cheval ainsi que son fils. La princesse Louise les suit en voiture. Prenant, avec ses gens toujours armés, les chemins qu'il pense les moins dangereux, le prince de Condé arrive vers midi à Chantilly.

« Mon grand-père, de retour à Chantilly, n'eut que le temps de manger un morceau. »

Les habitants de Chantilly qui ont vu leur maître partir avec toute une escorte se réjouissent de le voir rentrer. La cour du château est remplie de gens qui veulent montrer leur joie de le revoir. Mais leur gaieté tombe vite voyant dans quel état d'esprit est le prince et qu'il va les quitter.

J'imagine l'irruption du patriarche, à peine descendu de cheval – mes enfants, il nous faut partir –, les préparatifs en hâte, le dernier

« dîner » chez eux, les sourires contraints, le silence remplaçant toute conversation possible.

Et moi, sachant que c'est leur dernier repas ensemble à Chantilly, nommant celui qui ne reviendra jamais, et ses pères qui ne rentreront qu'à l'état de fantômes, j'ai la gorge serrée par chaque détail.

Ils partent.

Le soleil est très chaud. Sous les yeux de pierre de la statue du Connétable, dans un fracas de roues écrasant les cailloux, les voitures ont été avancées. On a pris soin d'effacer les armoiries sur leurs panneaux. Le prince de Condé, en redingote bleue, l'épée au côté, se prépare à monter dans la première avec son fils, son petit-fils, et trois gentilshommes ; dans les deux suivantes voyageront d'autres gentilshommes de la maison du prince : M. de Mintier qui annonça au roi la naissance du petit prince, M. de Virieu, le fidèle gouverneur, M. de Sarrobert qui ne quittera pas les princes. Une calèche découverte est prévue pour la princesse Louise, Mme de Monaco et deux dames ; elles seront escortées par M. d'Espinchal. Enfin une dernière voiture suivra avec les domestiques.

Le prince a ordonné que les départs fussent étalés dans l'après-midi pour ne pas attirer l'attention. Louis-Joseph de Bourbon, prince de Condé, colonel-général de l'Infanterie française et étrangère, gouverneur de Bourgogne et de Bresse, droit et digne en bas du grand degré, surveille, impassible, les derniers préparatifs. Ceux qui doivent rester serrent contre eux ceux qui vont partir.

Brouhaha. Larmes. Danse des mains et des mouchoirs.

Il est trois heures de l'après-midi. La première voiture s'ébranle.

Ont-ils fermé les yeux pour ne pas voir ce qu'ils quittaient ou les ont-ils gardés grand ouverts, jusqu'à ce que tout s'évanouît ?

Cependant les dernières paroles du duc d'Enghien, en quittant Chantilly qu'il ne reverra pas, sont des paroles de bonheur : « Je n'ai plus rien à désirer, s'écrie-t-il, je suis au milieu de ma famille et de mes parents les plus chers. »

L'adolescent, qui n'a pas encore dix-sept ans, reste fidèle à ses idées d'enfant : comme il le disait à l'abbé Millot, il est heureux parce qu'il aime et que l'idée de la mort ne lui vient pas à l'esprit.

Ils ont pris la route de Valenciennes, roulant toute la fin d'après-midi et la nuit entière. Sans être inquiétés, mais dans un confort très relatif : « Dix personnes dans des voitures à huit, écrit la princesse Louise, six dans celles de quatre, sans compter cassettes, pistolets, les roues à chaque instant rompues, les culbutes sur la route. »

À Péronne, tout de même, il faut s'arrêter pour relayer les chevaux. Des habitants s'approchent, chandelles en main, intrigués par ces voitures étrangement anonymes. L'excitation monte, hostile. Quelques-uns, plus hardis, s'approchent des portières avec de la pierre ponce, espérant trouver quelque signe en grattant la peinture, d'autres cherchent déjà à enlever les roues, des cris montent de la foule qui grossit, une voix s'exclame : « C'est le prince de Condé ! » Mais le maître de poste est honnête homme et il fait diligence. L'officier de cavalerie qui commande la place tient encore son monde et protège la sortie de la ville pour les voyageurs qui s'efforcent de faire bonne figure laissant une foule devenue furieuse et hurlant : « Vive le Tiers ! »

La nuit même, dans Péronne, on brûlera les barrières et on maltraitera les commis.

Les voitures sortent du royaume sans nouvelles difficultés. Le 18, à six heures du matin, elles passent Valenciennes. À la dernière barrière, le prince de Condé donne six francs au commis et personne n'est fouillé.

À Mons, les retrouvailles se font dans une mauvaise auberge. On compte les voitures, soulagé de constater que tout le monde est sain et sauf. L'atmosphère du repas n'est pas gaie, mais l'inquiétude est moins forte et l'attendrissement domine. Dans la nuit passe le comte d'Artois qui a choisi de ne pas s'arrêter avant Namur.

Loin du roi, c'est son frère qui devient la boussole des princes de Condé. Décide-t-il de se rendre aux Pays-Bas ? Le prince décide de s'y rendre aussi avec sa famille et d'y attendre ses ordres. L'endroit semble bien choisi : l'archiduchesse Christine y règne, or elle est la sœur de la reine Marie-Antoinette. Comment ne ferait-elle pas bon accueil à ses cousins de France ? Une précaution tout de même : les princes voyageront incognito. Le prince de Condé sera comte de Nanteuil, le duc de Bourbon, comte de Dammartin, la princesse

Louise, marquise de Vatan et le duc d'Enghien, comte de Saint-Maur.

Et le petit monde de reprendre la route : « Le chemin de Mons à Bruxelles est charmant ; le pays est plat, mais coupé de rangées d'arbres, de ruisseaux et de prairies : c'est un vrai jardin. »

Amusantes, ces observations agrestes qui émaillent le journal du jeune prince. Faune, flore, paysages et palais, il est curieux de tout et s'applique à tout décrire, notant au passage ses réflexions personnelles.

À l'arrivée à Bruxelles, le prince de Condé n'est pas plus tôt descendu de voiture qu'une marchande s'accroche à lui, essayant à tout prix de lui vendre ses dentelles. Le prince, non sans humour, finit par lui faire comprendre qu'il ne peut avoir besoin de dentelles, n'ayant pas même une chemise de rechange ! Dans la précipitation du départ, le prince n'en a pas emporté une seule !

Les Condé s'installent à l'auberge de Bellevue, agréablement située entre la place Royale et le parc, et se conduisent en touristes : on visite la ville, on va faire sa cour à l'archiduchesse dans sa maison de campagne, Sconenberg Laken. Le jardin, dessiné à l'anglaise, charme particulièrement le jeune d'Enghien. On va à la messe, on se baigne, on reçoit le comte d'Artois et ses enfants qui sont installés à Namur, on rencontre des gens avec qui on était en froid à Paris, comme le baron de Breteuil, mais avec qui on se raccommode, unis que l'on est par le même malheur. Le prince de Condé, tout de même, se purge, parce que, même si on montre bonne figure, « on se fait un peu de bile » !

Les Français commencent à arriver en nombre et ils racontent ce qu'ils ont vu. Le 29 juillet, survient à Bruxelles le chevalier de Launay, frère du gouverneur de la Bastille, massacré le 14 juillet par une foule prise de folie qui a promené la tête du chevalier en haut d'une pique. Les princes apprennent les émeutes qui éclatent en cascades et la « Grande Peur » qui se propage partout en France.

Le séjour à Bruxelles ne peut se prolonger : même si elle désire porter secours à la famille de sa sœur Marie-Antoinette – mais le veut-elle vraiment ? – l'archiduchesse Marie-Christine doit ménager leur frère, l'empereur Joseph II[1], qui voit d'un très mauvais œil déferler cette horde de Français encombrants.

Où aller ? Le roi Gustave III de Suède, qui ne voit rien de bon dans les événements de France, a fait remettre un courrier au prince de Condé disant que donner asile à un Condé, « c'est y appeler la victoire ». Le grand-duc Paul n'oublie pas son séjour féerique à Chantilly et a, lui aussi, exprimé au prince son amitié la plus fidèle. Mais le prince de Condé est conscient que gagner la Suède ou la Russie, c'est s'éloigner des frontières françaises, c'est se priver d'avoir des nouvelles fraîches, c'est laisser passer toute occasion de tenter un coup de force pour renverser un gouvernement de désordre, c'est faillir à son devoir.

Condé et Artois se concertent et prennent la décision de se rendre à Turin, à la cour du roi Victor-Amédée qui a des liens étroits avec la maison de France : son fils aîné, le prince de Piémont, a épousé la sœur aînée de Louis XVI, la princesse Clotilde que des personnes médisantes ont surnommé *Gros-Madame*, le comte de Provence et le comte d'Artois ont épousé deux filles du roi. Quant au prince de Condé, il se trouve être le cousin germain de Victor-Amédée, puisque leurs mères, toutes deux princesses de Hesse-Rheinfels, étaient sœurs.

Pour plus de sécurité, les princes et leur famille emprunteront des itinéraires différents et ne s'approcheront pas des frontières de France.

Le prince de Condé prévoit donc un long détour, mais il n'est pas pressé car il doit attendre, pour entrer dans Turin, que Louis XVI ait fait parvenir à Victor-Amédée l'autorisation de recevoir sa famille.

Les princes de Condé, au complet, quittent Bruxelles le 3 août avec toujours des départs à des heures différentes, par sécurité, et pour que tous trouvent des chevaux frais aux postes.

---

1. Joseph II de Habsbourg est empereur du Saint-Empire romain germanique, titre porté sans interruption par ses ancêtres depuis Ferdinand Ier, en 1558. François II devra abandonner ce titre à la dissolution de l'Empire, en 1806. Il sera le premier empereur d'Autriche sous le nom de François Ier.

« Mon grand-père renvoya quelques personnes de sa suite », précise le duc d'Enghien. J'imagine naïvement que le prince n'en garde que quelque cinq ou six. Un peu plus tard, je lis, sous la plume de d'Espinchal en date du 6 août, que la suite, comprenant les femmes de chambre, valets de chambre, valets de pied et domestiques, est de quarante personnes !

Les voilà de nouveau sur les routes.

Avec un pareil train, les risques sont grands d'être arrêté aux postes et rançonné dans les auberges. Les voitures cassent les unes après les autres. Les postes sont mal servies et les relais très distants. On s'arrête à moitié chemin pour donner des tranches de pain aux chevaux.

Pendant ce temps, la Révolution qui avance rend de plus en plus impossible un possible retour. Le 7 août, un important détachement de la garde nationale de Paris envahit le château de Chantilly et se fait remettre vingt-sept canons. Un récépissé est réclamé, on dresse procès-verbal de l'enlèvement qui sera imprimé et affiché en ville. Alors, enfin la garde parisienne peut les traîner victorieusement jusqu'à la capitale[1].

Ce sont les canons qui avaient bruyamment salué la naissance du dernier prince de Condé.

Le 5 août, après avoir roulé plus de douze heures, ils se retrouvent à Cologne.

« Ce fut là que je vis le Rhin pour la première fois, écrit le duc d'Enghien, et sa largeur m'étonna. À Cologne, il est large comme cinq à six fois la Seine à Paris. »

Ce touriste-là va hanter les bords du Rhin pendant des mois et des mois, se cognant à cette barrière infranchissable entre son pays et lui, barrière qu'il finira par franchir, mais prisonnier d'une escorte armée.

---

1. Comtesse de Clinchamp, *op. cit.*

Dans chaque auberge, dont le jeune d'Enghien note soigneusement le prix et si les repas qu'on leur sert sont copieux ou mauvais, c'est chaque soir la quête aux informations sur les malheurs qui se multiplient en France.

Le grand-père comme le petit-fils précisent leur assistance à la messe chaque dimanche et à chaque fête religieuse.

Pour les princes de Condé, l'identité de la France, fille aînée de l'Église, est à la fois chrétienne et royale, deux qualités indissociables.

Le plus urgent est de trouver des villes où faire étape. Dans cette fourmilière féodale que sont alors les centaines de principautés, religieuses et laïques, qui forment le Saint-Empire romain germanique, la politique est un véritable casse-tête : tous ces souverains battent monnaie et gardent jalousement leur indépendance de pensée. Certains sont résolument hostiles à la Révolution naissante, d'autres, par conviction ou par intérêt, attendent de voir de quel côté va tourner le vent. Recevoir les Condé, c'est mécontenter le pouvoir qui se met en place, mais aussi Louis XVI qui semble préférer ce pouvoir à sa famille errante.

Ainsi l'archiduc Maximilien, archevêque-électeur de Cologne et frère de la reine Marie-Antoinette, invite les Condé d'une façon suffisamment ambiguë pour qu'ils passent leur chemin sans regret tandis que le duc d'Enghien déplore l'amour des princes allemands pour les principes révolutionnaires « comme si ces principes reconnus n'entraînaient pas infailliblement leur ruine ».

Plus tard, il constatera que, même lorsqu'ils seront confrontés aux excès de la Terreur, ces princes resteront paralysés par la peur d'afficher leur indépendance politique.

Il a juste dix-sept ans, mais il se montre déjà fin observateur politique.

À Mannheim, les troupes palatines s'installent sous les fenêtres de leur auberge et leur jouent de la musique militaire « en grande partie pour mon grand-père », précise fièrement le petit-fils. L'accueil est assez chaleureux pour leur permettre de s'arrêter quelques jours : visite du palais du gouverneur, de sa bibliothèque monumentale, du cabinet d'histoire naturelle. Les nouvelles se propagent avec la lecture des journaux, comme *La Gazette de France* qu'apportent ceux qui viennent de passer les frontières.

C'est à Mannheim que les Condé apprennent ce qui s'est passé la nuit du 4 août : tous les droits de la noblesse ont été supprimés et le roi ne peut plus rien décider sans en référer au Conseil.

La réaction du prince de Condé est étonnante : « Par une singularité qu'on ne peut expliquer, la nuit qui suivit le jour où j'avais appris des dispositions qui m'ôtaient tout l'agrément de ma vie, et peut-être trois ou quatre cent mille livres de rente, fut la meilleure que j'eusse passée depuis vingt-cinq ans : je dormis neuf heures, sans me réveiller, chose qui ne m'arrivait jamais. »

Le lendemain, les promenades se poursuivent le long du Rhin et la gaieté est de mise : on a tout perdu mais personne ne peut empêcher d'admirer la nature du bon Dieu !

À l'inverse de l'archiduc Maximilien, le duc de Wurtemberg prend le parti de recevoir dignement les princes de Condé.

Agissant en modéré, enfin ! à cette époque précise, le duc fait savoir à ces princes qu'il regarde leur cause « comme celle de tous les souverains » et que chez lui, ils jouiront de toute la sécurité, de toutes les commodités et de tous les agréments.

Comment refuser une telle invitation quand l'argent des cassettes file à toute allure ? Sous les faux noms qu'ils portent et dans l'immédiat, les princes du sang pensent ne pas mettre leurs hôtes dans une position trop inconfortable.

À Stuttgart, capitale du Wurtemberg, le duc d'Enghien trouve le dîner mauvais, mais magnifiquement servi.

Le lendemain, le duc les emmène à Hohenheim, sa maison de campagne. Le prince de Condé s'étend sur la description d'un domaine qu'il juge splendide, quoique moins noble et moins riche que Chantilly. Le duc d'Enghien, lui, est ahuri par le spectacle des écuries qui viennent d'être bâties : « Elles sont peintes en rose, blanc et or : c'est une vraie folie ! Jamais on ne pourra y mettre des chevaux. »

Mais le duc et la duchesse de Wurtemberg sont si aimables ! Ils proposent au prince de Condé de mettre à sa disposition, tant qu'il est hors de France, une maison avec un régiment et une chasse très étendue. Le prince remercie mais n'accepte ni ne refuse : comment pourrait-il répondre autrement alors qu'il dépend de Louis XVI pour déterminer son lieu de résidence ?

Voici les Condé en route pour la Suisse. Une des expressions qui reviennent souvent sous la plume du jeune prince est « première fois » : c'est la première fois qu'il voit des cigognes et leur nid, la première fois qu'il voit des montagnes de neige, des marmottes et des chamois. Il note tous les ponts, les chutes d'eau sur le Rhin, les lacs, les glaciers. Il est enchanté, attristé, surpris, ennuyé, jamais indifférent.

À Berne, après s'être installés à l'auberge du Faucon, ils retrouvent le comte d'Artois qui est descendu dans un château à l'extérieur de la ville. On converse, bien sûr, de la politique et des affaires. On se réjouit de ce que le Béarn et le Haut-Languedoc projettent de se déclarer ouvertement pour le roi. Cette nouvelle n'aura pas de suite.

Abandonnant les conversations des plus âgés, le jeune prince préfère s'attarder devant le coucher de soleil sur les montagnes.

Ils quittent Berne le 27 août, traversent le lac de Thoune puis des forêts, le prince de Condé et la princesse Louise sur des chars à bancs, les ducs d'Enghien et de Bourbon à cheval.

La rusticité des campements n'échappe pas au jeune prince : à Lauterbrunn, les habitations sont des sortes de petites baraques où pendant l'été « les bergers se retirent quand les troupeaux sont dans la montagne ». Là où trois à quatre peuvent se serrer, comment loger les trente personnes qui constituent la petite troupe des princes ? Le ministre du village met finalement quelques chambres à leur disposition et le prince, pas très enthousiaste, passe la nuit avec trois gentilshommes : du Cayla, Choiseul et d'Espinchal.

Un matin de septembre, dans un village, les princes se sont arrêtés pour faire boire les chevaux. Quatre marchands de baromètres sont là, eux aussi ; ils sont milanais et rentrent de France en arborant la cocarde nationale. Un dialogue étrange se noue entre les deux groupes : les uns cherchent à savoir, les autres sont assez fiers de renseigner : oui, ils furent à Versailles et à Paris aussi ; ils ont assisté – de loin ! – à la prise de la Bastille et aux échauffourées des Invalides.

« Avez-vous pris part à la punition de MM. Foulon et Berthier [1] ? demande le prince de Condé.

– Oh ! non, nous n'avons pas été là ; ça, c'était de la canaille.

– Et du départ des princes, qu'est-ce qu'on disait parmi vous ?

– Ma foi, répondent les marchands, les honnêtes gens disaient qu'ils avaient bien fait. Le roi n'était pas en mesure de les sauver, si on avait voulu leur faire du mal.

– C'est sans doute ce qu'ils ont pensé, commente le prince.

– Et ce prince de Condé, que diable pouvait-il faire de quatre-vingt-dix-sept canons chez lui ; on avait peur de cela.

– Mais on nous a mandé qu'on n'avait trouvé chez lui que vingt-sept canons, s'étonne le prince qui sait de quoi il parle.

– Ma foi, je ne sais pas, vingt-sept ou quatre-vingt-dix-sept.

– D'ailleurs, il ne pouvait pas en faire grand-chose, car on dit qu'on n'a trouvé chez lui ni poudre, ni boulets, s'entête le prince.

– Oui, répondent les marchands qui veulent avoir le dernier mot, on a dit cela depuis, mais ils disaient comme cela, que c'était toujours plus sûr de les avoir pris.

– Cela est incontestable, dit le prince imperturbable.

– Tout le monde est le maître à présent, commentent fièrement les marchands.

– Ne trouvez-vous pas que cela peut avoir quelque inconvénient ? » demande le prince.

Et le prince, qui ne s'est pas fait identifier, a cette conclusion étonnante par sa naïveté : si les marchands apprennent un jour avec qui ils se sont entretenus, ils se diront : « Ces esprits, dont on nous fait peur, sont les meilleurs gens du monde. »

---

1. Bertier, intendant de Paris, et Foulon, conseiller d'État, accusés d'affamer le peuple, furent pendus à un réverbère après qu'on leur eut rempli la bouche avec du foin. On promena leurs têtes à travers Paris.

À Lucerne, le prince de Condé décide de gagner Zurich, puis le Tyrol avec le comte d'Artois. Ce long itinéraire évitera la proximité de la France et sera plus facile pour les femmes. Mais un raccourci séduit quelques téméraires : MM. d'Espinchal et du Cayla se proposent de traverser le mont Saint-Gothard pour arriver à Milan plusieurs jours avant la caravane. Le duc d'Enghien et son père, ennuyés d'avance à l'idée d'être enfermés près de quinze jours en voiture, demandent à les imiter ce à quoi consent le prince de Condé qui se met en route le 5 septembre. Le lendemain, Bourbon, d'Enghien, du Cayla, d'Espinchal et seulement (!) six domestiques se lancent, à dos de mulet, à l'assaut du Saint-Gothard.

La partie de plaisir n'est pas aussi charmante que prévu : chemins détestables, mauvaises auberges sans pain et sans lits et surtout changements de température si imprévus qu'ils en deviennent « dangereux même pour la vie ».

Les voilà grimpant sur des sentiers de plus en plus escarpés, tout en zigzags, avec des sensations de plus en plus fortes quand le guide les entraîne sur un sentier entre deux murs à pic pendant près d'une lieue : « Je me crus à l'entrée des enfers, note le duc d'Enghien. Il est arrivé beaucoup d'accidents en ce lieu ; et environ de cinquante en cinquante pas, l'on trouve de petites croix, indiquant l'endroit où les malheureux passagers ont été écrasés. »

Au pont du Diable, son âme se serre : « On éprouve un sentiment de tristesse, et malgré soi, on retient sa respiration. »

Mais les émotions lui donnent de l'appétit : à Urseren, il mange des truites minuscules, mais au goût exquis. Il apprécie moins la marmotte et le chamois dont il trouve la chair dure et filandreuse : « Cela m'a paru ressembler à du mauvais mouton. »

Le Tessin, qu'il traverse à gué ou sur des ponts, le séduit. Il admire les petits torrents qui dégringolent en cascades. Un léger soupir s'échappe de l'exilé : « Une d'elles nous frappa par sa ressemblance avec celle du canal de Chantilly. »

À Bellinzone, l'auberge est propre et excellente et le prince est heureux de constater que « les Suisses pensent presque tous individuellement à merveille sur nos affaires». Malheureusement «leurs magistrats ont peur; ils craignent le ressentiment de la France, et c'est cette faiblesse des gouvernements qui fait notre grand malheur».

Le malheur n'empêche pas le jeune homme de profiter allégrement de la traversée du lac Majeur et des îles Borromée dont Isola-Bella, résidence du comte Borromée. Pour la première fois de sa vie, il voit des orangers et des citronniers en pleine terre! Mais ces îles, que le monde s'accorde à trouver paradisiaques, ne l'enchantent pas. Il trouve la plaine humide, les jardins de mauvais goût, la maison de campagne mal entretenue, la vue insipide et monotone. Seul de ses quatre compagnons, il décide de tenter l'ascension de la statue de bronze gigantesque de Charles Borromée qui se trouve sur une petite colline peu éloignée du lac.

«On vous apporte une échelle de la hauteur du piédestal qui a environ quarante pieds; un homme monte sur ce piédestal, et adapte, avec des cordes, une petite échelle au bout de la grande. À l'aide de cet échafaudage branlant, on parvient jusqu'au surplis que la statue a par-dessus sa robe: alors, entre l'un des plis de ce vêtement, on se fourre dans un trou où un homme peut pénétrer, mais fort juste; lorsqu'on est sorti de ce défilé, on se trouve dans un puits, entre les feuilles de bronze dont la statue est composée et la colonne de pierre qui est dans l'intérieur servant de support. Ce puits est traversé de distance en distance, par des barres de fer placées horizontalement, et à l'aide desquelles on monte à peu près comme sur une échelle; quelques-unes sont cassées, ce qui rend le passage plus difficile.»

Le voilà dans le visage:

«Les yeux ni les oreilles ne sont point percées à jour, ce qui rend cet emplacement un peu obscur. On a cependant pratiqué plus bas une petite fenêtre par laquelle je vis le lac et les montagnes du Saint-Gothard.»

Il peut alors s'asseoir sur le nez qui «a intérieurement la forme d'un grand fauteuil. [...] En écartant les coudes, à peine [peut-il] toucher aux deux côtés des narines».

Bref, cette aventure originale lui a paru «très désagréable par la quantité de chauves-souris qui y habitent, et l'on marche jusqu'à la cheville dans les ordures qu'elles y déposent».

Les retrouvailles de la famille se font à Milan et le prince a cette exclamation touchante: «Il y avait dix jours francs que nous étions séparés, et depuis la Révolution, cela ne nous était point arrivé. Jusqu'à présent, c'est le temps le plus long que j'aie passé loin de mon grand-père; et sûrement, à moins de circonstances impérieuses, je ne le quitterai plus jusqu'à notre retour en France.»

Merveilleux amour de ce petit-fils, qui traversera bien des orages avant d'être étouffé par un sentiment d'amertume douloureuse.

«Le théâtre est le rendez-vous de la société», écrit le jeune prince, un peu étonné que, dans les loges de l'opéra, on joue, on soupe, bref, l'on s'abstienne soigneusement d'écouter la musique!

Le 25 septembre, «à la nuit tombante», voici enfin le but du voyage: Turin.

*
* *

Le duc d'Enghien va s'attacher à «connaître à fond le pays, les usages, les mœurs des habitants, la cour et ses sévères étiquettes».

Moins concerné que son grand-père par les soucis de l'exil parce que, considéré comme un enfant, il est exclu de tous les conciliabules, le jeune prince se tourne vers ce qui le change de son existence cantilienne. Il se plaît à disserter sur les princes qui les reçoivent, les réceptions amicales ou officielles, les paysages, l'étude et les bals.

Le prince de Condé continue de noter au jour le jour ses occupations et ses angoisses tandis que son petit-fils brosse à grands traits et avec recul les souvenirs de ces quinze mois: «Mon séjour à Turin s'étant beaucoup prolongé et mes occupations par conséquent augmentées, j'ai pendant près d'un an, abandonné mon extrait. À présent que m'en voilà parti, je le reprends; et, dans les longues soirées d'auberge, ce sera pour moi un délassement, je me rappellerai avec intérêt mes études, mes plaisirs de Turin, et cette vie agréable qu'il m'a fallu quitter. »

La princesse de Monaco s'étant installée à Gênes, le prince de Condé y emmène ses enfants dès le 6 octobre. « La messe, l'opéra, promenade sous les arcades de la rue du Pô et dîner à l'auberge : voilà notre première journée italienne », écrit le duc d'Enghien qui souligne les problèmes d'étiquette pour des princes du sang en situation irrégulière : « Le consul de France était venu nous voir le matin, ainsi que le grand-maître des cérémonies qui nous demanda si nous voulions recevoir la députation du Conseil. Grand-papa lui avait répondu que le nom qu'il portait ne lui permettait pas de recevoir la députation mais qu'il serait charmé de voir ces messieurs en particulier. »

De plus, la République de Gênes a dépêché « quatre nobles » pour rendre ce séjour des princes de Condé le plus agréable possible. Continuant de voyager sous un nom d'emprunt, le prince de Condé a décliné toute démarche officielle, mais accepte que ces quatre nobles l'escortent dans ses promenades familiales.

Les journées se passent en visites de toute sorte ; le jeune prince, dont le goût artistique fut à bonne école à Chantilly, apprécie les marbres précieux, le lapis-lazuli qui décore les murs et les tableaux des palais, même si tous, « malgré leurs richesses, leurs élégantes décorations et le grandiose de leur architecture, sont très tristes ».

L'hospice des pauvres, *Albergo dei poveri*, impressionne d'Enghien qui note : « Je conseillerais à tout administrateur qui veut faire le bien, de visiter l'auberge des pauvres de Gênes. Mon grand-père s'est bien promis de profiter de cette visite pour notre petit hôpital de Chantilly. »

J'aime le choix que fait le prince de Condé dans les visites qu'il organise pour son petit-fils et l'équilibre qu'il maintient entre le plaisir des yeux et l'exigence du cœur. On sent bien que c'est l'héritier des Condé qu'il continue d'éduquer pour un très proche retour chez eux. En attendant, il saisit toutes les occasions concrètes de transmettre à son petit-fils les devoirs de son rang.

Après le dîner, « quoique fatigués, nous allâmes voir les galères ; il y en a quatre. Parmi les galériens, nous trouvâmes plusieurs Français : cette rencontre m'attrista et me rendit la course peu agréable ».

Le jour suivant est plus gai : au cours de leur promenade le long d'une mer en furie, ils s'arrêtent devant un phare et pendant que le grand-père marche jusqu'au bout de la jetée, le petit-fils, toujours amoureux des escalades, grimpe en haut de la tour pour admirer la vue.

Le lendemain, il veut faire partager à son père les plaisirs de la veille. De nouveau, les princes visitent le port afin « d'examiner en détail la construction des vaisseaux ». Et le duc d'Enghien, qui n'est pas dupe, ajoute : « On cherchait à utiliser pour moi toutes ces courses : je le sentais ; et autant pour m'instruire que pour faire plaisir à mes parents, j'interrogeais toujours. »

Et je voudrais suspendre le temps sur ce jeune prince, piaffant devant la mer comme devant la vie, ne voyant encore dans cet exil qu'une occasion de découvrir le monde et de montrer, par sa curiosité, sa reconnaissance à ceux qu'il aime.

Le soir, après s'être mis en frac, ils se rendent à la Comédie française puis au *casin*, sorte de club assez guindé, où les membres de la noblesse, à Gênes comme à Turin, peuvent lire les papiers publics et danser certains soirs de la semaine.

Ces soirs fastes, le duc d'Enghien ne se prive pas de danser « quelques anglaises et la galopade ».

Avec sa taille harmonieusement développée – il mesure 1,70 m –, son regard toujours aussi bleu et des boucles blondes qu'il laisse volontairement longues, l'héritier des Condé n'a besoin d'aucune leçon pour jouer de son pouvoir de séduction.

C'est en rentrant de Gênes, le 14 octobre, que les princes de Condé, s'arrêtant chez le comte d'Artois, apprennent les détails des journées dramatiques des 5 et 6 octobre à Versailles : une foule excitée et hostile est venue chercher le roi et la reine et les ont ramenés de force aux Tuileries.

« Le jeudi 15, écrit le prince de Condé, toute ma matinée se passa en conversations assez importantes. »

Ce qui se dit et qui assiste à ces réunions secrètes, le prince n'en souffle mot dans son journal, car « la prudence ne [lui] permet pas d'écrire encore tout cela », mais les événements de France le préoccupent en permanence et il partage son inquiétude avec le comte d'Artois qu'il voit quotidiennement et avec qui il étudie tous les moyens de rétablir l'ordre en France.

Le roi de Sardaigne a loué pour sa fille, son gendre, le comte d'Artois, et ses petits-fils, une maison dans un quartier élégant. Une porte, au fond du jardin, communique avec la maison qu'a louée le prince de Condé et sa famille. « La plus grande union paraît régner entre eux et M. le comte d'Artois marque à M. le prince de Condé la plus grande déférence[1]. »

Puisque l'hiver doit se passer à Turin, il faut s'occuper. Le duc d'Enghien prend de bonnes résolutions :

« J'ai acheté une grammaire italienne et deux dictionnaires et quand j'en ai le temps, je travaille l'italien. »

Ce travail porte du fruit car il arrive à se débrouiller dans le « jargon piémontais », mélange d'allemand, de français et d'italien ; cela lui permet de comprendre à peu près ce qu'on lui dit et de faire de nouvelles connaissances.

Il va et vient dans Turin. La ville lui plaît, elle est pour lui « une des plus jolies villes qu'il soit possible de voir : presque toutes les rues sont tirées au cordeau, de manière que d'un bout de la ville on découvre la campagne à l'autre extrémité ». Les boutiques le charment... parce que « la plupart des objets, modes ou autres viennent de Paris » !

Quant aux habitants, il trouve que « les femmes sont en général beaucoup mieux que les hommes » – il ne descend pas pour rien de Henri IV, le Vert-Galant ! – mais il s'étonne de « la grande quantité de gens estropiés qu'on y rencontre », et ajoute même : « Il me semble qu'un bon gouvernement devrait s'enquérir de la cause, afin d'y porter remède. Mais en général les gouvernements ont tant de petites choses à faire que les grandes sont oubliées. »

---

1 Journal du comte d'Espinchal.

Les mœurs de la rue le plongent dans l'étonnement, avec leurs bagarres au couteau – « la nuit du lundi, surtout, semble consacrée à ces scènes de scandales et de meurtre » – et les cortèges funèbres où il est d'usage de « porter les enfants morts à visage découvert et dans leurs plus beaux habits ».

Observateur de tout, il se plaît à écrire : « En vieillissant, il me sera fort agréable de pouvoir me rappeler avec certitude tout ce que j'aurai fait et vu dans mon premier voyage. »

Il compare tout ce qu'il voit avec ce qu'il connaît de son pays : « À tout prendre, notre belle France vaut encore mieux que tout ce que j'ai vu jusqu'à présent. Pourquoi les gens de bien ne savent-ils pas s'y entendre pour maintenir l'ordre ? »

Et dans ce gémissement, je ne reconnais pas qui soupire le plus fort, de l'exilé ou du prince, trop jeune encore pour pouvoir être efficace.

Au fur et à mesure que les semaines passent et que la Révolution gagne du terrain, les Français arrivent en masse à Turin. Ils sont d'abord assez bien accueillis par le roi Victor-Amédée, mais leur nombre croissant, leur désinvolture comme leur mépris des convenances les rendent impopulaires. Le duc d'Enghien ajoute même : « Une chose m'a frappé alors, mais je le dis tout bas, car j'ai peut-être tort : mes chers compatriotes m'ont paru quelquefois bien ridicules, ce dont je ne m'étais jamais aperçu en France. »

Bien que les jeux de hasard soient interdits à Turin et malgré les prières du comte d'Artois, les Français jouent entre eux, ce que d'Enghien trouve « très mal ». « Il y eut de grosses pertes, écrit-il, et comme partout où il y a jeu, des friponneries. » Lui est plus raisonnable, se contentant de jouer à la paume et au billard.

Décembre voit arriver la période de l'Avent. « La cour, étant très dévote, écrit le prince de Condé, est montée sur un ton de tristesse uniforme et des mœurs sévères qui occasionne une certaine gêne qui n'existerait point sans cela. » Les spectacles sont suspendus, le jeune d'Enghien s'ennuie ferme et cherche ce qui pourrait le distraire. J'ai relevé dans le journal du prince de Condé, à la date du 3 décembre, cet épisode charmant :

« Après le dîner, mon petit-fils me persécuta pour me mener aux marionnettes, qu'on appelle ici les *bouratini* ; il n'y avait plus de spectacles, j'avais besoin de distraction, j'y allai ; on y donnait la mort de Balthazar, tragédie sainte, suivie d'une farce ; cela fut aussi ridicule qu'on peut se l'imaginer, et quoique j'y fusse dans la foule et très mal à mon aise, [...] cela me fit du bien. »

Le petit-fils ne rapporte pas cette soirée dans son journal à lui. Peut-être trouvait-il cet incident trop peu viril pour y figurer !

Même à Turin, les idées révolutionnaires font leur chemin. Le comte d'Espinchal souligne que l'ambassadeur de France, M. de Choiseul, bien que recevant fort courtoisement les princes à dîner, « se montre presque l'apôtre des principes de l'Assemblée nationale ».

Le duc d'Enghien, écarté des réunions, a tout de même ses idées sur la question : « M. le Comte d'Artois et mon grand-père ne perdaient pas de vue l'objet principal. Ils travaillaient sans cesse à nous préparer des chemins pour rentrer avec gloire dans notre patrie et y ramener l'ordre et le calme. »

Jusqu'à sa mort, il ne reniera jamais le petit prince des cahiers de Chantilly qui ne rêvait déjà que de gloire.

Mais de quelle légitimité se parent ces réunions de cénacle ? En France, la toute-puissance du roi se désagrège chaque jour, la Révolution gagne toutes les régions. Que représente cette poignée de Français partis de chez eux ? Une France irréelle ou la force vive qui pourrait relever son pays après les orages ? L'Émigration est-elle la mouche du coche ou l'espérance de lendemains moins tragiques ?

Et parmi tous ces bavards qui parlent de sauver le royaume, combien sont dignes d'être entendus ? Toujours lucide, le jeune d'Enghien en méprise un certain nombre : « Ils avaient formé un conseil. Je n'examinerai pas la manière dont ce conseil était composé, ni si les choix étaient bons ou mauvais ; je me contenterai de dire que l'on eut des doutes sur quelques-uns des membres ; que ces doutes se changèrent en certitude dans l'esprit de beaucoup de Français. [...] Ce qu'il y a de certain, c'est que l'intrigue se fourrait dans tout cela. On croyait partir, chacun voulait être employé, et tout le monde cependant ne pouvait pas l'être : chacun avait sa manière de voir et blâmait celle d'autrui ; enfin presque tous voulaient commander lorsque, pour la plupart, il ne s'agissait que d'obéir. »

Lui va rêver à d'autres gloires devant la chaîne des Alpes qui s'étale devant lui, à Turin : « Combien de fois j'ai demandé, en contemplant ce spectacle, par où avait pu descendre Annibal ! Si on me l'avait permis, je serais allé faire des recherches sur les lieux mêmes. Je l'avoue, j'aurais été fier qu'on pût lire dans la page qui m'est réservée : "C'est un petit-fils du Grand Condé qui a retrouvé la marche d'Annibal." »

La page qui lui est réservée dans l'histoire des princes français ! L'abbé Millot devait soupirer de béatitude dans sa tombe !

Mais le rêve du prince se ternit du sempiternel dépit :

« Mais, bah ! on me tient encore par la lisière. »

Puisqu'on s'acharne à le traiter en enfant, il va prendre du bon temps. Mais ce n'est pas facile avec le roi Victor-Amédée qui « travaille environ sept heures dans la journée, excepté les jours de chasse ». Enfin une occupation qui lui rappelle Chantilly ! Toutes proportions gardées, parce que « l'on ne prend jamais qu'un cerf, ne durât-il que dix minutes, et que souvent on n'en prend pas du tout ».

Comment ne s'étonnerait-il pas, en effet, lui qui, le printemps précédent, participait encore aux chasses prodigieuses de Chantilly ?

« Cependant, ajoute-t-il, je m'amusais le plus que je pouvais et cherchais à profiter de tout ce qui pouvait m'instruire, car je commençais à comprendre que tout n'était pas dans les livres, et que les sages de l'Antiquité avaient raison de voyager. »

Quel heureux caractère ! Quand on se souvient au prix de quel effort le petit prince ingurgitait Virgile, on conçoit l'enthousiasme du voyageur néophyte.

Et voilà la conclusion : « Il est vrai qu'ils ne perdaient pas leur temps au bal : j'y ai cependant appris bien de bonnes choses, mais que je ne dirai pas à tout le monde. »

On peut tenter de deviner : un baiser volé ? Ou bien plus ?

Dieu sait qu'il aime danser, même si, là encore, on lui tient la bride courte. « N'ayant pas ma liberté entière, on ne voulut pas m'exposer aux bals de l'Opéra, et il fallut, à mon grand regret, me contenter des autres. »

C'est que grand-papa tient au-delà de tout à manifester son rang. Les bals à la cour de Turin ne sont déjà pas folichons mais le prince de Condé en rajoute avec l'étiquette : « Il avait été convenu, écrit-il le 12 janvier 1790, qu'aucun des six princes français ne danserait, pour éviter toute cession de rang, de part et d'autre. » N'est-ce pas une insupportable discipline quand on a dix-sept ans et qu'on a mille choses à apprendre de la fréquentation des Piémontaises ?

Et les Turinois sont aussi bonnets de nuit que leur roi. « À minuit on ne voit plus une voiture dans les rues. »

Discipline pour le moins difficile à supporter quand on a connu les horaires fantaisistes des allées et venues à Chantilly.

Et le carême supprime beaucoup de plaisirs : « Jamais de bals, tout le monde reste chez soi à prier ou à faire semblant. »

Le sentiment religieux du jeune prince n'a pas encore été trempé dans l'épreuve et reste pour le moment à l'état de convenance, mais loin de lui toute notion d'hypocrisie : faire semblant de prier ne lui a jamais traversé l'esprit.

Il se rend bien entendu au bal du Mardi gras, mais là encore, les Turinois ne badinent pas avec la dévotion. Pour exemple cette curieuse coutume : « Quand minuit sonne, fût-on au milieu d'une contredanse, bras arrondis et jambe levée, n'importe, un homme de la police frappe un coup sur une table ; aussitôt les bras, les jambes retombent, les violons se taisent, on éteint presque toutes les bougies, et chacun s'en va. »

Puisqu'il ne peut danser, le prince se tourne vers la musique : « La musique italienne avait réveillé en moi le goût d'un art dont on m'avait à peine parlé jusque-là. Je me mis à chanter, et je trouvai un volume de voix suffisant pour apprendre quelques morceaux de musique ; et me voilà chantant dans les concerts fort mal sans doute, mais qu'importe ? »

Il suit son grand-père aux offices de la Semaine sainte, offices qui se déroulaient à peu près comme aujourd'hui, exception faite des points de protocole dont le prince de Condé n'omet aucun, les comparant minutieusement avec le protocole en vigueur à Versailles :

«Le Samedi [saint] 3, nous allâmes avec M. le comte d'Artois, à huit heures et demie nous placer dans une espèce de tribune, à la chapelle du roi, pour y voir la cour faire ses Pâques en cérémonie: le roi et les princes étaient en grand manteau de l'ordre de Saint-Maurice, le collier de l'Annonciade par-dessus [...]; le roi se plaça sur son prie-Dieu, les princes et les princesses en arrière de lui, de droite et de gauche, suivant leur rang [...]. Il n'y eut point de messe, dix minutes environ se passèrent avant que le cardinal archevêque arrivât avec son clergé et les hosties. [...] Le cardinal fit communier toute la famille royale; la communion finie, [...] il arriva les officiers de la maison du roi, portant chacun un verre d'eau sur une soucoupe de vermeil; ils se mirent à genoux, devant le roi et chacun des princes et princesses, en leur présentant le verre, dont ils burent une gorgée, et la cérémonie fut finie.»

Étrange récit: le prince de Condé ne relate que le côté officiel de la cérémonie. Pas plus de sentiment que pour une parade militaire ou un bal de la cour. Plus tard, il changera de ton.

Chaque jour qui passe continue d'apporter son lot de nouvelles alarmantes: «Le lundi 31 mai, écrit le prince de Condé, nous apprîmes le décret qui ôtait au Roi le droit de faire la paix et la guerre.»

Les Piémontais supportent de plus en plus mal la présence des Français chez eux. À la date du 22 avril, le duc de Genevois, fils de Victor-Amédée, écrit dans son journal: «Il y a de très fortes brouilleries entre la maison de Carignan et celle de Condé! Ces derniers ont tous les torts, puisqu'il est bien étrange que de misérables fugitifs viennent faire les impertinents dans un pays où on les a reçus par charité.»

Nous sommes à l'été 1790. Le prince de Condé publie un manifeste, premier grand acte politique de l'Émigration: «J'irai, malgré l'horreur que doit naturellement inspirer à un descendant de Saint Louis l'idée de tremper une épée dans le sang des Français, j'irai, à la tête de la noblesse de toutes les nations et suivi de tous les sujets fidèles à leur Roi qui se réuniront sous nos drapeaux, j'irai tenter de délivrer ce monarque infortuné.»

Dès ce moment-là, le prince de Condé avait bien en tête une action militaire.

À Turin, les tensions s'exaspèrent. Le 31 juillet, on vient dire au prince de Condé que ses enfants, la princesse Louise, le duc de Bourbon et le duc d'Enghien pourraient être attaqués quand ils se promènent à la Citadelle. Habitué aux mœurs des Piémontais et à leurs coups de couteau intempestifs, le prince ne s'alarme pas outre mesure mais défend à ses enfants de sortir.

Les semaines passent et les réunions se multiplient entre les princes français. Des courriers secrets s'échangent avec les fidèles restés en France. La princesse Louise de Condé se casse le genou pour la troisième fois. Le comte d'Artois traîne un rhume considérable. Le prince de Condé se purge. Le duc d'Enghien et son père vont à la chasse aux cailles. L'été s'achève en pluies qui contrarient les promenades à cheval.

« Peu à peu, en habitant un pays, on parvient à en connaître les usages et les mœurs, et cette foule de petits riens dont l'ensemble forme l'énorme différence qu'il y a quelquefois entre les peuples : différence qui ne peut être bien saisie que quand on a vécu, pour ainsi dire, de la vie de ces peuples. »

Or, pendant que le duc d'Enghien dresse ce bilan positif de son séjour, ajoutant « avoir recueilli profit et agrément depuis [sa] sortie de France », de mystérieuses personnes se pressent chez le prince de Condé et le comte d'Artois, deux surtout : selon toute vraisemblance, l'évêque d'Arras et M. de Calonne.

Le choix de ce dernier comme conseiller des princes n'est pas le meilleur, à écouter les jugements de l'époque. « Toutes les qualités d'un homme aimable et aucune d'un homme d'État », murmurent certains à son sujet[1]. Marie-Antoinette, elle, ne l'aime pas et elle gardera rancune au comte d'Artois et au prince de Condé de lui faire confiance.

Dans les premiers jours de décembre, le départ pour Lyon semble imminent. D'Espinchal note que les rapports faits aux princes

---

1. Duc de Lévis, *Souvenirs et Portraits*, cité par Maxime de la Rocheterie, *Marie-Antoinette et l'Émigration.*

laissent espérer que tout y serait prêt pour les recevoir. Le prince de Condé est le plus enthousiaste pour ce départ car ce sont ses propres agents qui ont tout préparé à Lyon. Le petit clan français se divise aussitôt : en face du prince de Condé qui présente l'affaire comme immanquable, d'autres comme M. d'Autichamp sont plus réticents. Les conversations qui devraient rester secrètes font le tour des salons de Turin. Mais les Français, dans l'ensemble, sont prêts à suivre les princes quoi qu'il puisse se passer.

Quoi qu'il en soit, tous ces plans sont d'un seul coup balayés. D'abord, Louis XVI dépêche M. de Bourcet à Turin pour interdire toute initiative au comte d'Artois. Dans le même temps, imprudence ou trahison, des agents des princes sont arrêtés à Lyon et à Aix : les moindres projets des princes émigrés sont étalés devant le nouveau pouvoir français.

Tout cela, ajouté à l'exaspération que leur manifestent les Turinois et leur roi, décide les princes à remonter vers le Nord.

Le jeune d'Enghien compte les semaines qui le séparent du carnaval, sa période préférée, mais les bruits de départ lui parviennent, renversant ses propres projets : « Je ne regrettais rien, écrit-il. L'on part (disais-je en moi-même) ; mais c'est pour acquérir de l'honneur et ramener l'ordre et la paix dans notre patrie ; et je désirais partir plutôt le soir que le lendemain. »

Le 4 janvier 1791, c'est le départ du comte d'Artois pour Venise, et le 6 janvier, à huit heures du matin, les princes de Condé prennent la route de Berne, laissant la princesse Louise qui partira le 8.

La suite des princes est nombreuse, composée entre autres de MM. d'Autichamp et d'Auteuil, et du chevalier de Virieu qui ne quitte pas son élève. Le chevalier de Belsunce, qui n'appartient pas à la maison de Condé, demande quand même à accompagner le duc de Bourbon. Ce malheureux jeune homme, toujours choqué par le massacre de son frère dont la foule a dévoré le cœur, après avoir dépecé joyeusement le cadavre, en 1789, à Caen, rêve de vengeance.

En quittant Turin, le duc d'Enghien quitte un mode de vie qu'il ne retrouvera plus jamais. Aussi provinciale et rétrécie que fût l'existence qu'il avait menée pendant ces quinze mois, c'était une vie organisée autour d'un roi, avec ce que cela comportait de bals, de chasses, de réceptions dans des salons qui ne connaissaient ni la révolution ni la ruine. La présence du comte d'Artois offrait aux émigrés français comme le reflet de la présence du roi de France.

Et pendant que les voitures s'ébranlent, je voudrais, moi, réfléchir un moment.

Qui est ce prince de dix-huit ans et demi ? Que sais-je de lui ?

« Fort joli », écrit, dans son journal, le duc de Genevois, un des fils du roi Victor-Amédée, qui ajoute : « l'air un peu étourdi ; du reste, il est très beau ».

Ce prince piémontais me semble une assez mauvaise langue, probablement jaloux du charme évident de son cousin français, mais il n'a pas complètement tort. L'observant dans une soirée à la cour, le duc de Genevois se plaît à dénoncer sa légèreté : « Le duc d'Enghien n'a rien fait d'autre que de badiner avec d'Angoulême, ce qui n'amusait pas beaucoup ma sœur qui n'était pas fort contente que son fils fît une si grande connaissance avec ce garçon-là, qui avait l'air si dégourdi. »

Ce joli garçon-là se sert fort bien de ses atouts jusqu'à se rendre antipathique auprès de la cour turinoise, comme les émigrés français qui traitaient leur malheur avec mépris, n'affichant pour tout trésor que leur morgue ; le duc de Genevois nous le confirme : « Tout cet escadron Condé a l'air un peu trop assuré pour des gens qui cherchent asile[1]. »

Le duc d'Enghien est un des plus habiles à manier l'ironie et le mépris, ce qui le voue à une certaine solitude : pas d'amours, pas d'amis affichés, en dehors des relations avec sa famille intime. Peut-être son snobisme français influence-t-il son jugement : « Une des sociétés les plus agréables était, sans contredit, celle de la famille Caraye : Mme Caraye a trois filles dont deux sont très jolies, et une bru encore plus belle. [...] C'est absolument une société parisienne ; elle ne tient que très peu des mœurs piémontaises, c'est-à-dire, elle en a gardé le piquant et en a secoué le triste. »

1. Ghislain de Diesbach, *Histoire de l'Émigration.*

Son gouverneur, le chevalier de Virieu, reste à ses côtés mais quelqu'un a-t-il remplacé l'abbé Millot ou se débrouille-t-il tout seul pour étudier l'italien et choisir ses lectures ? Que lit-il à Turin ? Sénèque et Virgile toujours ? A-t-il vent de la mode littéraire française ? *Paul et Virginie* ? *La Nouvelle Héloïse* ?
Il a l'âge de René mais le saura-t-il ? Entendra-t-il même le nom de cet aîné de trois ans qui parsèmera ses *Mémoires d'outre-tombe* du nom d'Enghien ?

Adieu à l'enfance, mais aussi à la paix : les dix prochaines années du duc d'Enghien seront placées sous le signe des batailles et de l'errance.

CHAPITRE III

Il apprend son métier de soldat

Le comte d'Artois a l'intention d'aller à Vienne pour tenter de convaincre l'empereur Léopold II – qui vient de succéder à son frère Joseph II, mort le 20 février 1790 – de déclarer la guerre à la Révolution. Ayant envoyé Calonne en ambassadeur, il attend, à Venise, la réponse qui sera vigoureusement négative.

Le prince de Condé, lui, se dirige vers le Palatinat, via Berne où il espère mettre en place une levée de troupes militaires.

Mais les souverains d'Europe se refusent à une intervention armée contre la Révolution. Après tout, Louis XVI est toujours roi, même s'il perd chaque jour un peu plus de pouvoir. Il faudra que Louis XVI, contraint par la Convention, déclare lui-même la guerre pour que l'Europe mobilise ses soldats.

Je continue ma lecture des deux journaux princiers, comparant avec délice les bougonneries du grand-père, sombre écho aux enthousiasmes du petit-fils.

Tandis que le patriarche – cinquante-quatre ans ! – se plaint du temps perdu à monter et démonter les voitures pour pouvoir les transporter à dos de mulet au passage des cols étroits, du froid affreux qu'il doit endurer, des heures passées à attendre que la dizaine de paysans engagés pour son service déblaie à grands coups de pioche les chemins enneigés, et qu'il continue d'écrire chaque soir sa ration de lettres à sa fille, au comte d'Artois et à qui sais-je encore qu'il ne nomme pas, le jeune d'Enghien fait contre mauvaise fortune bon cœur : « Le mois de janvier, malgré le froid excessif qu'on éprouve, est préférable. Il y a moins de danger qu'au printemps dans ces temps de dégel. »

Voilà le mont Cenis qu'ils mettent six heures à franchir, le prince de Condé en chaise à porteur, son fils et son petit-fils à cheval. J'aime beaucoup le récit cocasse que nous fait d'Enghien de la manière dont on le fait descendre :

« Lorsqu'on ne connaît point la ramasse, cette manière de descendre des pentes de neige paraît singulière et même dangereuse. Ce que l'on gravit à peine pendant deux ou trois heures, on le descend facilement en dix minutes, quelquefois six. Plus la neige est gelée et épaisse, plus la course est rapide. Voici comment on se fait ramasser : lorsque vous arrivez au bout de la plaine, le conducteur détèle le cheval qui vous a tiré, il lui donne un coup de fouet, et le laisse retourner seul à l'écurie. Votre homme part aussitôt à toutes jambes, car bientôt la descente devenant plus rapide, le traîneau glisse de lui-même sur la neige, et acquiert une telle vitesse que le conducteur, ne pouvant y suffire, s'asseoit sur le bâton où sont appuyés vos pieds, et se laisse entraîner avec vous. Ébloui, respirant à peine, vous ne concevez pas d'abord comment vous échapperez à l'abîme béant devant vous, ou aux aspérités d'une masse de granit qui vous barre le chemin ; mais ces craintes sont à peine formées, que l'obstacle est tourné par l'habileté de votre guide, qui, d'un coup de talon frappé sur la neige, vous dirige à son gré, et vous rend sain et sauf au pied de la montagne, avant même que vous ayez eu le temps de vous reconnaître. L'on n'a rien à faire qu'à se laisser couler, ce qui serait charmant, à part la première impression, et si le froid ne vous coupait pas la figure. Enfin, c'est ainsi qu'on arrive à Lans-le-Bourg, petit village au pied du mont Cenis. »

Le duc d'Enghien avait son idée sur la raison du retard à la modernisation de la région : « Il est certain que le roi de Sardaigne, avec une somme assez modique, écrit-il, pourrait faire un chemin facile et commode au mont Cenis, où les voitures (excepté par temps de neige) pourraient passer sans être démontées. "Je m'en garderai bien, nous disait-il un jour que nous lui en parlions ; c'est un trop bon retranchement pour que moi-même j'aide à le franchir ; ce serait donner des verges pour me fouetter." »

Un soupçon de moquerie pour décrire les méthodes de défense surannées du roi Victor-Amédée ? Le duc d'Enghien, s'il en avait le pouvoir, aborderait plus finement les problèmes par leur côté concret.

Pour mieux suivre leur itinéraire, j'ai étalé une carte de l'Europe moderne que je compare avec une carte de 1791 et j'essaie de me mettre en tête les frontières des États à cette époque pour comprendre les détours que doivent faire les princes, nettement moins bien accueillis par les souverains allemands qui ont changé d'attitude en un an.

À Chambéry, ils ne s'attardent pas. Si la ville appartient aux États de Savoie, sa proximité de la frontière la rend dangereuse aux voyageurs. Dans d'autres villes, ils n'entrent même pas car les « habitants, partisans zélés de la révolution en France, se faisaient un plaisir d'insulter les pauvres émigrés, comme si leur dévouement n'eût point été respectable ».

Ils traversent les lacs et s'arrêtent quelques jours à Berne où ils retrouvent la princesse Louise.

Le 28 janvier, ils arrivent dans les États du duc de Wurtemberg, le propriétaire fantasque des écuries rose bonbon, qui les avait si somptueusement reçus à leur dernier passage. Mais les temps ont changé : le duc quitte précipitamment Stuttgart pour ne pas avoir à recevoir les princes de Condé qui doivent se contenter d'une auberge. « Le duc de Wurtemberg, écrit le duc d'Enghien, d'un naturel prudent, voyant que nos affaires n'allaient pas aussi bien qu'on pouvait l'espérer, avait cru plus sûr de sacrifier sa façon de penser et son honneur à sa fortune. »

Le 31 janvier, tout de même, le duc de Wurtemberg décide de rencontrer les princes français : « Ma Maison alla au-devant de lui, écrit le prince de Condé, et je le reçus à la porte du salon ; il paraissait un peu embarrassé ; je ne le fus point du tout ; nous ne parlâmes que de la pluie et du beau temps, la visite ne dura que vingt minutes ; il me dit en sortant qu'il me priait de croire qu'il serait toujours empressé de me marquer son *respect* (l'expression m'étonna) et son amitié. »

Le sang-froid du prince de Condé, qui voit jour après jour son prestige s'écrouler, ne cesse de m'étonner. Toujours pas la moindre trace d'un quelconque état d'âme alors qu'il doit multiplier les courriers et les tractations pour se faire accepter quelque part où vivre avec sa maison.

Le 4 février, le duc d'Enghien se trouve incommodé. Son grand-père écrit que cette incommodité a « abouti à une ébullition sur tout le corps ». Quelle poétique et incompréhensible façon de parler de médecine !

La princesse Louise s'est cassé le genou pour la quatrième fois et doit laisser partir en avant ses parents qui ont enfin trouvé un asile à Worms dans un château appartenant au baron d'Erthal, électeur[1] de Mayence, archevêque de Worms.

Le samedi 19, ils arrivent à Karlsruhe, grâce aux relais du margrave de Bade, à quelques lieues à peine de la France. Ce prince, accompagné de ses deux fils, accueille les Condé avec une courtoisie qui contraste heureusement avec la conduite du duc de Wurtemberg. Il installe ses hôtes dans un appartement et leur rend tous les honneurs possibles.

Le margrave a d'autres qualités : une de ses filles a convolé avec le futur Alexandre Ier de Russie, et il lui en reste plusieurs autres, toutes demoiselles. Le prince de Condé soupèse déjà les bienfaits d'une alliance entre la maison de Condé et celle de Bade, tandis que son petit-fils, très loin de ces problèmes domestiques, frémit plus de monter, avec ses parents, en haut du château de leur hôte : « Il nous fit remarquer les grosses tours de Strasbourg que l'on voit distinctement. Si je n'avais craint d'être impoli, je me serais mis à crier *terre* ! Enfin, je fus poli au moyen d'un soupir qui refoula ce sentiment au fond de mon cœur. »

J'entends ce soupir.

L'émotion du prince de Condé se traduit, elle, au bal que donne le margrave en son honneur : « Les Allemands étant dans l'usage

1. Le titre d'électeur était donné aux princes et aux évêques qui avaient le droit d'élire l'empereur du Saint-Empire.

de n'aller au bal qu'en domino et le chapeau sur la tête, on nous fit une galanterie très recherchée, c'est que presque tous les chapeaux avaient des cocardes blanches [du roi de France].»

Le margrave pousse même la courtoisie jusqu'à envoyer des patrouilles de hussards pour protéger le départ de ses invités. Son attitude a d'autant plus de panache «que ses États plus rapprochés du Rhin et de Strasbourg, écrit d'Enghien, étaient encore plus exposés aux ressentiments des patriotes que ceux du premier».

Le 21, ils retrouvent l'évêque de Spire à Bruchsal. Lui aussi reçoit fastueusement les princes. Dîner de quarante couverts en musique, servis par cinquante dragons. Le duc d'Enghien n'assiste toujours pas aux longues conversations politiques mais n'est pas prêt d'oublier entre autres un «vin gelé, exquis selon les gourmets. Ce bon prélat reste ordinairement deux heures ou deux heures et demie à dîner, autant à souper; dans l'intervalle des repas, on prend des glaces, des liqueurs, et d'autres choses plus solides. Tout cela a été précédé le matin par deux ou trois déjeuners, ce qui fait qu'à moins d'une grande habitude, ou de refus continuels, on ne peut rester à sa cour».

*
* *

«Nous sommes arrivés à Worms le 23 février 1791; nous y avons demeuré jusqu'au 2 janvier 1792.»

C'est pendant cette année que l'Émigration va devenir militaire. En France, la Constitution civile du clergé est en vigueur depuis le 24 août 1790. Jusqu'à présent, c'était surtout la noblesse qui émigrait; les menaces qui pèsent sur la liberté du culte font passer la frontière à une bonne partie du clergé et à des catholiques de toute condition sociale. Ce monde se dirige tout naturellement vers Worms et le prince de Condé et vers Coblence où s'est établi le comte d'Artois. Mais le nombre augmente à tel point que ces deux villes ne peuvent contenir cet afflux: «Des villages furent assignés aux émigrés, écrit le duc d'Enghien, avec permission de l'Électeur de Trèves et de Mayence, de s'y établir comme particuliers, et de gré à gré avec les habitants. L'argent des Français circula, et lorsqu'on vit qu'ils payaient bien, ils furent accueillis à merveille. »

Chaque jour continue d'apporter son lot de nouvelles accablantes venant de ceux qui ont quitté la France : séquestres des biens, arrestations, exécutions sommaires, la fermentation est partout mais surtout à Paris où le roi est traité plus en prisonnier qu'en souverain.

On ne se bat pas encore mais on commence à s'y préparer.

Cela n'empêche pas le duc d'Enghien, toujours empressé de fêter le carnaval, de se rendre à Mannheim au bal du Mardi gras tandis que grand-papa passe cette journée enfermé dans son cabinet de travail.

Et pour supporter les tracas qui l'assaillent, le prince de Condé continue de se promener chaque jour à cheval et à pied, et de se purger avec la même confiance que d'autres prennent aujourd'hui leurs anxiolytiques.

En avril, ses fidèles, qu'il nomme tendrement la Noblesse, s'inquiètent de voir son fils et son petit-fils sortir si peu gardés.

Les espions et les contre-espions se multiplient et courent les villes et les frontières avec des billets chiffrés neutralisés par de faux courriers. Un courrier intercepté est apporté au prince de Condé : il semble montrer que l'on s'inquiète du nom, de la qualité et du nombre des gentilshommes qui gravitent autour des princes mais surtout, il indique que les agissements du duc d'Enghien sont soigneusement surveillés, finissant par « donner un projet de l'enlever, promettant pour cela cent mille livres ». Déjà !

Cette découverte ajoutée aux nouvelles de Paris, affreuses en ces jours d'avril, provoque une nouvelle ébullition dans l'entourage du prince de Condé. « Pour pourvoir avec plus de soin à notre sûreté », les gentilshommes demandent à leur prince de les former en corps et de leur permettre d'augmenter la garde. Le prince refuse la première requête mais accepte que la garde comporte deux ou trois gentilshommes de plus.

Ce sentiment véritablement filial qu'inspire à ses gentilshommes le prince de Condé ne fera que grandir quand arrivera le temps de se battre.

« Tout étant dans la force, écrit alors le duc d'Enghien, il fallait la constituer. En conséquence, M. le comte d'Artois obtint [de Léopold II] la permission d'armer et de former des compagnies. Les villages devinrent des cantonnements et les gentilshommes des soldats. »

D'Enghien comprend bien que le glissement vers une action militaire leur est inévitable s'ils veulent tenter de sauver le royaume de France.

Mais les princes électeurs qui hébergent les émigrés sont peu enthousiastes et refusent qu'ils fassent l'exercice. « On se réunit sans bruit, écrit d'Enghien, et ils fermèrent les yeux. »

Il faut bien apprendre la discipline militaire. Le jeune prince apprend à « charger ses armes, à marcher aligné, à se rompre ».

Les prétendues promenades à cheval sont plutôt des manœuvres :

« Mon grand-père pouvait alors compter de mille à douze cents gentilshommes sous ses ordres. [...] À mesure, on formait des compagnies nouvelles, toutes de cinquante-quatre hommes. »

La fameuse armée de Condé est en train de naître.

Le prince de Condé, avec son fils, sillonne la région de Mayence à Ulm, pour rencontrer le comte d'Artois et les princes électeurs. Toujours un peu ronchon, il note, le 13 mai, qu'à la messe avec le comte d'Artois, « [ils étaient] à une place où [ils ne devaient] pas être, mais ce n'était pas le moment de chicaner ».

C'est le moins qu'on puisse dire : dans la séance du 11 juin 1791, l'Assemblée nationale décrète que Louis-Joseph de Bourbon-Condé est tenu de rentrer dans le royaume dans un bref délai ou de s'éloigner des frontières en déclarant formellement, dans ce dernier cas, qu'il n'entreprendra jamais rien contre la Constitution, ni contre la tranquillité de l'État, sous peine d'être réputé rebelle, déchu de tout droit à la couronne et de voir ses biens confisqués.

Jointe à l'hostilité toujours tenace de Marie-Antoinette vis-à-vis du prince de Condé[1], c'est sa propre faiblesse qui condamne Louis XVI à sanctionner ce décret.

1. À propos de cette hostilité de la reine à son égard, le prince pousse quelques gémissements au fil de son journal.

De grand matin, le 17 juin, M. du Vergier, secrétaire général du département de la Justice, part pour Worms avec une lettre autographe du roi pour le prince de Condé. Mission inutile car le prince tient sa réponse toute prête : rentrer ? Il n'en est pas question ! Ses biens confisqués ? « Je m'attendais à cela un peu plus tôt ou un peu plus tard, et cela ne me fit pas grand-chose. »

« Quand le Roi sera libre, déclare-t-il à du Vergier, Sa Majesté sait bien qu'elle n'aura pas de sujets plus fidèles que moi et les miens. Quand ses prétendus ordres me seront transmis par une poignée de rebelles, je ne consulterai que mon honneur de Français et ma conscience de Bourbon. »

La seule décision qu'il prend est d'avertir le comte d'Artois, expliquant à du Vergier qu'il a coutume de ne se conduire dans les affaires publiques qu'après s'être concerté avec ce prince.

Toujours aussi maître de lui-même, le prince de Condé estime qu'il ne peut plus obéir à Louis XVI. Le roi à qui il a donné sa foi était un roi libre. Aujourd'hui que ce roi se laisse imposer sa conduite, le prince ne peut manifester sa fidélité qu'envers le comte d'Artois, seul représentant, pour lui, d'une monarchie indépendante.

*
* *

Le jeudi 23 juin 1791, le prince de Condé part pour Coblence avec le duc de Bourbon, son fils : l'effervescence est si intense qu'il demande à être dispensé de quitter son costume de voyage pour assister à un rendez-vous improvisé et secret avec le comte d'Artois, l'électeur de Mayence, l'évêque d'Arras, et Calonne. Dans la soirée, toujours en proie au même bouillonnement, le prince de Condé monte dans la voiture du comte d'Artois pour se rendre à Schönbornlust, résidence de campagne du prince électeur qui a mis deux appartements à leur disposition.

Dîner de bonne heure. Les princes se retirent tôt.

Le lendemain, à six heures et demie du matin, le comte d'Artois pénètre sans bas et sans culotte *(sic)* dans le cabinet où le prince de Condé est déjà en train d'écrire et lui crie :

« Ils sont partis.
– Qui ?
– Le Roi, la Reine, et toute la famille. »

Ce sont les termes exact du dialogue que je recopie sur le journal du prince de Condé. « Grande joie », se contente-t-il d'ajouter.

À dix heures se présente un gentilhomme avec des lettres, dont une de Monsieur, quatre lignes annonçant qu'il est arrivé à Mons.

Le roi est-il en sécurité lui aussi ?

Réunions, entretiens, angoisses, décisions et contre-décisions se multiplient dans l'attente d'une confirmation heureuse.

À minuit, un courrier arrive de Luxembourg : le roi a été arrêté à Varennes.

Et c'est dans le détail minutieux des dépêches qu'il reçoit, écrit, envoie dans toutes les directions que je perçois le grand désarroi du prince de Condé.

Qui peut sauver le roi de France ? Après s'être concerté avec le comte d'Artois, le prince fait partir un courrier qui portera une lettre de chacun d'eux à l'empereur Léopold II, « pensant qu'il n'y avait pas un moment à perdre pour le presser d'en imposer aux scélérats qui menaçaient les jours de sa sœur et de son beau-frère ». Puis il reprend la route de Worms.

Le comte d'Artois est venu accueillir son aîné, le comte de Provence, à Bruxelles. La joie que se manifestent les deux frères est fortement tempérée de méfiance mutuelle.

Le comte de Provence, qui a passé ces deux dernières années à Paris, dans son palais du Luxembourg, a essayé, tant qu'il l'a pu, de donner des gages suffisants à la Révolution pour rester en vie sans perdre son âme. Si le roi quitte le royaume, son frère cadet sait qu'il n'a aucune chance de se voir offrir sa succession. Mais la fuite du roi a échoué. Hors des frontières françaises, le comte de Provence peut donc espérer que l'Émigration le reconnaîtra comme son chef, même si le comte d'Artois, émigré de la toute première heure, jouit d'un prestige incontestable auprès des émigrés.

Le 29 juin, toujours à Bruxelles, le comte de Provence, devant une assemblée nombreuse d'émigrés français, se pose en représentant légitime du roi prisonnier. Il a pris, pour cela, la précaution de se munir d'une lettre de Louis XVI[1] :

« Étant détenu prisonnier dans Paris, et ne pouvant plus donner des ordres nécessaires pour rétablir l'ordre dans mon royaume, pour rendre à mes sujets le bonheur et la tranquillité, et recouvrer mon autorité légitime, je charge Monsieur, et à son défaut le comte d'Artois, de veiller pour moi à mes intérêts et à ceux de ma couronne, donnant à cet effet des pouvoirs illimités ; [...] je m'engage à ratifier dès que je serai en liberté tous les traités, conventions ou autres pactes qu'il pourrait contracter avec les différentes puissances qui voudront bien prendre ma défense. [...] Ce à quoi je m'engage, foi de Roi. Fait à Paris, ce vingt juin mil sept cent quatre-vingt-onze. »

La position du roi semble très ferme en faveur de l'Émigration, ce qui se démentira par la suite. Pourtant, Évelyne Lever ne met pas en doute l'authenticité de ce document, signalant simplement qu'il a été largement inspiré par Monsieur.

Que peut faire le comte d'Artois ? S'il éprouve du dépit, le cadet est trop attaché à la légitimité pour ne pas s'incliner devant son aîné et accepter de partager avec lui, à Coblence, l'hospitalité de leur cousin électeur de Trèves, Clément-Wenceslas, fils d'Auguste III, roi de Pologne, frère de leur mère, la dauphine Marie-Josèphe.

Pour dénouer les intrigues qui se tricotent entre Coblence et Worms, personne ne m'aide mieux que Ghislain de Diesbach qui me commente cette effervescence et met généreusement sa bibliothèque à ma disposition. Grâce à lui, je comprends mieux les tergiversations continuelles de Louis XVI vis-à-vis des princes en exil, comme l'attitude ambiguë de l'empereur Léopold et de la plupart des souverains européens, accueillant les émigrés, mais pas vraiment désespérés de voir la monarchie française en plein naufrage.

La personnalité des frères de Louis XVI, et celle, si différente, de Condé imprègnent les deux foyers d'émigration : tandis que Coblence se transforme en une pâle copie de la cour de Versailles

1. Citée par Évelyne Lever dans *Louis XVIII*.

avec ses intrigues politiques et ses divertissements mondains, Worms, austère à l'image du prince de Condé, devient le véritable service du recrutement militaire.

Le prince de Condé se fait entendre par tous les moyens clandestins qu'il trouve à sa disposition, et tous ceux qui ont servi autrefois sous sa bannière n'hésitent pas une minute, entraînant leurs fils encore enfants. Loin de vouloir se mettre en sécurité, ils rejoignent leur chef, motivés par un devoir d'honneur. Voyant que le roi ne peut plus se sauver tout seul, ne pouvant continuer de servir l'armée d'un gouvernement qui prive de liberté leur souverain, ils viennent offrir leur épée aux princes en exil, n'ayant avec eux, pour tout bagage, que la même foi monarchique qui anime le prince de Condé.

Sur les cinquante mille Français ayant franchi la frontière, près de vingt mille rejoignent l'armée en formation dans la seconde partie de 1791 [1]. Parmi eux le comte de Puymaigre, soixante-cinq ans, et son fils : « Il n'est pas certain que mon père eût émigré, mais sur une lettre du prince de Condé auquel il devait sa fortune militaire, mon père n'hésita plus [2]. »

Voilà le genre de fidélité qu'inspirait le prince de Condé.

*

* *

J'ai voulu explorer moi-même les Archives nationales conservées depuis 1789 dans l'ancien hôtel des princes de Rohan-Soubise.

Le duc d'Enghien, enfant, s'est probablement promené dans ce jardin [3] qui me conduit au bâtiment moderne réservé aux chercheurs.

Ici, seuls les employés portent des gants. Beaucoup moins blancs que ceux qu'on me prête à Chantilly. Mais dans un autre genre, le cérémonial est aussi solennel : davantage d'informatique pour demander les manuscrits et de précautions pour filtrer qui entre dans la

1. René Bittard des Portes, *Histoire de l'armée de Condé.*
2. Comte A. de Puymaigre, *Mémoires.*
3. Rappelons que sa grand-mère paternelle était princesse de Rohan-Soubise.

salle de lecture, fouille systématique, à la sortie, des chercheurs qui, ici, se comptent par centaines.

Je pensais survoler le dossier déposé par le baron de Surval, et qui contient une partie de la correspondance des princes de Condé pendant l'Émigration, parce que je croyais que toutes ces lettres avaient été publiées mais je m'aperçois avec étonnement que certaines ne l'ont jamais été et que d'autres ne l'ont été qu'en partie.

J'ai beau avoir lu des dizaines de fois les lettres reproduites dans toutes les biographies – qui d'ailleurs se contentent des mêmes extraits –, je ne me lasse pas de tenir en main les textes manuscrits. L'écriture du duc d'Enghien m'est devenue plus familière que celle de mes plus proches parents. J'ai appris à reconnaître la façon dont il forme ses lettres et, au papier qu'il emploie, je sais s'il est en campagne – et c'est alors un papier buvard affreux – ou s'il est devant son écritoire. Le papier n'est jamais somptueux : les papiers toilés avec armoiries artistiquement disposées doivent être une invention du XIXe siècle. De temps en temps apparaît une tache d'encre avec, presque entière, l'empreinte digitale de l'auteur.

Dans un des cartons, je trouve une correspondance de quelques souverains avec les princes de Condé.

Je parcours le billet très amical, daté du 16 juillet 1791, du roi Amédée de Savoie au prince de Condé. Il se dit soulagé de savoir sa fille et son gendre Provence en sécurité, s'afflige du sort du roi et de la reine mais ne propose rien de concret. Le texte d'une lettre de l'impératrice Catherine, datée du 25 octobre 1791, me paraît plus intéressant ; l'écriture, différente des autres lettres de Catherine, est probablement celle d'un copiste ; elle est parfaitement lisible. La signature est-elle autographe ? Elle est époustouflante, d'une belle encre brune encore très brillante : un véritable dessin doté d'un C inimitable.

« Messieurs mes Cousins ! [...] Les Condés ont été souvent les défenseurs et les soutiens des droits du trône. C'est sous un de vos aïeux que Henri IV fit le premier apprentissage des armes. Le Grand Condé fonda et assura l'éclat immortel du règne de Louis XIV par ses victoires. C'est à Vos Altesses Sérénissimes, qui se montrent si dignes d'ancêtres aussi glorieux, qu'il est réservé, en marchant sur leurs traces, de maintenir tout le lustre au nom qu'elles portent. »

J'aime que l'impératrice de Russie connaisse si bien l'histoire de France. On verra d'ailleurs que ses manifestations de sympathie seront suivies de propositions concrètes.

Le duc de Bourbon écrit à l'empereur Léopold, quelques jours après l'échec de Varennes, pour lui demander son aide : « Il suffit d'avertir un frère, un souverain, pour être sûr que son âme sensible et sa générosité ne perdront pas un moment à déployer toute sa puissance pour prévenir le coup affreux, dont une sœur aussi courageuse qu'infortunée, un monarque malheureux, ne sont que trop évidemment menacés par les plus horribles scélérats. »

Ce pathos va-t-il convaincre le monarque ?

À Louis XVI, le prince de Condé témoigne de sa soumission aux frères du roi : « C'est sous leurs nobles auspices que nous renouvelons entre vos mains, le serment de mourir fidèles à votre service[1]. »

Le duc d'Enghien, lui, ne met qu'un écho dans son journal : « J'ai cru inutile de rapporter les détails affreux de l'arrestation du Roi à Varennes, de la fuite de Monsieur, de son arrivée à Coblence. »

*

* *

À partir de maintenant et jusqu'à la paix d'Amiens en 1802, trois forces vont se trouver en présence :

Les patriotes, dont la levée en masse va s'opérer à partir du manifeste de Brunswick et de la formule célèbre de la Convention, « la patrie en danger ». La notion de patrie naît à cette époque. Avant, on se battait pour son roi, on va se battre désormais pour un sol et peu importe qui gouverne ce sol.

---

1. 11 septembre 1791.

Les puissances alliées, c'est-à-dire les nations européennes à qui les patriotes vont déclarer la guerre. Obligées de riposter et n'étant pas toujours d'accord entre elles sur la marche à suivre, elles vont littéralement prendre les soldats de Condé en otage, leur fournissant avec parcimonie mauvaises armes et nourriture, et restant très vigilantes à ne pas laisser aux émigrés la gloire d'entrer seuls en France.

Enfin, l'armée des émigrés, prise entre l'enclume et le marteau. Conscients que, sans les alliés, ils ne peuvent obtenir aucune victoire, ils répugneront toujours à se battre contre les patriotes qui sont Français comme eux. Les alliés étrangers craindront cette fraternité sous-jacente.

Le duc d'Enghien souffrira extrêmement de cette situation équivoque.

Donc, à Worms, les problèmes se multiplient. Le premier qui se présente, et qui ne cessera plus, est de trouver l'argent pour loger, nourrir, habiller et armer les hommes. Inlassablement, le prince de Condé se transforme en mendiant – le mot n'est pas trop fort – auprès de toutes les cours d'Europe. Jamais un mot, dans son journal, pour regretter le luxe de Chantilly. Son train de vie personnel est d'une rigueur à toute épreuve. Si ses hommes n'ont qu'un brouet à se mettre sous la dent, il ne veut rien de plus pour lui, son fils et son petit-fils. Pas étonnant que ses soldats lui soient aussi passionnément attachés.

Deuxième problème début novembre : un ancien officier chassé de son régiment pour inconduite est arrêté et avoue qu'il s'était rendu à Worms dans le but d'assassiner le prince de Condé. Y a-t-il quelqu'un derrière lui ? Le prince lui fait grâce du conseil de guerre mais accepte de redoubler de précautions pour sa sécurité.

La clémence du prince est une autre de ses qualités qui le rendent si populaire dans son armée.

Troisième problème et non le moindre : la présence du corps d'émigrés si près de la frontière ne plaît pas du tout au gouvernement français. Fin novembre, l'Assemblée législative demande à Louis XVI de sommer les princes allemands et l'Empereur de chasser les émigrés installés dans leurs États. Par ses espions, le prince de Condé est mis au courant des rassemblements de patriotes autour de la ville de Landau. Sept mille hommes seraient prêts à entrer dans le Palatinat avec douze pièces de canon. Le prince, lui, n'a aucun canon. En cas d'attaque, il ne pourra qu'opérer une retraite.

Les habitants de Worms, qui n'ont aucune envie de se mettre mal avec les Français de France, n'apprécient plus du tout la présence des émigrés chez eux : « Ils témoignèrent leurs craintes à l'Électeur de Mayence, écrit le duc d'Enghien. Les manœuvres furent défendues, et les Français restèrent encore quelques mois tranquilles. Mais le général Kellermann étant arrivé à Landau, et les troupes se renforçant de ce côté, les inquiétudes recommencèrent. Nouvelle députation à l'Électeur qui finit par consentir à demander notre éloignement, et qui, dans le fait, n'était pas fâché de se débarrasser d'hôtes proscrits qui pouvaient attirer l'ennemi chez lui. »

Il faut partir de nouveau. Cette errance va durer jusqu'au printemps.

Le prince de Condé fait lire à ses hommes l'ordre suivant :

« Messieurs, l'on demande notre éloignement, c'est une contrariété ; mais plus nous irons, plus nous en éprouverons : c'est à nous de nous élever au-dessus de notre courage et notre fermeté. Je renouvelle ma parole de prince et de gentilhomme que je ne me séparerai pas de vous. »

Jamais il ne lâchera sa petite armée.

Suivant les conseils du comte de Provence et du comte d'Artois, le prince de Condé demande et obtient de se porter dans les bailliages du cardinal de Rohan.

Le départ est fixé au 2 janvier 1792 : direction Ettenheim, petite principauté dépendant de l'évêché de Strasbourg. C'est là, à une bonne centaine de kilomètres de Worms, que le cardinal de Rohan s'est retiré après la lamentable affaire du collier. Le duc d'Enghien, lui, ne juge que sa conduite actuelle :

« Rien de plus noble, de plus généreux et en même temps de plus hardi que la démarche de M. le cardinal, explique le duc d'Enghien. Il s'exposait beaucoup, puisque en quelques heures la garnison de Strasbourg pouvait venir mettre tout à feu et à sang ; qu'il n'était défendu par rien, et qu'il s'attirait, par cette démarche, la haine implacable de la nation. »

Il faut arriver jusque-là, dans la boue, la neige et le verglas.

« La route pour les gentilshommes ne fut pas facile à faire, écrit le duc d'Enghien. C'était dans la saison la plus rigoureuse de l'année, et les persécutions qu'ils éprouvèrent furent infinies. Dans le Palatinat, sur l'évêché de Spire, même sur les terres impériales, les aubergistes avaient ordre de ne pas les recevoir. Si on leur accordait un gîte pour une nuit seulement, c'était en leur faisant tout payer au poids de l'or. Ils ne pouvaient voyager plus de trois ensemble, sans armes, sans aucune marque militaire, autrement tout leur était fermé. »

La réception des trois mille habitants d'Ettenheim, de l'avis du duc d'Enghien, n'est pas des plus cordiales : « Le corps entier arriva dans le bailliage d'Ettenheim. Les cantonnements y étaient détestables, les villages trop petits, et en trop petit nombre. Les paysans à qui on avait dit que nous étions des pillards et des gueux, ajoutaient encore par leur mauvaise volonté à la position cruelle et aux souffrances des émigrés. J'ai remarqué que partout où nous avons été, nous trouvions le peuple prévenu de la manière la plus fâcheuse contre nous, mais nous regrettant fort lorsque nous partions. Il est à présumer que nous étions précédés par de fidèles missionnaires de la propagande, qui ne négligeaient aucun moyen de nous nuire. »

Le cardinal, plus chaleureux, ne demande qu'à satisfaire son cousin. Le vendredi 6 janvier, jour des Rois, le prince de Condé se rend à la messe militaire : « Pour la première fois depuis trois ans, j'eus la satisfaction d'entendre chanter le *Domine salvum fac regem,* et je ne pus retenir mes larmes : jamais l'Électeur de Mayence n'avait voulu me le permettre à Worms. »

Les larmes de ce prince de cinquante-cinq ans me remplissent d'émotion. Je suis touchée qu'il note ce que d'autres considéreraient comme une faiblesse. Le protocole dont il consignait chaque détail à Turin, pendant les offices de la Semaine sainte, laisse la place à une piété qui, loin de toute bigoterie, s'approfondira avec les épreuves.

Ils sont pratiquement aux portes de Strasbourg ! Et le prince de Condé voit tout de suite le coup de main qu'il pourrait opérer : la ville est encore assez royaliste et serait prête à faciliter l'action du prince de Condé.

À partir de là, tout serait possible…

Le duc d'Enghien piaffe de plus belle :

« Nous eûmes quelques fausses alertes ; deux fois, on crut que les patriotes allaient passer le Rhin, et venir nous attaquer ; deux fois aussi nous eûmes l'espoir d'entrer dans Strasbourg, dont nous n'étions qu'à quatre lieues, et où mon grand-père entretenait des intelligences. »

Mais le comte d'Artois, à qui le prince de Condé demande respectueusement la permission d'agir, s'oppose formellement à cette tentative :

« Le système de Coblence a toujours été d'attendre le secours des puissances, note d'Enghien : le Roi le voulait, l'écrivait, et on suivait ses ordres. Mais qui sait si un coup de vigueur n'aurait pas sauvé les jours de notre infortuné monarque ! et ne pouvait-on le servir même malgré lui ? Sauver le Roi, éviter à notre histoire une page sanglante, quelles excuses pour une désobéissance, et tout cela sans le secours des autres ! »

Comme dans ce cri le petit-fils apparaît différent de son grand-père ! Lui aurait passé outre à la pusillanimité des princes ! Qui sait ce qu'un courage aussi téméraire eût produit ? À dix-neuf ans et demi, avec moins de deux mille hommes, peut-on infléchir le cours de l'Histoire ?

Les puissances, ces empereurs, rois, électeurs, coalition de frères et de cousins du roi de France, ont déjà commencé cette danse qui consiste à faire un pas en avant pour trois en arrière.

Le cardinal de Rohan en fait les premiers frais. Dès le 6 janvier, il avait montré au prince de Condé une lettre de la régence de Fribourg : l'empereur lui écrivait qu'il ne lui porterait pas secours s'il était attaqué par les troupes françaises tant qu'il donnerait l'hospitalité à des rassemblements militaires. Le prince de Condé, tout en s'apitoyant sur la position critique du cardinal, trouve sa position à lui bien plus atroce. Il pense à sa noblesse dont il admire chaque jour la patience et la gaieté avec laquelle elle supporte d'être traitée comme des vagabonds qu'on se renvoie d'État en État.

Où aller ? Personne ne veut d'eux.

Dans un premier temps, le 14 janvier, le prince de Condé décide de se séparer de sa fille, la princesse Louise qui ne l'avait pour ainsi dire pas quitté depuis leur sortie de France et qui ne peut continuer à mener cette vie errante. « Avec douleur », note-t-il. Douleur mêlée de révolte car « on » a besoin pour accepter de la recevoir « de se souvenir, pour s'y décider, qu'une princesse du sang de France [est] aussi princesse de l'Empire, comme abbesse de Remiremont, et que par conséquent l'Empereur lui [doit] asile ».

La princesse retrouvera sa famille quelques semaines plus tard mais pour les quitter de nouveau et engager une lutte pathétique pour trouver un asile. Avec cette séparation, c'est une page d'enfance qui se tourne pour le duc d'Enghien et je vais laisser dans l'ombre cette princesse malheureuse sauf quand je la rencontrerai dans la correspondance de son neveu.

Sous un froid affreux, la petite troupe menée par le prince de Condé quitte Ettenheim et se dirige vers Oberkirch.

On ne s'éloigne pas de Strasbourg.

« Je veux dire un mot de la position et des environs d'Oberkirch, écrit le duc d'Enghien. Ce bourg est à deux petites lieues d'Offenbourg, à trois lieues du Rhin, sur la gauche de la grande route de Fribourg qui traverse Reuchen, et à l'entrée d'une gorge longue et étroite qui, coupant les montagnes noires, va donner dans le Wurtemberg. Le duc de Wurtemberg s'était placé à l'extrémité de cette gorge sur les frontières de ses États : il avait quinze cents hommes et du canon, afin de nous mettre apparemment entre deux feux, si les patriotes passaient et nous forçaient à la retraite. Il ne nous inquiétait nullement, quoique chaque jour il vînt s'informer combien nous étions, qui commandait le dernier cantonnement dans la gorge, si nous avions du canon, etc. Cette manœuvre était sans doute la suite de son voyage à Paris, et de l'argent qu'il avait reçu de l'Assemblée. »

Persécutés, ils le sont, mais de manière insidieuse : rixes insignifiantes alimentées par des agitateurs infiltrés dans les rangs de la petite armée, échauffourées avec des paysans, tout cela arrache au prince de Condé cette phrase pathétique : « Il était de ma destinée depuis trois ans d'être sans cesse attaqué à coups d'épingle et jamais à coups de canon. »

Or lui a connu le canon, tandis que le duc d'Enghien ne connaît encore que les coups d'épingle.

L'Empereur n'a qu'une idée : éloigner la troupe de Condé des frontières françaises. Le prince de Condé n'a qu'une obsession : rester le plus près possible de l'Alsace où il se précipiterait, si seulement un ordre de Coblence lui était donné.

Pour le duc d'Enghien, la situation est cornélienne :

« Mon grand-père le répétait souvent, et je le sentais comme lui, combien il était cruel d'attendre là des Français pour ennemis. Mais, qui égorgeait ? Qui violait les droits les plus sacrés ? »

Par les renseignements que reçoit son grand-père, le prince est au courant de l'état de la France : pillage et incendies des châteaux, persécution des prêtres, arrestations en masse, misère du peuple et par-dessus tout séquestration du roi et de sa famille. Jamais il ne doutera de la cause pour laquelle il attend de se battre.

Malesherbes, quand il encourageait Chateaubriand hésitant à rejoindre l'armée en formation, lui disait « qu'un homme portant l'épée ne se pouvait dispenser de rejoindre les frères d'un roi opprimé et livré à ses ennemis ».

Et Chateaubriand, rappelant que les Polonais et les Italiens avaient accepté les secours français en 1830 et 1831, avait cette conclusion désabusée :

« Nous avons deux poids, deux mesures : nous approuvons, pour une idée, un système, un intérêt, un homme, ce que nous blâmons pour une autre idée, un autre système, un autre intérêt, un autre homme[1]. »

Un esprit de corps s'est installé dans l'épreuve et soude profondément la noblesse aux princes :

« Le courage tranquille et la constance à toute épreuve que montrèrent les gentilshommes dans les deux routes de Worms à

1. Chateaubriand, *Mémoires d'outre-tombe.*

Oberkirch et d'Oberkirch à Bentzheim, leur firent le plus grand honneur. Ils marchaient tous à pied, le sac sur le dos, sans savoir s'ils seraient reçus où ils allaient, si on voudrait seulement leur donner un gîte pour la nuit. Enfin ils ont été jusqu'à manquer de pain, les boulangers leur disant qu'ils avaient ordre de n'en pas fournir aux émigrés, et ne leur en vendant qu'en cachette. Peut-on se faire une idée d'une persécution semblable ? et c'était la peur qui faisait agir ainsi [1] ! »

Les rangs grossissent de jour en jour. Le 4 mars, la troupe de Condé, se rapprochant de l'armée des princes, s'installe à Bingen, à une quinzaine de kilomètres de Mayence. L'empereur Léopold est mort subitement le 1er mars. Quelle politique va suivre son fils, l'archiduc François ? Les émigrés vont-ils être moins maltraités ? Ou davantage ?

Le mois se passe dans l'angoisse. Le 24, le duc d'Enghien se trouve mal pendant le dîner : trois jours de fièvre sans gravité mais la patience du prince de Condé est à bout. Par ses courriers, il sait bien que Louis XVI a une attitude plus qu'hésitante envers cette armée de Français de l'autre côté de la frontière. Le roi redoute de laisser trop de puissance à l'arrière-petit-fils du grand frondeur, la reine ne veut « rien devoir à ce maudit borgne » et les frères du roi ont tout à craindre de la popularité du vieux militaire.

L'ennui et le désespoir s'insinuent dans les rangs de la noblesse qui supporte difficilement son immobilité alors que les patriotes sont en armes aux frontières. Une querelle éclate entre un cafetier et un officier. Pour l'exemple, le prince de Condé fait mettre l'officier aux arrêts : quoi qu'il se passe, ce n'est vraiment pas le moment de se mettre mal avec les villageois.

Avril apporte la funeste nouvelle de l'assassinat du roi Gustave III de Suède. Au bal masqué de l'Académie de musique, un certain Ankarstroëm a atteint le roi d'un coup de pistolet dans le dos. Gustave III est mort après treize jours d'agonie et c'est un allié précieux que perdent les émigrés car ce roi avait soutenu sans réserve les idées contre-révolutionnaires.

1. Journal du duc d'Enghien.

Le duc d'Enghien continue de voir clairement la situation. Pour lui, les puissances avancent bien trop lentement mais sans elles, les émigrés n'ont aucune chance de réussir :

« Il avait bien fallu renoncer à l'idée que les émigrés pouvaient à eux seuls faire la contre-révolution. Dans les commencements il eût été possible d'avoir un grand parti en France : à cette époque, trop de passions étaient en jeu, et malgré beaucoup d'illusions tombées, trop d'intérêts personnels conspiraient contre l'intérêt général. »

Son jugement, en accord avec celui de son grand-père, se fait de plus en plus sévère pour les souverains étrangers, généreux en promesses mais insouciants à les tenir et surtout plus préoccupés de leurs propres intérêts que de faire retrouver au roi de France son pouvoir :

« Il fallait donc se mettre à la merci des puissances ; et ces puissances, même en nous servant, ont-elles des vues bien parfaitement intègres ? »

Faisons toujours une exception pour l'impératrice Catherine, mais d'Enghien perce à jour l'insouciance des comtes de Provence et d'Artois :

« D'ailleurs, comment soutenir les frais d'une campagne ? Les princes manquaient d'argent ; ils avaient dépensé des sommes considérables ; soutenus par les bienfaits de l'impératrice de Russie, ils en sollicitèrent encore de nouveaux. L'équipement de guerre de la noblesse, la levée, l'entretien de la Maison du Roi, des corps nouveaux, des régiments, des légions ; enfin la paie des troupes soldées, tout cela avait dû coûter un argent immense, surtout en pays étranger, où l'on profitait de notre malheureuse position. À la fin de la campagne, l'impératrice avait déjà fourni de onze à treize millions : n'aurait-il pas été possible de faire un plus utile emploi de sommes aussi considérables ? »

Entre le plaisir d'entretenir une cour et le devoir austère d'entretenir une armée, les deux frères de Louis XVI ont fait leur choix : civils, ils ne demandent qu'à le rester, laissant leur cousin Condé se durcir dans une éthique exclusivement militaire et courir les usuriers après avoir donné tout ce qu'il possède à son armée.

Et voilà que le 20 avril 1792, le roi Louis XVI, poussé par les Girondins, déclare la guerre à son neveu François. Finesse diplomatique ? Cette déclaration est adressée, non au chef du Saint-Empire romain germanique, mais simplement au roi de Hongrie.

Peu importe ! L'espoir est immense dans les rangs des vingt-deux mille émigrés :

« On crut que c'était un coup du ciel en notre faveur, écrit le duc d'Enghien. Les Français, sans discipline, sans officiers, sans généraux, ne pouvaient qu'être battus. »

Va-t-on enfin se battre ?

Le prince de Condé, craignant une invasion imminente des armées patriotes, conseille aux femmes et aux prêtres français d'évacuer Trèves.

Et les ordres tombent, terribles, de Mayence, dictés par l'Empereur et le roi de Prusse : oh ! le but annoncé est bien de combattre pour remettre Louis XVI sur le trône, mais les souverains ont décidé que l'armée des vingt-deux mille émigrés serait fractionnée et mise sous la tutelle des généraux prussiens et autrichiens.

La meilleure explication que j'aie trouvée à cette exigence, si humiliante pour des soldats français, est le cri d'amertume que pousse le duc d'Enghien :

« On peut regarder comme un grand malheur pour notre cause cette dispersion des émigrés, on les divisait pour ne leur laisser aucune force, pour en faire des êtres passifs : on craignait leur ardeur, l'effet moral peut-être qu'une trop grande masse eût produit sur les esprits. On voulut les rendre nuls, et ce plan fut scrupuleusement suivi. Bien d'autres raisons, dites politiques, s'opposaient encore à ce que l'on voulût se servir des émigrés pendant cette campagne. La seule qui nous fut donnée, était que nous ne pouvions faire la guerre avec égalité ; que pris, nous étions pendus ou massacrés, et que nous n'étions pas gens à user de représailles avec nos prisonniers, ce qui était pour nous d'un grand désavantage. Mais c'était là la moindre des raisons et la seule bonne qu'on pût nous avouer. »

C'est évident : ils étaient perdus d'avance puisqu'ils ne jouaient pas le même jeu que leurs adversaires.

Cette cohabitation entre les émigrés français et les armées alliées est vraiment contre nature : entre un François II, qui ne prodigue ses secours que par intérêt, un roi de Prusse qui tergiverse et des généraux trop contents de dominer de toute leur morgue les princes français, entre un prince allemand qui se vante « de ne jamais avoir donné un verre d'eau à un émigré » et un autre qui interdit les routes de ses États « aux juifs, aux vagabonds et aux émigrés [1] », on peut comprendre à quel point la situation est intenable.

La petite armée est donc divisée en trois corps. « Le premier aux ordres des princes frères du Roi, écrit le duc d'Enghien, et sous eux, les maréchaux de Broglie et de Castries : ce corps devait marcher et servir avec l'armée prussienne ; le second aux ordres de mon grand-père, devait marcher sur Spire, gagner le Brisgau et se réunir sur les bords du Rhin à l'armée autrichienne commandée par le prince d'Esterhazy ; le troisième était composé d'une partie des cantonnements d'Ath, de Tournay [...], il devait être commandé par mon père, et, sous lui, le comte d'Egmont, lieutenant général. Je fus destiné à accompagner mon père. Ce corps devait se rassembler dans les environs de Liège, et marcher de concert avec l'armée autrichienne commandée par le général Clerfaye. L'armée des Princes était forte d'environ dix à douze mille hommes ; celle de Condé de quatre mille cinq cents hommes à cinq mille ; celle de Bourbon de quatre mille au plus. »

Mon ancêtre, Amable de Baudus, arrivé en août 1792 avec la compagnie des gentilshommes du Limousin, fut affecté au corps du duc de Bourbon. Parce qu'il avait émigré, sa famille était en prison, son père Hugues à Cahors, et sa femme à Poitiers, avec deux de leurs enfants dont Élie, six ans (mon aïeul).

C'est aussi à cette époque que Chateaubriand rejoint l'armée qu'on dit « des Princes », considérant qu'« en 1792, la fidélité au serment [passe] encore pour un devoir ». Comme ses compagnons,

---

1. Révérend père Sommervogel, *48 Lettres inédites de Louis-Joseph de Bourbon, prince de Condé, du duc de Berry et du duc d'Enghien.*

il est confronté à une vie misérable : il dort par terre, lave son linge. Et quel assemblage hétéroclite d'hommes !

« Une armée est ordinairement composée de soldats à peu près du même âge, de la même taille, de la même force. Bien différente était la nôtre, assemblage confus d'hommes faits, de vieillards, d'enfants descendus de leurs colombiers, jargonnant normand, breton, picard, auvergnat, gascon, provençal, languedocien. [...] J'ai vu de vieux gentilshommes, à mine sévère, à poils gris, habit déchiré, sac sur le dos, fusil en bandoulière, se traînant avec un bâton et soutenus par un de leurs fils ; j'ai vu M. de Boishue, le père de mon camarade massacré aux États de Rennes auprès de moi, marcher seul et triste, pieds nus dans la boue, portant ses souliers à la pointe de la baïonnette, de peur de les user. [...] Toute cette troupe pauvre, ne recevant pas un sou des Princes, faisait la guerre à ses dépens, tandis que les décrets achevaient de la dépouiller et jetaient nos femmes et nos mères dans les cachots[1]. »

Malgré la guerre imminente, le prince de Condé n'obtient toujours pas de pouvoir armer ses hommes. Le 21 mai, presque un mois après la déclaration de la guerre, le prince, qui passe ses journées à écouter ses soldats « jusqu'au dernier », se plaint encore et toujours des vexations de Vienne qui continue de défendre de laisser armer les émigrés tant que les troupes prussiennes ne sont pas arrivées.

Elles arrivent enfin et n'enthousiasment pas le duc d'Enghien :

« Je fus surpris de voir ces fameux Prussiens, dont on m'avait tant vanté la discipline, sans gêne sous les armes, tournant la tête à droite, à gauche, ne conservant nulle immobilité. Après cela, je ne m'aviserai pas de juger si l'instruction du soldat est meilleure que la nôtre ; je me contenterai seulement de remarquer que leur conduite pendant les opérations de campagne, n'est pas en leur faveur. »

En continuant ma lecture du journal du duc d'Enghien, j'ai la surprise de m'apercevoir, à la Bibliothèque historique de la Ville de Paris, que les pages de ce livre, à partir de cette date (p. 296) ne sont pas encore coupées !

---

1. Chateaubriand, *op. cit.*

Enfin les subsides financiers arrivent par l'Empereur qui « a fait verser les cent cinquante mille francs promis à son trésor de Bruxelles ; cela va sans doute décider la Prusse à verser, mais le retard sera de dix à douze jours[1] ».

Le mardi 26 juin, le prince de Condé est réveillé par un de ses aides de camp qui lui apprend ce qui s'est passé à Paris le 20 juin, journée au cours de laquelle « on avait prodigué au roi et à toute sa famille tous les genres d'avilissements ; on ne lui avait laissé que la vie ».

C'est ce jour-là que Louis XVI, malgré les menaces des émeutiers conduits par Santerre – celui qui tentera, en faisant jouer les tambours, d'empêcher Louis XVI de prononcer ses dernières paroles –, avait refusé de sanctionner les décrets sur la déportation des prêtres réfractaires.

Étant donné l'évident manque de liberté du roi, il est décidé de donner à Monsieur, le comte de Provence, le titre de régent « que seul Monsieur pouvait prendre par son seul droit ».

Je résume, telle que je la perçois, la situation derrière les frontières françaises : les deux frères de Louis XVI sont prêts à accepter beaucoup pourvu qu'on leur fournisse les moyens d'entretenir un semblant de vie de cour, les alliés sont prêts à donner beaucoup pourvu qu'ils entrent en France, enfin le prince de Condé est prêt lui aussi à avaler beaucoup de couleuvres pourvu qu'on lui laisse les moyens de libérer le roi.

Tout faire pour sauver Louis XVI et les prêtres, se répète-t-il : « J'allai encore à la messe, écrit le prince de Condé, car il ne fallait pas y manquer, puisque nous avions l'Autel comme le Trône à soutenir. »

L'argent arrive bien d'Espagne, de Prusse, de Russie, et même de Vienne, mais il ne couvre pas la moitié des dettes contractées depuis des semaines pour assurer l'entretien des hommes et des chevaux.

Le 3 juillet, une réunion se tient entre les princes français et le duc de Brunswick, au cours de laquelle le duc décide de ne pas

1 22 juin 1792. Condé à Bourbon.

exiger que les troupes des émigrés passent le Rhin avec lui, «ce que nous craignions plus que la mort», écrit le prince de Condé qui ne veut rentrer chez lui qu'avec des Français.

Étrange réflexion qui met en lumière sa fidélité compliquée par des situations qu'il ne maîtrise pas.

Le duc est un fervent admirateur du prince de Condé qui le battit à Johannisberg, pendant la guerre de Sept Ans, et Condé a de la sympathie pour lui: «Brunswick entend commander notre armée, écrit-il à son fils[1], j'en suis enchanté. J'aime bien mieux être à ses ordres (et les Princes y seront aussi) qu'à ceux du maréchal.»

Il s'agit du maréchal de Broglie qui était le seul autre chef militaire parmi les émigrés et je comprends qu'entre deux situations humiliantes, le prince abomine encore plus l'idée d'obéir à un Français.

Malheureusement, le manifeste que signe le duc de Brunswick, le 27 juillet, met le feu aux poudres à Paris. L'intention était bonne de vouloir défendre le roi de France mais les menaces maladroites qui l'accompagnent révoltent les Parisiens contre les émigrés et les puissances étrangères.

La population, hors d'elle, et qui ne peut se venger que sur ceux qui sont à sa portée, se précipite aux Tuileries. Dans la seule journée du 10 août, un millier de gardes suisses qui protégeaient Louis XVI et Marie-Antoinette aux Tuileries sont massacrés.

Le prince de Condé souffre au plus haut point de la dépendance où il se trouve vis-à-vis des Autrichiens qui n'arrivent d'ailleurs pas à comprendre que le prince de Condé soit Bourbon puisqu'il s'appelle Condé. Une vexation de plus, mais cette journée du 10 août fait passer d'autres sentiments bien en avant.

On ne se bat pas contre un pays, on se bat contre des massacreurs.

«Nous tremblons toujours pour les prisonniers du Temple, écrit le prince à son fils, mais je me plais encore à espérer.» Les tueries sauvages, au début de septembre, de centaines de prisonniers des prisons des Carmes et de l'Abbaye ne vont pas dans le sens de

1 3 juillet 1792.

l'espoir. Pourtant, elles galvanisent les émigrés persuadés que leur rentrée victorieuse dans leur pays est une question de jours.

Étaient-ils à ce point mal renseignés ? Le duc d'Enghien continue pourtant d'analyser la situation avec clairvoyance :

« Une autre cause des malheurs de la campagne, est la facilité extrême que nous croyions trouver pour pénétrer en France. Aucun de nous n'imagine rencontrer la moindre résistance. Les patriotes, disions-nous, s'éloigneront à la seule vue d'une armée ; tout cédera à des hommes qui ne sont que les ennemis du désordre ; de tous côtés on nous appellera ; c'est plutôt une promenade que nous avons à faire jusqu'à Paris, qu'une campagne.

« Nous avions tellement bercé les étrangers de ces idées, qu'ils nous avaient cru, et que, par là, bien des précautions nécessaires furent négligées. Une troisième cause de la prolongation de nos maux, fut le plan détestable que le roi de Prusse adopta pour cette campagne. La France lui avait été dépeinte comme un pays riche, abondant, où il trouverait tout ce dont son armée avait besoin : sans doute on ne l'avait pas trompé, mais alors, il ne fallait pas entrer par la Champagne-Pouilleuse. »

La patience du prince de Condé est à bout : « Cette vertu finit par avilir quand elle est poussée à l'excès, soupire-t-il. Je faisais sentir au prince [Esterhazy] qu'il n'avait qu'à nous donner quelques moyens de plus, que nous entrerions en France *seuls*, sous huit jours, que quoique nous ne fussions qu'une poignée de monde, nous irions avec joie chercher une mort glorieuse, qu'elle le serait toujours, quand même nous la subirions sur des échafauds, et que nous le préférerions cent fois au dégoût continuel de rester sous le joug des vexations de tout genre que nous éprouvions depuis deux mois. »

La campagne commence mais les armées en présence hésitent entre la lenteur et les imprudences tactiques. Beaucoup voudraient que tout fût fini avant même d'avoir commencé.

Après avoir perdu des semaines en préparatifs, le duc d'Enghien et le corps de Bourbon apprennent la prise de Longwy et la marche des Prussiens sur Verdun. « Enfin le jour du départ arriva ! écrit le duc d'Enghien. Ce fut le 11 septembre. [...] Nous eûmes un temps détestable, et ce jour fut le premier où commencèrent ces abominables pluies qui nous ont fait tant de mal.»

La pluie ne s'arrête pas pendant treize jours consécutifs. Le duc d'Enghien et ses troupes pataugent dans la boue.

«Le 24, écrit le jeune prince, nous marchâmes sur Namur, où nous arrivâmes en deux jours. Le quartier général fut établi à l'abbaye de Gérousart, à un quart de lieue de Namur, de l'autre côté de la Meuse.»

Le corps de Bourbon, englué dans une pénible inaction, apprend de loin que le 20 septembre s'est engagée la bataille de Valmy.

«On y eut longtemps l'espoir que l'armée de Dumouriez détruite, mettrait bas les armes dans les plaines de Châlons; mais au lieu de cette nouvelle, nous apprîmes la retraite précipitée des Prussiens.»

Nulle part, je n'ai trouvé d'explication satisfaisante à ce revirement des Prussiens et à cette victoire légendaire des armées de la République française. J'ai même relevé cette anecdote singulière: lorsque Charles X se rendit à Reims pour son sacre, il passa par la Champagne. Au duc d'Orléans qui l'accompagnait et qui, lui, avait combattu dans les rangs des patriotes en 1792, il dit: «Nous nous sommes vus autrefois dans ces plaines? – Oui Sire, mais ce n'était pas sous les mêmes drapeaux. – Je n'ai jamais bien su, ajouta le roi, si Brunswick avait ou non reçu de l'argent ou des ordres pour se retirer. – Sire, le courage de l'armée française a tout fait, et je ne suis pas surpris qu'après la bataille de Valmy, le duc de Brunswick n'ait pas été d'humeur à marcher sur Paris [1].»

Le duc d'Enghien s'interroge de la même manière:

«Le temps seul nous apprendra la vérité et peut-être cet événement sera-t-il longtemps obscur dans l'histoire de notre siècle. Les uns ont accusé M. le duc de Brunswick d'être de connivence avec Dumouriez, et d'avoir reçu une grosse somme d'argent de la Convention nationale; d'autres ont prétendu que le général patriote avait offert à ce prix de sauver le Roi.»

1. Arthur Chuquet, *Valmy*.

Ce qui est certain, c'est que la journée de Valmy a changé le cours des choses. Et que les émigrés, éparpillés et contraints à l'inaction, n'ont rien pu faire.

La victoire de Jemmapes, le 6 novembre, qui vaut à Dumouriez la conquête du Brabant et du pays de Liège, entérine la victoire de Valmy. Le duc de Bourbon, qui s'était porté, avec son corps, en avant de Namur pour soutenir le corps autrichien de Clerfayt, entend la canonnade de Jemmapes sans pouvoir prendre part à l'action. Il reçoit même l'ordre de se replier.

« On se prépara à la guerre défensive », écrit le duc d'Enghien, très lucide sur la faiblesse des émigrés dans ce domaine et déjà au fait de ce qu'est ce genre de guerre qu'il n'a pas encore pratiquée : « Rien de plus détestable qu'une guerre de ce genre avec la France d'aujourd'hui. Sa formidable artillerie, supérieure à celle de toutes les puissances, aura toujours l'avantage, au lieu qu'en attaquant continuellement, et souvent de nuit, on rendrait nul ce grand moyen de défense. »

Le même jour, de Villingen, le prince de Condé écrit à son fils. Cette lettre fait partie de la correspondance encore inédite des Condé, conservée à Chantilly dans les beaux classeurs ventre de biche et amarante. J'ai beaucoup de mal à comprendre l'écriture du prince de Condé et les nombreux mots chiffrés ; heureusement, une bonne âme, probablement le secrétaire du duc d'Aumale, les a décodés au crayon. C'est ce même secrétaire qui complète, toujours au crayon, les dates ou les lieux quand ils ne sont pas notés par les princes. Après en avoir discuté avec Nicole Garnier, je décide de faire confiance à ces inscriptions.

Voici cette lettre qui nous montre l'état désespéré teinté d'humour tragique du prince et les rancœurs qui percent. On comprend qu'elle ne puisse être mise entre toutes les mains :

« Nous avons eu, comme vous, la débâcle de l'armée du centre ; même affluence, mêmes propos ; vous avez fort bien fait d'aller voir la Belette [Monsieur] qui me paraît incroyablement léger dans les propos. [...] Le désordre de cette marche dont vous me parlez ressemble effectivement à une déroute. [...] Je savais depuis longtemps que les Prussiens avaient fait tout le mal possible, je ne voulais pas le croire d'abord, mais cela n'est que trop prouvé. [...] Je suis absolument à bout; je fais un dernier effort pour ce mois-ci. [...] Si vous connaissez un grand chemin bien profond où il y ait un peu à gagner, en demandant l'aumône, indiquez-le-moi et vous m'y trouverez établi pour peu de temps. »

Le 15 novembre, le corps de Bourbon quitte Gérousart pour Fleurus. La fin de cette campagne fantomatique approche. La petite armée reçoit l'ordre de se retirer sur Liège. Le duc d'Enghien ne cache pas sa colère :

« Bientôt les Autrichiens, qui nous fournissaient le fourrage et le pain, nous signifièrent qu'ils en avaient le plus grand besoin, et qu'ils craignaient eux-mêmes d'en manquer. Mon père se trouva alors dans l'impossibilité de conserver le commandement d'un corps qu'il ne pouvait ni nourrir ni entretenir. Ainsi, nous, qu'un parti exalté repoussait de notre patrie, qui avions été contraints de nous réunir dans l'espérance d'opposer la force du droit à la force brutale qui voulait tout détruire, non seulement nous demeurions sans ressources, mais tout nous présageait que la royauté, à laquelle tant de braves gens avaient fait de si grands sacrifices, allait être abandonnée des rois eux-mêmes. »

Et c'est la fin du corps de Bourbon et de l'armée des Princes : le roi de Prusse engage fermement les princes à licencier ce qui reste de leur armée, ordre fatal car les pauvres gentilshommes sont abandonnés sans domicile, sans argent et sans nourriture. « Ce fut sur ces entrefaites, que mon père se décida à rejoindre mon grand-père. Il ne lui restait rien à faire en Brabant, et se réunir dans une telle position, c'était retrouver en famille les seules consolations qui restaient à des exilés. »

Ils quittent Liège de grand matin, le 22 novembre, et se dirigent vers Villingen. « Mon père avait été obligé de vendre ou plutôt de donner la plus grande partie de ses chevaux : il avait été aussi forcé de réformer plusieurs de ses gens. [...] Il partit de Liège à cheval, et nous laissâmes nos voitures à nos gens, qui n'en furent pas fâchés. »

Leur marche, qui va durer trente-trois jours, ne les empêche pas de correspondre. « Quelle situation, mon cher enfant ! écrit le prince de Condé à son fils. Que de malheurs, que de trahisons de tout genre que de gens ont à se reprocher. Heureusement, ce n'est pas nous, et l'Europe nous rend justice à cet égard. C'est une consolation dans nos infortunes et c'en sera une encore de mourir de faim ensemble, si cela doit finir là. »

Un post-scriptum du prince de Condé dans une autre lettre à son fils en date du 11 décembre me fait sourire : « J'embrasse le petit. Sa tête se mûrit-elle un peu ? »

Le prince de Condé a deux raisons plus graves d'être inquiet : la dissolution envisagée de son armée et les lettres lui annonçant l'avance du procès de Louis XVI. Le 21 décembre, il apprend que le roi a comparu « avec assez de fermeté en niant tous les chefs d'accusation ». Trois jours plus tard, les nouvelles, aussi affreuses, lui donnent « les plus mortelles inquiétudes sur le sort du Roi ».

Enfin, le 26, arrivent à Villingen, à cinq heures du soir, le duc d'Enghien et son père, rejoints bientôt par la princesse Louise. La famille est de nouveau réunie mais dans quelles tristes circonstances.

L'ordre de dissolution de sa propre armée parvient au prince de Condé, signé de l'Empereur. Si le corps de Bourbon et l'armée des Princes ont obéi, Condé réagit violemment : « Il faudra les tuer jusqu'au dernier. » Ce cri impressionne la cour de Vienne qui laisse, pour un temps, l'armée condéenne en place.

Les nouvelles se répètent ou se contredisent, maintenant les princes de Condé dans une incertitude inquiétante, qui s'augmente chaque jour par la crainte que la Convention n'attente à la vie du roi, « soit par un jugement, soit par un assassinat ».

Recherche désespérée de nourriture et de reconnaissance, angoisse mortelle pour le roi, voilà dans quel état d'esprit les Condé terminent l'année 1792, bien loin de Chantilly, dans la Forêt-Noire, à Villingen.

CHAPITRE IV

Il se bat enfin !

L'année 1793 commence bien : le 2 janvier arrive le règlement envoyé en lettres de change par l'impératrice Catherine. « Je commençai par faire liquider soixante mille livres net, à distribuer à ma Noblesse, écrit le prince de Condé avec sa générosité habituelle, prenant sur ce qui m'était destiné toute la perte du change de la somme entière. »

Et puis, le 14 janvier, arrive le duc de Richelieu avec une proposition de Catherine : elle offre au prince de Condé une province entière sur les bords de la mer d'Azov, en Crimée, pour y établir une colonie française. Le prince, très reconnaissant, en avertit la Noblesse qui, d'une certaine manière, se réjouit : il y aurait donc un refuge en cas de désespoir total, mais il est encore trop tôt pour être désespéré et l'ardeur de tous est loin d'être éteinte. Il ne faut pas négliger cette ressource, « mais qu'elle était cruelle », soupire le duc d'Enghien.

Pendant ce temps, à Paris, se poursuit le procès de Louis XVI. Les nouvelles semblent annoncer que les partis qui forment la Convention sont très divisés, ce qui pourrait laisser quelque espoir pour la vie du roi. Le procès semble traîner en longueur : autant de jours de gagnés.

Le jeudi 24, les courriers annoncent la condamnation imminente du roi, le prince de Condé ordonne les prières des Quarante Heures ; le Saint-Sacrement est exposé dans les églises ; la noblesse comme les villageois s'y rendent en foule.

Le dimanche 27, les bruits les plus affreux se propagent sur la mort du roi, rien de précis.

C'est le lundi 28 que la certitude est acquise par les lettres de la poste. Le prince de Condé, son fils et son petit-fils écrivent dès ce jour, aux frères du roi.

Le mardi 29, le prince de Condé, entouré de son fils et de son petit-fils, fait célébrer un service pour le roi défunt. Trois mille nobles se pressent dans et hors la petite église de Villingen. La cérémonie est assurée par l'aumônier du prince et quatorze prêtres français émigrés.

À la fin du service, le prince de Condé se place devant l'église et prononce un discours pour ses troupes :

« Messieurs, c'est dans l'amertume de nos cœurs que nous venons de rendre les derniers des hommages que nous prescrivaient le respect profond et l'attachement sans borne dont nous étions pénétrés pour l'infortuné Louis XVI. [...]

« Mais vous savez, messieurs, qu'il est de principe que le Roi ne meurt jamais en France. Que ce soit au pied des autels (comme c'est l'usage en France) que nous nous livrions au premier élan de notre antique amour pour nos rois et des vœux que nous formons pour notre légitime souverain ! [...] Le Roi est mort, messieurs, le Roi est mort... Vive le Roi ! »

« Ce cri, écrit le prince dans son journal, fut répété au milieu des sanglots, et Louis XVII fut ainsi reconnu roi de France par le seul rassemblement de la noblesse qui existât en ce moment ; on entonna ensuite le *Domine salvum fac regem.* »

Ah ! comme sont poignants ces sanglots d'hommes qui ont quitté leur pays pour mieux défendre leur souverain et qui sont en ce jour au désespoir d'avoir été impuissants à remplir leur mission, et dans l'incertitude totale de ce qu'ils pourront faire pour l'enfant roi !

Pendant neuf jours, un cénotaphe dans l'église rappelle le roi défunt à ceux qui viennent prier. Le prince de Condé s'y rendra chaque jour.

Les souverains étrangers offrent prudemment leurs condoléances. Seule l'impératrice Catherine dénonce, dès le 8 février, le traité de commerce conclu avec la France en 1776, ferme les ports de la Russie aux navires français, enjoint aux Russes résidant en France de rentrer en Russie, et contraint les Français fixés dans ses États à partir ou à prêter le serment suivant: «Je soussigné, jure devant Dieu tout-puissant et sur son saint Évangile, que n'ayant jamais adhéré, de fait ni de volonté, aux principes impies et séditieux introduits et professés maintenant en France, je regarde le gouvernement qui s'y est établi comme une usurpation et une violation de toutes les lois et la mort du roi très chrétien Louis XVI, comme un acte de scélératesse abominable et de trahison infâme envers le légitime souverain.»

Le moral des troupes condéennes est au plus bas. L'Empereur semble toujours décidé à licencier l'armée. Oh! il y a toujours la proposition de Catherine dont j'ai retrouvé aux Archives cette lettre amicale adressée à Condé et datée du 9 février: «En leur assurant une retraite dans mes États, je n'ai pas renoncé au droit de les assister tant qu'ils pourront combattre pour le sang de leurs rois, pour leur religion et pour leur malheureuse patrie.»

J'ai retrouvé dans le même carton la lettre de son fils, le grand-duc Paul, rédigée sur papier bordé de noir: «L'iniquité est à son comble et la justice des hommes se tait! Je me flatte que vous me rendrez celle de ne pas avoir douté un moment de mes sentiments.»

Février se passe dans le deuil. C'est alors que, début mars, arrive la nouvelle à laquelle plus personne n'osait rêver:

«L'Empereur avait en huit jours totalement changé d'avis, écrit le duc d'Enghien: loin de licencier, il ordonnait au général Würmser, à qui il venait de confier le commandement de ses troupes en Brisgau, de se concerter avec mon grand-père. [...] Une nouvelle si inattendue ramena la joie dans nos cœurs: l'espoir de venger la mort de l'infortuné Louis XVI, et d'arracher de sa prison notre jeune roi Louis XVII, tout exaltait notre courage, et à l'abattement du plus affreux désespoir, succéda tout à coup l'ardeur la plus vive et la plus noble.»

Ici s'arrête ce journal du duc d'Enghien où seront encore relatés ses deux voyages touristiques en Suisse.

Le général Würmser est bien connu du prince de Condé : Alsacien, il s'était trouvé sous les ordres du prince pendant la guerre de Sept Ans. Aujourd'hui, même s'il conserve du respect pour le prince, c'est lui le chef.

Se plier aux volontés autrichiennes reste une épreuve douloureuse pour le prince de Condé : « Je travaillai beaucoup avec mon état-major sur cette formation autrichienne qu'on exigeait de nous, et qui ne cadrait ni avec nos formes, ni avec nos manières, ni avec nos mœurs ; il fallait pourtant bien en passer par là, et c'était la chose du monde la plus difficile à arranger. »

La foi avec laquelle Condé travaille ne faiblit pas. Son devoir, son honneur lui commandent de se battre pour rétablir le roi légitime sur le trône. Et il est parfaitement suivi par ses hommes : « On aura de la peine à le croire un jour, mais l'enthousiasme de l'honneur était tel que la noblesse se soumettait à cela sans murmurer. »

À la mi-avril, les condéens sont appelés à rejoindre Spire pour commencer le combat. Le prince de Condé a reçu le titre de feld-maréchal lieutenant, le duc de Bourbon celui de général major ; en raison de son jeune âge et de son manque total d'expérience au combat, le duc d'Enghien n'a obtenu que celui de major. Il porte l'habit bleu des émigrés, à collet rabattu écarlate, boutons dorés à fleur de lys, gilet écarlate, culotte de peau jaune chamois. Sur son chapeau de feutre noir tranchent la cocarde et le plumet blancs.

En signe de deuil du roi, il arbore, comme le corps tout entier de Condé, un brassard blanc à liseré noir brodé de fleurs de lys noirs, trois pour les officiers et les soldats des troupes nobles, une seule pour les sous-officiers et soldats des corps soldés.

« Quant au duc d'Enghien, se rappelle le comte de Puymaigre, je crois encore le voir : petit mais bien tourné, leste, la figure d'un héros et d'un mauvais sujet, cet ensemble et ces détails physiques qui plaisent aux Français et qu'il soutenait si bien par sa légèreté, sa grâce, sa brillante valeur, enfin par des talents militaires auxquels les républicains eux-mêmes rendaient justice [1]. »

1. Comte A. de Puymaigre, *op. cit.*

Vingt-quatre ans, son regard bleu plus acéré, le nez droit, une bouche rieuse et énergique, ses cheveux blonds commençant à se clairsemer sur le front, tel m'apparaît le prince au physique mi-ange, mi-voyou.

Un seul témoin, à ma connaissance, le montre déplaisant. Il s'agit du marquis de Bouillé[1] : « J'avais eu jusque-là fort peu d'occasions de voir et de connaître ce jeune prince : son ton et ses manières ne me plurent point et j'avoue que je n'eus guère lieu d'être enchanté de lui, par le peu d'attention qu'il parut faire à l'empressement volontaire que je montrais pour venir m'associer à ses dangers. »

J'imagine que le duc d'Enghien devait tenir rigueur au marquis de Bouillé de sa responsabilité dans l'échec de Varennes et qu'il a pu se montrer peu aimable. Mais le marquis, aigri par ce drame, pouvait aussi voir tout en sombre.

Würmser passe une revue rapide des troupes de Condé, la légion de Mirabeau, le régiment de Rohan, la cavalerie noble et enfin, l'infanterie noble : assemblage étrange de régiments aux uniformes disparates, certains même en civil, soldats et officiers, certains très vieux, d'autres encore adolescents, tous animés du même désir : refaire de la France un royaume.

Même s'il ne comprend pas ce combat, Würmser se montre ému par ce qu'il voit.

Après quelques escarmouches de peu d'importance, s'engage un vrai combat, le 17 mai, à Rülzheim. En tête, les premiers au danger : les princes français, Bourbon et d'Enghien. Le jeune prince, ayant la liberté d'aller où il veut comme volontaire, marche constamment avec l'avant-garde et reçoit ce jour-là le baptême du feu.

La victoire est le fruit incontestable de l'armée de Condé. Würmser adresse ses félicitations au prince de Condé et plus particulièrement au duc d'Enghien : « Monseigneur, s'exclame-t-il, on voit que vous avez du sang de héros dans les veines ! »

1. Marquis de Bouillé, *Souvenirs et fragments pour servir aux mémoires de ma vie et de mon temps*, publiés par P. L. de Kermaingant.

Du côté des patriotes, les généraux Custine et Houchard, considérés comme responsables de la défaite de l'armée républicaine, seront conduits à l'échafaud.

Le 20 mai, le prince de Condé décide de faire bénir le drapeau blanc de l'infanterie et les étendards qu'il a fait confectionner: «Je tenais le drapeau, mes deux enfants chacun un étendard.»

Et quand Würmser veut faire une entrée solennelle dans les villes alsaciennes conquises, le prince lui déclare qu'avec son corps, il représente l'armée royale de France et qu'il se joindra aux Autrichiens pour affirmer que la prise de possession se fait au nom de Sa Majesté Louis XVII.

Qui l'a entendu? C'est l'aigle à deux têtes que Würmser fait planter sur les poteaux, les routes et les villages conquis, et les courriers de la poste revêtent la livrée impériale.

Après le combat de Germersheim, près de Bellheim, le 19 juillet, au cours duquel le duc d'Enghien s'est emparé d'une redoute malgré le feu des canons, le prince de Condé va visiter les blessés et donne des ordres pour qu'on prenne soin des prisonniers. Surprise de ces soldats qui s'attendaient à être passés par les armes et qui voient en outre le duc de Bourbon et le duc d'Enghien venir leur prodiguer de bonnes paroles et des secours, s'opposant ouvertement aux Autrichiens qui voulaient les massacrer.

Chez le jeune prince, l'amour de la patrie se double du respect admiratif envers ces Français qu'il combat. Respect mutuel d'ailleurs.

Mme de Staël, dont le témoignage n'est pas suspect de partialité, écrivait: «Les émigrés ont été souvent fiers des victoires de leurs compatriotes. Ils étaient battus comme émigrés, mais ils triomphaient comme Français.»

Et pendant que les combats se poursuivent en Alsace, le domaine de Chantilly est peu à peu dépecé: les objets précieux et les tableaux ont été emballés et envoyés à Paris au musée de la République. Un décret du 23 mai 1793 a prescrit l'enlèvement des plombs, cuivres, fourneaux et chaudières pour envoyer le tout à l'hôtel des Monnaies à Paris afin d'être fondu. Le mobilier est vendu et la Convention déclare qu'elle n'assurera plus l'entretien de cet objet de luxe.

Le 28 août, à deux heures du matin, un premier convoi de détenus politiques promis à la guillotine arrive à Chantilly qui va être transformé en prison.

Le prince de Condé est tenu au courant de ces malheurs. « J'ai reçu des nouvelles de Chantilly (où je vous conseille de prendre votre parti de ne point être au mois d'octobre), écrit-il à son fils. Il y a beaucoup de prisonniers. [...] On a fait des cloisons dans les grandes pièces, sans les gâter, à ce qu'on dit ; aucun jet d'eau ne va ; tout est arrêté aux Moulins ; on ne distingue plus les allées des parterres. L'herbe est partout ; on a emballé le cabinet d'histoire naturelle avec beaucoup de soin ; tous les portraits de famille sont déchirés. Les tableaux de la galerie des Conquêtes ont été emportés assez soigneusement ; tous les bronzes ont été fondus. [...] On connaît toutes les personnes qui ont acheté mes meubles ; mais il ne faut pas le dire, pour qu'elles ne les cachent ou ne les dénaturent pas. »

Jusqu'à la chute de Robespierre, le château-prison renfermera un peu plus de mille détenus.

C'est le 26 juin 1793 que le prince de Condé apprend l'exécution du duc d'Orléans. Sa sœur, la duchesse de Bourbon, mère du duc d'Enghien, qui s'était pourtant fait surnommer *la citoyenne Vérité*, est emprisonnée à la Force avant d'être transférée dans une prison de Marseille.

Et le 26 octobre, alors qu'il campe à Berstheim, dans « l'affreuse certitude du supplice de la Reine[1] », le prince de Condé fait célébrer un service solennel auquel assistent toutes les compagnies « par détachements commandés » à cause de la petitesse de l'église.

C'est une fois de plus leur France qui meurt.

Le début de l'hiver est rude. La maladie, plus mortelle que le feu des ennemis, s'acharne sur la petite armée. Affaiblis par le manque

1. Le 16 octobre 1793.

de nourriture, mal logés, les soldats anémiés sont atteints de bronchites et de dysenteries mais partagent avec les villageois qui les hébergent la nourriture que leur fournit parcimonieusement l'armée autrichienne.

Décembre est un mois de batailles très chaudes autour de Berstheim et de Hagueneau. Les troupes condéennes affrontent un officier de trente-cinq ans, Charles Pichegru, général en chef de l'armée du Rhin.

Pichegru a été formé au métier des armes sous les ordres du prince de Condé et le voilà aujourd'hui face à son ancien chef. La situation n'est pas unique : dans le face-à-face des combats, nombreux sont les soldats républicains qui reconnaissent brutalement leurs anciens officiers.

Mais c'est sur l'armée de Condé que va souffler le vent favorable.

Dès le 1er décembre, les troupes de Pichegru sont mises à mal, et le 2 s'engage la bataille de Berstheim. Républicains et condéens prennent, perdent et reprennent le village jusqu'à la victoire des condéens.

La petite armée fut héroïque en ces jours, galvanisée par l'exemple des princes. Lorsque les républicains entrèrent dans Berstheim, le prince de Condé cria à ses soldats : « Messieurs, vous êtes tous des Bayards ! Il faut reprendre le village. »

Tous crièrent alors : « Vive le Roi ! À la baïonnette ! »

Et ils coururent vers l'ennemi.

Ce fut à cette charge, où il se battait vaillamment, que « le duc de Bourbon fut blessé d'un coup de sabre à la main et obligé de se retirer à cause du sang qu'il perdait, ce qui laissa au duc d'Enghien le commandement de cette cavalerie pendant le reste de l'affaire[1] ».

Enfin, un commandement ! Non pas que le prince se réjouît de la blessure de son père – on verra au contraire à quel point il était inquiet –, mais enfin, son grand-père lui faisait confiance !

« La cavalerie patriote fut sabrée en grande partie, continue le prince de Condé, et de ce moment les pièces de canon furent à nous.

1. Journal de Condé.

Le duc d'Enghien en prit une lui-même, après avoir reçu deux coups de baïonnette dans sa redingote et poursuivit les ennemis assez loin.»

Le duc d'Enghien portait ce jour-là l'uniforme de son régiment d'infanterie (dont il avait été nommé colonel le 17 juillet 1788). Quand son grand-père le vit revenir avec ces vêtements percés de coups de baïonnette, il s'écria avec attendrissement: «Voici des boutonnières qui appellent une croix de Saint-Louis. Nous la demanderons au Roi.»

Même Würmser vint féliciter le prince de Condé. «Eh bien, monsieur de Würmser, comment trouvez-vous ma petite armée? lui demanda le prince. – Monseigneur, répond Würmser, elle grandit au feu.»

La déception fut d'autant plus forte quand Würmser ordonna la retraite des condéens pour occuper lui-même le village.

Après quelques jours de répit, la bataille fait de nouveau rage. «Le prince de Condé désirant que ses enfants partageassent les dangers et la gloire de la noblesse les avait envoyés sur les points où il ne pouvait se trouver lui-même[1].»

Des deux côtés, les Français font preuve d'un égal courage. La partie de cavalerie commandée par le duc d'Enghien est sauvée grâce au sang-froid de son jeune chef: «Par la perspicacité de son coup d'œil, il épargna à ses cavaliers une charge inutile, où la moitié auraient pu être hachés et mitraillés. On tira sur lui de nombreux coups de fusil. Il les essuya le sourire aux lèvres et revint lentement, sans se presser, vers les siens, tandis que les balles sifflaient autour de lui[2].»

Dans ces combats au corps à corps, ce cabotin prouve, si c'était utile, qu'il a bien du sang de héros dans les veines.

Sa bravoure au combat lui vaut la fameuse croix de Saint-Louis. La nomination officielle de Louis-Antoine-Henri de Bourbon-Condé, duc d'Enghien, est entérinée sous le nom de l'enfant roi, Louis XVII.

---

1. Général d'Ecquevilly, *Journal des campagnes de la division aux ordres de S. A. S. Mgr le prince de Condé.*
2. Welschinger, *Le Duc d'Enghien.*

Une lettre de Condé à son fils confirme cet honneur ainsi que les détails pittoresques des démarches à faire pour coudre les nouvelles épaulettes :

« Vous voilà lieutenant général et d'Enghien maréchal de camp. Ainsi, faites mettre tous les deux des étoiles de plus à vos épaulettes (vous trois et d'Enghien deux) ; si vous n'avez pas de brodeurs à Rastatt et à Karlsruhe, il y en a un très bon à Mannheim. Il faut vous adresser pour cela à M. Steingel, marchand, place du Marché, à Mannheim. Ce n'est que des étoiles toutes brodées à demander ; votre valet de chambre les coudra fort bien sur vos épaulettes. Si vous voulez des épaulettes neuves, il faut écrire au même homme ; c'est un peu cher, cela coûte soixante francs la paire. [...]

« J'ai, de plus, une croix de Saint-Louis toute prête pour d'Enghien, et dès qu'il pourra venir, j'aurai un double plaisir à le voir et à le recevoir. »

Et le plus joli vient maintenant :

« Vous verrez par les lettres qu'il faut que votre fils se munisse d'une troisième étoile pour l'afficher incessamment mais pas tout de suite[1]. »

1. 7 février 1794.

CHAPITRE V

Il est amoureux

Après cette campagne, le duc d'Enghien tombe malade. Transporté à Lahr, il écrit à son père une longue lettre[1] à propos de sa tumeur-fistule. On lui découvre une bonne dose d'humour et une verdeur de langage très Ancien Régime :

« Vous avez la bonté de supposer la seule excuse passable que je puisse vous donner de mon silence et je suis bien sensible à cette bonté de votre part ; je ne chercherai point à inventer quelque autre meilleure raison, avec cela ne croyez pas que les charmes de Lahr, que les boudoirs d'Ettenheim, m'aient fait un seul instant oublier, mon cher papa, non je serais au désespoir de cette idée. [...] À propos de gloire, ces vers de M. de Cassini sont bien détestables. Comment a-t-on l'imbécillité de faire imprimer une pareille rhapsodie de tout ce qui a déjà été dit si souvent. Il n'y a pas une idée, pas un vers heureux aussi en ferai-je digne usage et ce ne sera pas long car il n'est pas un demi-quart d'heure que je me suis incorporé le lavement. »

Bref, le prince, après un dîner copieux chez l'abbé d'Ettenheim, a attrapé une bonne indigestion. Or, depuis une semaine, « si vous permettez, poursuit-il, que je vous entretienne de cet indécent détail, j'avais [...] le derrière piteusement écorché ».

Monter à cheval n'arrange pas la plaie : « Depuis deux jours il m'était venu une inflammation dure, enflée et très douloureuse

1. 11 décembre 1793. Rappelons que cette lettre est inédite, comme le sont la majorité des lettres citées dans ce volume : certaines en partie, d'autres en totalité.

dans la fesse droite. Je crus d'abord que c'était un clou, mais point du tout, le siège du mal s'est resserré dans un coin de ma fesse, cela a enflé gros comme un œuf de poule. C'était fort douloureux et cela me donnait un peu de fièvre le jour du bon dîner. J'ai mangé comme je le pouvais sur une fesse.»

Arrive alors un «on» énigmatique:

«Comme j'étais à Ettenheim, on n'a pas voulu me laisser revenir dans un état aussi affreux. On m'a forcé à me coucher dans un bel et bon lit où thé, bouillon, tisane m'ont été présentés par la main des grâces où l'on a eu bien soin de moi jusqu'au lendemain.»

Les relations avec ce «on» sont, à mon avis, assez évidentes!

«Peut-être par parole pourrai-je vous dire mille et mille petits détails intéressants de ces riens qui sont beaucoup selon le sujet. Les boudoirs, les déshabillements, les nuits même n'en seront peut-être pas épargnés mais, cher papa, confier au papier ce serait par trop fort. Vous pardonnerez n'est-ce pas à mes maladresses; le gros pâté du haut de la page n'est pas le seul, il y en a le triple sur mes draps, mais n'importe, cela vient de ce que je n'y vois pas encore bien clair, j'ai encore un peu de fièvre dans l'œil.»

En tout cas, le 9 janvier, il semble aller mieux car, après s'être inquiété de la main blessée de son père et après lui avoir répété à quel point il était triste d'être loin de lui, il précise ses relations avec «on»:

«Vous savez mieux que moi, cher papa, le plaisir qu'on sent à retrouver jolie petite tournure séduisante qui a dit *oui*. Tout est calmé à présent jusqu'aux douleurs que me faisait éprouver mon malheureux derrière.»

Enfin le 21 janvier, de Lahr: «Je crains bien, cher papa, d'être encore une semaine entière dans l'impossibilité totale de voyager en voiture, la plaie que l'on m'a fait est énorme et très profonde. Elle suppure encore aujourd'hui de manière à percer neuf serviettes qu'on a mises entre mes draps et mes bandes. Ce sera long et je compte bien en avoir pour un mois avant que cela ne soit totalement refermé.»

Cette lettre n'est pas signée mais le prince signe rarement. Au dos, de sa main: «À Monsieur, Monsieur le duc de Bourbon, à

Rastadt. » Le cachet en cire, noir, semble représenter un H majuscule alors que d'autres cachets sont de cire rouge et frappés aux armes des Condé.

Autant le prince est précis à donner des détails de sa maladie, autant il reste flou sur la jolie tournure qui a du charme à Lahr. Que s'est-il passé dans les boudoirs d'Ettenheim ? Qui s'y déshabille, occupe les nuits du prince et apporte tant de grâce à le coucher dans un lit jusqu'au matin ?

Les amours du duc d'Enghien sont voilées d'un certain mystère. Rien ne nous est signalé jusqu'à son séjour à Turin. Et là encore, les renseignements qu'il nous donne dans son journal sont bien maigres : il aime danser, les bals lui ont appris de mystérieuses « bonnes choses » et il trouve que les femmes sont « mieux » que les hommes.

Que son cœur ne soit pas encore pris ne signifie pas qu'il soit resté puceau : les Condé sont précoces.

En tout cas, il se passionne pour la perte du pucelage de ses cousins : le duc d'Angoulême est-il libre de ses actions ou encore innocent ? demandera-t-il à son père[1], installé à Londres comme le fils aîné du comte d'Artois.

Quelques mois plus tard, c'est lui qui informera le duc de Bourbon sur le duc de Berry :

« Les malins disent que Sa Majesté lui a arrangé une petite intrigue pour la perte de son p. chose qu'il a consommée ici à la hâte, par les soins empressés du virtuose Marrin dans les bras de la petite Augustine[2]. »

Le duc d'Enghien ressemble-t-il à son grand-père ? Le prince de Condé a plutôt un caractère monogame : la princesse de Monaco, sa maîtresse, deviendra sa femme après plus de quarante ans de vie commune. On lui prête des aventures, mais c'est Mme de Monaco qui reste à ses côtés et qu'il nomme régulièrement dans son journal.

1. Au duc de Bourbon, 3 octobre 1795.
2. 6 mars 1796.

Ressemble-t-il à son père? Le mariage du duc de Bourbon n'aura duré que le temps d'une saison. Depuis, il multiplie les aventures sans être difficile: il se sert où il se trouve, n'éprouve aucun attachement durable et ne semble avoir qu'un seul objectif: la quantité.

Comme le veut son époque, le jeune prince est un épicurien. En dehors de la chasse à quoi il voue la même passion que son père, il aime par-dessus tout les fêtes du carnaval qu'il omet rarement d'évoquer dans son journal et ses lettres.

À Turin, les princes de Condé avaient participé au spectacle protocolaire, en usage les trois jours gras, une promenade de deux heures environ à travers la ville, quelque six cents carrosses suivant le cortège de la famille royale abritée sous de grands parasols cramoisis, ornés de broderies et de franges d'or.

Au carnaval 1791, pendant que son grand-père travaillait dans son cabinet, le duc d'Enghien galopait jusqu'à Mannheim pour se rendre au bal.

Pour le carnaval 1796, le jeune prince dansera à Fribourg:

« Je suis l'aimable invitation que me fait la princesse de passer à Ettenheim ou environs les jours gras; on a des projets de danser qui font que vu la pénurie de jeunes gens, je suis ici un *bonovolio* fort utile. Le mercredi des Cendres me ramènera à Mülheim et je réparerai dans le carême mes fredaines du carnaval[1]. »

Tout en notant, amusée, que le prince est bien conscient des pénitences du carême qui suivent immanquablement les jours gras, je remarque aussi la présence d'une princesse à Ettenheim.

Au carnaval de 1797, le prince de Condé écrira au duc de Bourbon que son fils vient de passer son carnaval à Ettenheim, « car la gloire n'a pas éteint en lui l'amour du plaisir ».

Cette année-là, le duc d'Enghien fera quelques confidences à son père:

« Je vous rends grâce, cher papa, du thé que vous m'avez envoyé, il m'a paru excellent et a eu l'approbation de tous les connaisseurs, nous en prenons souvent et avec délice. J'en ai fait hommage d'une

1. Au prince de Condé, 2 février 1796.

boîte à Mlle de Rohan. J'espère que vous ne trouverez pas mauvais que j'en aie fait cet usage d'autant que tout bien calculé, il n'est pas perdu pour moi. J'ai passé chez elle les dix derniers jours du carnaval, nous y avons beaucoup dansé ainsi qu'à Fribourg où les bals masqués ont été assez agréables[1]. »

Mlle de Rohan est nommée !

On a tout dit de ces amours princières : les amoureux seraient restés seulement des amis, ils se seraient mariés après avoir observé la plus parfaite chasteté, ils auraient été amants mais jamais mariés, ils auraient été mariés après avoir été amants.

La date du mariage, selon les ouvrages, oscille entre 1797 et la fin de 1803. Tantôt ils sont mariés par le cardinal de Rohan, tantôt par l'abbé Weinborn. Si mariage il y a eu, il est resté secret évidemment, sinon nous n'aurions pas cet éventail fantaisiste.

Il n'existe aucun document écrit prouvant cette union, excepté des fantômes de papiers brûlés, perdus ou imaginés.

Charlotte de Rohan-Rochefort est née à Paris le 25 octobre 1767. Elle est de presque cinq ans plus âgée que le duc d'Enghien.

D'après les portraits que j'ai vus d'elle, et malgré les descriptions enflammées de quelques biographes, je ne trouve pas Charlotte d'une grande beauté. Sur une miniature conservée à Chantilly et qui la montre de face, elle est même laide. La mode romantique s'acharne à mettre sur ses traits une douceur mièvre que je ne retrouve pas dans son caractère : elle m'apparaît énergique et passionnée.

Sa mère dont le salon, rue de Varenne, est très à la mode dans les années qui précèdent la Révolution, a des points communs avec la duchesse de Bourbon dans son goût pour les idées nouvelles que Charlotte ne semble pas partager.

La tante de Charlotte, Mme de Marsan, née princesse de Rohan-Soubise, gouvernante des enfants de France, présente sa nièce à la sœur de Louis XVI, Madame Élisabeth, qui n'a que trois ans de

1. 6 mars 1797.

plus que Charlotte. Les deux jeunes filles paraissent s'apprécier, sauf que Charlotte, plus attachée aux joies terrestres, ne partage pas la ferveur mystique de la princesse royale.

Charlotte est une des premières à émigrer avec son père et son frère Henry. Sa petite sœur, sa mère et ses deux autres frères restent en France se croyant à tort protégés par leurs idées libérales. Son frère Jules sera amalgamé aux condamnés de l'affaire des Chemises rouges, guillotiné dans la grande fournée (cinquante-quatre en chemise rouge) du 29 prairial de l'an II (17 juin 1794) et enterré dans les fosses de Picpus[1].

Le troisième frère est l'ancêtre de Mme Kottulinsky.

Certains affirment que Charlotte était présente au baptême du duc d'Enghien à Versailles. Je doute qu'elle ait fait grande impression, ce jour-là, sur ce prince de douze ans et demi.

Elle l'a probablement rencontré lors du séjour éclair des princes de Condé en 1792 à Ettenheim où elle s'était installée sous la protection de son oncle et parrain, le cardinal de Rohan. Elle ne porte aucun jugement sur l'affaire du collier et voue à son oncle une grande affection. Elle vivra chez lui jusqu'à la mort du prélat en 1803.

Qu'elle soit tombée amoureuse du prince et que lui se soit laissé charmer par sa lointaine cousine, c'est évident. Mais le duc d'Enghien, trop accaparé par le bonheur de se battre, ne pense pas à l'amour comme à l'essentiel de sa vie. Son immobilité forcée, en décembre 1793, lui permet d'engager une idylle avec Charlotte.

Pour ceux qui auraient des doutes sur la nature de leurs relations, voici ce qu'écrit le duc d'Enghien à son père :

« Comme amusement je n'ai rien perdu à ne pas aller à Karlsruhe pour les jours gras car je me suis décidé pour Ettenheim où l'on s'est occupé de mes plaisirs dans tous les genres, comme vous pouvez bien penser. Nous y avons beaucoup dansé, beaucoup joué de proverbes, beaucoup bu, beaucoup mangé, enfin mené ce qui s'appelle la belle vie[2]. »

---

1. Florence de Baudus, *op. cit.*
2. 11 février 1796.

Son idylle avec Charlotte est loin d'enchaîner le prince qui confie volontiers à son père d'autres secrets d'alcôve :

« Je suis brouillé avec Mlle de Maran pour cause de jalousie. J'ai été inconstant, elle a pris Seran pour se consoler. Je jouis dans ce moment des appâts de la petite suivante du conseiller votre voisin. J'en suis enchanté, elle est charmante, noire et jaune, sauvage, tendre, caressante, c'est un composé fort piquant. J'aurais cru à de grandes difficultés, pas du tout, l'affaire s'est arrangée tout de suite[1]. »

À Bühl, c'est d'une mystérieuse comtesse qu'il s'agit :

« La ressource de la belle comtesse nous manque mais elle finira par quitter son séjour de Karlsruhe où elle prétend s'ennuyer à la mort et nous revenir[2]. »

À Nonnenwihr, en attendant de se battre : « Je suis à merveille dans mon château logé comme à Chantilly, dansant presque chaque soir soit à Ettenheim soit avec mes baronnes à cent pas du Rhin. [...] Avec cela j'attends le moment où il faudra coucher dehors[3]. »

... Ou ailleurs : « Votre Mülheim est toujours le même, [...] les filles de plus en plus complaisantes[4]. »

Le prince de Condé ne s'alarme pas de cette liaison avec Charlotte, qui n'en est qu'une parmi d'autres, chose naturelle pour un prince en cette fin de siècle. Et puis, les lettres de son petit-fils le rassurent sur la hiérarchie de ses affections tout en nous donnant des détails savoureux sur l'organisation de ses soirées :

« Ce qui fait que je donne un bal, c'est que valsant presque tous les soirs avec les baronnes, j'ai dit à M. le duc de Berry que je le ferais valser le jour qu'il viendrait dîner chez moi et que Mlle de Rohan a trouvé cette occasion commode pour faire connaissance un peu plus avec lui et avoir une occasion de l'engager à venir danser à Ettenheim comme vous savez qu'il le désire. Le bal n'est pas même chez moi. [...] La seule différence c'est que c'est moi qui paierai les violons et le thé et les autres fois cela a été les baronnes.

---

1. 20 septembre 1795.
2. 17 janvier 1796.
3. Au duc de Bourbon. 18 avril 1796.
4. 12 novembre 1796.

«Je crois que j'irai à Ettenheim samedi, encore n'est-ce pas sûr, et c'est bien à vous, cher papa de me faire dire quand vous voulez venir. La fête est trop complète pour moi ce jour-là pour que je n'y sacrifie pas toutes les autres sans regret. Soyez sûr de cette vérité-là[1].»

Pourtant le patriarche prend ombrage de cette présence qu'il voit grandir dans la vie de son petit-fils: il nourrit des projets de mariage pour son héritier, et aussi charmante soit-elle, Charlotte ne satisfait pas son ambition. C'est vrai qu'il a lui-même épousé une princesse de Rohan-Soubise, mais les temps ont changé et le nom de Condé ne sonne plus comme dans l'Ancien Régime. Pour que le duc d'Enghien garde son prestige de prince du sang, il faut impérativement qu'il épouse une princesse royale.

Il est d'abord question de la princesse Caroline, fille du margrave de Bade à qui le prince de Condé pensait depuis son passage à Karlsruhe en 1791. Pourquoi pas? se dit le duc d'Enghien.

«Il est, je crois, impossible, écrit-il au comte de Foucquet, que Mme la princesse héréditaire n'ait pas remarqué le plaisir que j'avais à faire sa partie, à danser avec elle. [...] Je ne vous cacherai pas que tout cela a fait naître dans mon cœur un espoir qui, fol au premier abord, n'est pas cependant déraisonnable[2].»

Charlotte pèse peu encore dans le cœur du prince.

Un an plus tard, la princesse Caroline épouse le duc des Deux-Ponts. Blessure dont le duc d'Enghien avoue porter une trace légère:

«Le bruit public m'avait déjà instruit, Monsieur, du mariage projeté. [...] Je viens d'en recevoir la douloureuse confirmation. [...] Il est cruel pour moi de voir anéantir pour jamais la douce espérance que je me plaisais à conserver au fond de mon cœur. [...] Je ne vous dissimulerai pas, que malgré deux années d'absence et de silence, mon cœur se flatte encore de n'être pas entièrement effacé du souvenir de Mme la princesse Caroline[3].»

1. 20 avril 1796.
2. 8 décembre 1796.
3. Au comte de Foucquet.

Vite consolé, il n'hésite pas à mêler dans une même lettre à son père Caroline... et les autres :

« La princesse Caroline de Baden épouse dans trois jours le duc des Deux-Ponts. [...] Quant à moi, j'avoue qu'il m'est assez égal. L'absence avait effacé à peu près toute impression.

« Dites-moi donc, je vous prie, ce que c'est que cet amour de Mme de... pour moi. Est-ce un amour pur, dénué de tout atome terrestre, ou bien un ancien ressouvenir de convenances physiques. Quant à moi, je n'y comprends rien, mais je suis fort décidé à m'en éclaircir à la première occasion, et fort disposé à faire un micmac de l'un et de l'autre. Ayez la bonté de lui demander quelqu'explication de ma part, et si vous jugez que l'article de ma lettre ne soit pas un peu hasardé de lui faire une proposition dans ce genre[1]. »

Le duc d'Enghien est toujours d'accord pour obéir à son grand-père mais n'entend pas se priver de la compagnie agréable de Charlotte tant que cela reste possible. Du lac de Constance, il écrit le 5 août 1797 à son père :

« J'y vais [à Ettenheim] toujours rabâcher avec plaisir en attendant que le devoir m'attache ailleurs. Mon grand-père paraît beaucoup s'occuper de ce dernier article. Jusques à présent ses vues se tournent sur une sœur cadette de Caroline appelée Frédérique, très protégée par la Russie. [...] Il m'a tâté plusieurs fois sur cet article, je ne lui en ai jamais montré d'éloignement ni pour la chose ni pour l'objet, de sorte que si au mois d'octobre il faisait un voyage soit à Pétersbourg, soit qu'un autre voyage le mît à portée d'en écrire ou parler, je crois qu'il pourrait bien entamer cette affaire. »

Charlotte supporte tout cela et tremble chaque fois qu'elle a vent d'un nouveau projet. En octobre 1797, quand le prince de Condé décide d'envoyer son petit-fils en Russie, croyant que la rupture définitive est consommée, elle lui écrit cette lettre d'adieu digne, lucide et désespérée :

1. 6 mars 1797.

« Je vous demande pardon de ne vous avoir pas entendu plus tôt. Je vous aurais épargné une correspondance qui vous coûte sans doute. Il doit être pénible d'exprimer ce qu'on ne sent plus. [...]

« Je vous remercie du sentiment qui vous a porté à prolonger une erreur à laquelle j'ai dû quelques instants de bonheur. Elle ne pouvait pas durer, je ne vous en veux pas de l'avoir fait cesser. Changer est un malheur, tromper serait un tort et votre franchise, quelque déchirante qu'elle soit, vous donne au moins les droits de mon estime.

« [...] Il n'était que vous qui puissiez m'éclairer sur vous. Je le suis aujourd'hui et cette lettre sera la dernière que vous recevrez de moi. Je mets du prix à conserver les vôtres. Je tiens au seul bien qui me reste. Cependant, si ce sacrifice est encore nécessaire, si vous le désirez, j'en aurai le courage. Quant à celles qui vous restent de moi, n'intéressant plus votre cœur, elles peuvent flatter votre amour-propre. Ce n'est pas à ce titre que vous voudriez les garder. Au reste, je ne fais aucune demande sur cet objet, vous ferez ce que vous croirez devoir faire.

« Ne m'oubliez pas tout à fait. Croyez que, dans tous les temps, mon cœur sera toujours le même. Il est des impressions qui ne s'effacent pas, il est des souvenirs qu'on aime à conserver.

« Adieu, soyez heureux, vous qui pouvez l'être encore. Il n'est plus que votre bonheur qui puisse me consoler de tout celui que j'ai perdu.

« Adieu, adieu, que ce mot me fait mal ! Est-il possible que ce soit le dernier ? »

Loin de toute sentimentalité, avec quel cœur déchiré Charlotte libère celui qu'elle aime, préférant lui donner son indépendance plutôt que de le pousser à la tromper !

Charlotte ignore que ses adieux ne sont pas définitifs.

Mais nous ne sommes qu'en 1794.

CHAPITRE VI

Il s'ennuie à mourir

En mars 1794, le duc d'Enghien, guéri, rejoint son grand-père. Pendant les années 1794 et 1795, il va rester attaché à l'état-major avec le commandement de la cavalerie. Il porte désormais l'habit gris de fer de l'état-major général, longue redingote à deux rangées de boutons dorés, collet rabattu rouge écarlate aux fleurs de lys d'or à quoi s'ajoutent, sur sa poitrine, la plaque du Saint-Esprit et la croix de Saint-Louis. Au bras gauche, le brassard orné des trois fleurs de lys noirs.

Dans les réserves du château de Versailles, une énorme statue du prince, offerte par le duc d'Aumale en 1843, attend qu'on veuille bien lui redonner une place plus digne. Il est en uniforme, un manteau drapé sur une épaule, l'attitude noble, le visage fin mais viril. Je suis infiniment séduite. Quel dommage que seules les araignées puissent l'admirer !

On le dit doux de caractère mais très actif, porté à des attachements solides et raisonnables. Il a de l'esprit sans aucune prétention ; vif dans ses actions et ses mouvements, il ne se montre ni emporté ni violent. Sa tête n'est jamais plus froide que dans les événements qui échauffent, en général, celle des autres hommes ; sa passion dominante reste celle qu'il cultive depuis qu'il est en âge de raisonner : l'amour de la gloire.

Ces deux années vont laisser l'armée de Condé dans une inaction pénible.

Et pourtant, un changement de régime en France ne peut se faire que par des succès militaires. Si le pouvoir de la jeune République est issu des émeutes populaires internes, il est inimaginable de voir un monarque rétabli de cette manière. Bonaparte devra son trône à ses victoires militaires, il le perdra par ses défaites.

Le prince de Condé sait qu'il n'a de chance de rendre la France à son souverain légitime qu'en se battant contre la République. Mais comment obtenir le strict nécessaire pour garder son armée « opérationnelle » ?

Au comble du dénuement, le prince de Condé entreprend des démarches auprès du gouvernement anglais. Le ministre Pitt pense, avec beaucoup de clairvoyance, que si la guerre continue à favoriser les rangs républicains, le pouvoir risque de tomber entre les mains d'un général qui aurait tout intérêt à faire durer le conflit et c'en serait fait de la paix européenne. Ce n'est donc pas par sympathie que Pitt envisage de porter secours à l'armée d'émigration mais pour sauver son propre pays.

Mai 1794 se passe sans combats pour l'armée de Condé. Confinés à la garde du Rhin tandis que les alliés entrent en campagne dans le Nord et que le Tribunal révolutionnaire fait régner la Terreur dans Paris, les condéens se morfondent dans un service de patrouilles et d'avant-postes et apprennent, la rage au cœur, l'avancée des armées républicaines conduites par Pichegru.

L'annonce de la chute et de l'exécution de Robespierre, le 28 juillet, ranime la confiance chez les émigrés. Le désespoir né de leur désœuvrement conduit certains à tenter un retour en France à l'aide de faux certificats de résidence. Quelques-uns réussiront à sauver leur fortune et leur vie mais la plupart périront sur l'échafaud.

À ne rien faire non plus, le duc d'Enghien a du mal à garder la patience qu'affiche son grand-père. Et bien sûr, il ne perd aucune occasion de se distraire, ce qu'observe le prince de Condé avec une tendre indulgence. Le 1er novembre, après la grand-messe à la paroisse et un dîner (n'oublions pas qu'il s'agit du déjeuner) chez le duc de

Berry, qui est à l'armée depuis l'été, les deux cousins se rendent «à une petite assemblée de jeunesse, écrit le patriarche dans son journal, qui se tenait à Karlsruhe chez la princesse héréditaire [de Bade] pour amuser ses filles; la vivacité de l'âge et du caractère de ces deux jeunes princes ne leur donnait pas le temps de sentir tout leur malheur; il était cependant plus grand que le mien, puisqu'ils avaient plus de temps à vivre».

Non Monseigneur! Ni l'un ni l'autre n'atteindront votre âge: vous verrez fusiller votre petit-fils, et, deux ans après votre mort, le duc de Berry sera assassiné.

L'année 1795 s'ouvre dans l'angoisse. L'hiver est d'une violence intense. Le Rhin est gelé et d'autant plus difficile à garder qu'on peut le traverser facilement. Le 21 janvier, le prince fait célébrer un office des morts en mémoire de Louis XVI: «Nous n'avions pas pu remplir ce devoir en 1794, précise-t-il, parce qu'on nous avait fait marcher ce jour-là.»

Le comte d'Artois a rejoint l'Angleterre. Les tractations avec le gouvernement anglais se poursuivent. Les premiers secours apportés de Londres par le jeune chevalier de Bouillé ont vite été dépensés. Il faut faire de nouveaux sacrifices et le prince de Condé décide, la mort dans l'âme, de renvoyer la garde de noblesse qui assurait sa protection.

Le 12 mai, c'est la triste annonce que le roi de Prusse a signé une paix à Bâle avec la République française. Seules l'Autriche et l'Angleterre restent en guerre. «Ma seule et véritable espérance, gémit Condé, était qu'on finirait par me lâcher en France, pour y faire ce que je pourrais.»

Le journal du prince de Condé s'arrête brutalement le 20 mai 1795. Il ne raconte donc pas la nouvelle tragédie qui, le 16 juin, accable les émigrés: la mort de Louis XVII, huit jours plus tôt, dans sa prison du Temple.

Quels qu'aient été les sentiments des uns et des autres sur la réalité de cette mort, à ce moment-là, le prince de Condé ne peut laisser planer le doute, les émigrés ont trop besoin d'un roi légitime et vivant.

À dix heures du matin, en pleine nature, au camp de Mülheim, situé à quelque distance de la rive droite du Rhin, entre les villages de Neubourg et de Steinstadt, le prince de Condé arriva, accompagné de ses états-majors et aides de camp, et trouva une partie de son armée (dont le surplus était resté aux postes et cantonnements pour la garde du Rhin) rangée en bataille, comme il l'avait ordonné, et formant les trois côtés d'un carré, et sur trois lignes; un autel adossé contre un bois formait la quatrième ligne du carré.

Dans cette atmosphère, misérable parce que la pauvreté des célébrants ne pouvait déployer aucun faste, mais grandiose parce que les arbres et le ciel, les chevaux et les oiseaux, tout le monde végétal et animal, participaient de ce deuil, fut célébré un service pour le repos de l'âme de Louis XVII, roi de France et de Navarre, en présence de Mgr le duc de Berry, petit-fils de France, de Mgr le prince de Condé, prince du sang royal de France, de Mgrs les ducs de Bourbon et d'Enghien, princes du sang royal de France.

Après la célébration, le prince de Condé prononça un discours:

«Messieurs, Mgr le duc de Berry m'ordonne de prendre la parole.

«[...] Ce n'est malheureusement pas la première fois que j'ai eu à vous rappeler qu'il est de principe que le Roi ne meurt pas en France. [...]

«Nos vœux vont se manifester par ce cri qui part du cœur, [...]

«Messieurs, le roi Louis XVII est mort.

«Vive le roi Louis XVIII!»

Et ce cri de *Vive le Roi!* fut repris à pleins poumons le long de la ligne du Rhin afin que les républicains, qui campaient de l'autre côté du fleuve, l'entendissent bien.

Le prince de Condé se retourna alors vers l'autel et les aumôniers militaires entonnèrent le psaume *Exaudiat* et le *Domine salvum fac regem.*

Oubliés tous les ressentiments que les uns ou les autres avaient pu garder contre le comte de Provence maintenant qu'il est le roi, oubliée sa sympathie pour la Révolution dans ses débuts, oubliés son scepticisme religieux et son peu d'attrait pour les armes. La force du sentiment monarchique était si forte chez les émigrés, comme chez le prince de Condé et le duc d'Enghien, qu'elle balayait toutes les rancœurs. Les vieillards comme les tout jeunes pleuraient leur jeune roi, criaient leur respect à leur nouveau souverain et chantaient sans cacher leurs larmes.

Le procès-verbal de cette cérémonie, avec huit signatures dont celle du duc d'Enghien, fut renfermé dans une double enveloppe avec les huit cachets en cire noire des princes et généraux signataires [1].

L'empereur Léopold ne manifeste aucune sympathie au nouveau roi de France, et la Prusse, toujours à la botte de l'Autriche, agit de même. L'Angleterre, dans la mesure où le roi accepterait des mesures libérales, accepterait de l'aider à retrouver le trône. Seule, comme d'habitude, la Russie, sans poser aucune condition, reconnaît officiellement Louis XVIII.

Enfin, l'Angleterre envoie de nouveaux subsides à l'armée de Condé, mais comment se réjouir alors que les journaux républicains, qui parviennent aux émigrés par Bâle, leur apprennent la tragédie survenue chez leurs frères d'armes fusillés par les républicains, le 27 juin 1795, à Quiberon?

Le drame des royalistes français de l'Ouest est au cœur des princes de Condé et des émigrés. Tout le monde, à commencer par le prince de Condé, désire cette destination qui paraît réservée au comte d'Artois, attendant, à Londres, que le gouvernement britannique lui donne les moyens de se rendre en Vendée.

Manque d'enthousiasme chez Monsieur? Les émigrés se rendent compte surtout que l'Angleterre cherche à éviter un rapprochement entre eux et les Vendéens: au goût du gouvernement britannique, la France n'est pas encore assez affaiblie et il n'est pas si mauvais de voir le régime révolutionnaire épuiser les ressources françaises.

Les royalistes de l'Ouest, de leur côté, appellent de tous leurs vœux la venue d'un Bourbon parmi eux, mais plus que le nom d'Artois, c'est celui d'Enghien qui soulève l'enthousiasme et même

1. Ce document est aujourd'hui conservé aux Archives nationales.

les fantasmes. Certains chouans croient le voir où il n'est jamais allé ; au printemps 1794, dans le Maine, un certain M. Jacques (Jacques de la Mérouzière) est apparu et des bruits ont couru qu'il était le duc d'Enghien. La rumeur a vite été démentie mais pas la conviction, chez les chouans, que ce prince a la personnalité nécessaire pour sauver la France.

C'est finalement le duc de Bourbon, à l'appel du comte d'Artois, qui s'embarque le 30 juillet pour l'Angleterre, avec le marquis de Vibraye, le comte d'Auteuil et les quatre officiers attachés à sa personne, en vue d'un débarquement en Bretagne avec Monsieur.

Tous les émigrés l'envient.

Le prince s'embarque pour Yarmouth le 30 août, avec le réel désir d'offrir sa vie, à laquelle il ne se dit attaché « qu'autant qu'elle pourra être utile à mon roi et à ma patrie ».

Arrivé en Angleterre à la fin de septembre, il est conscient que « vu l'avancement de la saison », l'expédition n'aura pas lieu cette année-là.

Jamais le duc de Bourbon, ni le comte d'Artois, n'aborderont les côtes bretonnes.

Loin de penser que son père pourrait être tenté de se dérober à son devoir, le duc d'Enghien brûle de le voir arriver en France :

« Ce mercredi 12 août 1795,

« [...] Quand vous recevrez cette lettre cher papa, vous serez peut-être déjà au milieu des braves et respectables chouans. Vous serez peut-être en train de marcher sur Paris, vous aurez peut-être cent mille hommes à vos ordres, j'envie un peu votre sort, ou du moins le bonheur de ceux à qui il est permis de le partager avec vous. Et nous, si nous ne restions pas du moins à ne rien faire, mais rien ne bouge. »

De Mülheim, le dimanche 23 août 1795 :

« Vous trouverez à la Vendée une manière de penser différente et plus conforme à la vôtre. Il paraît que les désastres de Quiberon n'arrêteront pas la descente de lord Moira qui seulement s'exécutera avec un nombre d'hommes suffisant et des précautions plus grandes. Les Anglais d'ici nous assurent que ce revers ne dérangera aucune des résolutions antérieures et que vous arriverez en France ainsi que Monsieur, je le souhaite et que ce soit le plus promptement possible.»

Le 11 février 1796, il espère toujours, retrouvant les rêves de gloire qui le hantent depuis son enfance :

«Nous voilà au printemps tout à l'heure. Irez-vous protéger et donner un chef aux chouanneries de Bretagne ? On les prétend plus fortes que jamais. Je le souhaite pour vous, pour votre gloire, mais je crains les dangers que vous aurez à y courir.»

Mais les nouvelles sont contradictoires et le 22 février, c'est l'inquiétude qui domine :

«Est-il vrai que la Vendée soit aussi mal que tout le monde s'accorde à dire. On prétend que Charette n'a plus personne avec lui et qu'il est absolument réduit. Je crois ce récit enflé et je croirais plutôt que sa politique est d'avoir l'air encore plus faible afin de ne pas s'attirer trop d'ennemis, et par là d'attendre quelque occasion favorable. Serait-ce si mal calculé ?»

Inquiétude justifiée qui dépasse l'espérance :

«Cette nouvelle opération des Anglais aura-t-elle lieu ? Prend-on des moyens pour qu'elle réussisse ? Est-ce enfin de bonne foi que l'on veut soutenir les royalistes. Il est temps ! La prise de Stoflet et de Charette doit les avoir anéantis. Du moins pour un temps nous n'avons point ici de nouvelles de l'exécution de Charette nous le savons toutefois transféré à Nantes mais nous espérons encore[1].»

Le duc d'Enghien commence à comprendre qu'on n'enverra pas son père en Vendée :

«Puisque vous n'êtes parti que pour aller à la Vendée, qu'il me paraît très reconnu qu'il n'y aura aucune expédition de ce côté, et qu'il n'y a aucun moyen d'y aller, je ne vois pas pourquoi on vous retient en Angleterre. C'est une énigme pour moi, mais fort laide, puisqu'elle me prive du bonheur de vous voir.»

1. 18 avril 1796. Au duc de Bourbon.

Quand il sera sûr que son père ne se rendra pas en France, il n'aura qu'un désir, le voir quitter l'Angleterre pour le rejoindre mais cela, il ne l'obtiendra jamais.

C'est une fois de plus dans les larmes que, le 3 mai 1796, les émigrés assistent, à Riegel, à un service funèbre en l'honneur de Charette dont ils viennent d'apprendre la capture et l'exécution. Tous ces officiers, qui demandaient une si pénible hospitalité aux puissances étrangères et qui rêvaient tous de pouvoir se battre sous le ciel français, pleurent celui qui incarnait la résistance dans l'Ouest. Leur émotion est à son comble car Louis XVIII assiste en personne à la cérémonie et rend hommage à son sujet fidèle, mort pour son Dieu et pour son roi.

Dans la famille des Condé, un grave changement s'est produit : la princesse Louise a décidé d'entrer au couvent.

La réaction de son père, de son frère et de son neveu est étrangement unanime : ils sont horrifiés. On sent dans leurs lettres, toutes amères et tristes, que ce qui les fait souffrir d'abord, c'est l'éclatement de la famille dans cette séparation.

Quand on sait que la princesse Louise va courir de couvent en couvent, carmélite puis capucine à Turin, trappistine dans le Valais, visitandine à Vienne, bénédictine en Pologne, pour finir en Angleterre, dans le comté de Norfolk, moitié moniale, moitié femme du monde, on peut se demander si ses parents ne la connaissaient pas suffisamment pour comprendre que sa vocation n'était pas réelle, qu'elle n'était qu'un signe de déséquilibre.

Voulut-elle s'arracher d'elle-même à une affection pour ses parents dont elle jugeait qu'elle l'empêchait d'aimer vraiment Dieu ? On voit bien, dans la sécheresse dont elle fait preuve au moment des adieux, qu'elle refuse les émotions.

Dans les dernières années avant la Révolution, elle avait sacrifié son amour pour le marquis de Gervaisis qui n'était pas de son rang. Passionnément fidèle à son sang Condé, elle en gardera pourtant la blessure.

Quand il avait appris la décision de sa fille, le prince de Condé avait vainement essayé de la faire changer d'avis, évoquant la faiblesse de son genou si souvent cassé, ses larmes de père et cet ordre si sévère du Carmel : « Ah, mon cher cœur, carmélite ! quel ordre avez-vous choisi là ! jamais vous n'en pourrez soutenir la vie [...] c'est vous tuer. Dieu ordonne-t-il qu'on se condamne à ne jamais voir ses parents[1] ? »

Mais comme la princesse s'obstine et qu'elle part pour Turin, son père se soumet sans pouvoir consentir : « Il ne me reste qu'à me renfermer dans ma douleur que me cause une vocation si décidée. Jamais, jamais ma bouche ne prononcera ce mot, j'y consens, mais vous avez trente-huit ans, il ne dépend pas de moi d'arrêter une volonté qui nous sacrifie tous. [...] Allez vous enfermer dans ce cercueil des vivants [...]. Je ne vous embrasserai plus mais je sens pour mon malheur, que je vous aimerai toujours[2]. »

À cette déclaration de tendresse désespérée, la princesse montrera un cœur durement éprouvé mais inébranlable.

En apprenant la nouvelle, le duc de Bourbon écrit à son père le 22 septembre, de Londres : « Non je n'aurais jamais cru que ma sœur prendrait un parti aussi violent, aussi dénaturé, si on osait le dire, car, en vérité, il y a de la barbarie à s'arracher des bras de ses parents malheureux [...] pour aller s'enfermer dans un couvent ; et les abandonner pour toujours. Jamais Dieu ne lui saura gré d'une pareille démarche. »

Le 3 octobre, le duc d'Enghien annonce à son père le départ définitif de la princesse. On le sent malheureux, impuissant à comprendre cette décision :

« Mon grand-père est fort affecté de cette séparation. Il a fait tout au monde pour l'empêcher. Elle y met un raffinement de cruauté pour nous, par l'envoi et les présents qu'elle nous fait de quelques boîtes et gravures qu'elle n'a point emportées et qu'elle nous donne comme si elle n'existait plus et comme par testament. Il y a une boîte pour vous en cristal où est mon portrait étant enfant. »

Le 17 août 1796, d'Enghien apprend qu'elle a quitté la Suisse pour venir en Allemagne et qu'elle n'a même pas voulu les voir.

1. 4 août 1795.
2. 26 août 1795.

«Cette pauvre tante; elle a passé ici près, elle n'a écrit à mon grand-père qu'un mot après être passée. [...] Elle a dit que tout ce qui était dans ce bas monde n'était plus rien pour elle et qu'elle nous espérait bientôt revoir dans le ciel. Quelle exagération, quelle religion outrée! Réellement cela déchire, et fera couler vos larmes.»

Si les Condé ont pris cet événement tellement à cœur, c'est aussi qu'ils se morfondent: l'année 1795 se poursuit et se terminera sans véritables combats. Les avant-postes des patriotes tirent bien quelques coups de feu de leur côté du Rhin auxquels ripostent quelques coups de feu des condéens. Rien qui occupe sainement cette armée d'émigrés affamés d'action et de gloire.

Il leur reste le jeu et la chasse mais les deux dégénèrent dangereusement: on dépense beaucoup plus qu'on ne devrait au jeu, et on met les paysans dans une telle colère en chassant n'importe quoi n'importe comment que ceux-ci tirent sur les émigrés, en blessant certains et en abattant même d'autres.

«Nous ne faisons rien ici, se lamente le duc d'Enghien à son père en décembre 1795. Je le vois bien. Il faut gémir et se taire. Clairfayt [qui commande l'armée autrichienne] a avancé mais les patriotes occupent toujours Coblence et Trèves. Nous sommes toujours arrêtés à Bühl jusqu'à nouvel ordre.»

Avec l'hiver qui promet d'être encore rigoureux, les Autrichiens, conduits par Würmser voulant se venger de ces Français qui avaient refusé d'assister au *Te Deum* chanté pour la prise de Mannheim sur l'armée patriote, ne font rien pour améliorer leur nourriture, leur laissant leurs mauvaises farines.

Jamais les condéens ne voudront s'associer officiellement à une victoire sur leurs compatriotes.

De Mülheim, le 14 novembre, le duc d'Enghien écrit à son père que la pénurie de fourrage est à son comble, que les chevaux sont dans un état lamentable et que la cavalerie ne pourra absolument rien faire avant d'avoir eu quelques semaines de bonne nourriture.

Mais comme le prince de Condé veut protester contre les abus de la chasse, on ne sert aucun gibier à sa table et les officiers, le duc d'Enghien en tête, doivent se contenter de pain infect et de pommes de terre cuites sous la cendre.

En France, le 24 décembre, la Convention fait voter une loi qui enjoint au Directoire exécutif de faire procéder à la vente des maisons et parcs de Saint-Cloud, Meudon, Vincennes et Chantilly.

Les nouveaux propriétaires, Boulée et Damoye, s'empressent de faire démolir le grand château pour tirer parti des matériaux de toute nature. Ils exagèrent à tel point qu'ils sont déchus du bénéfice de leur adjudication.

Le reste du domaine devient alors propriété de l'État.

Dans cette atmosphère si lourde, la bonne nouvelle tombe en vrai cadeau de Noël: le 25 décembre, échangée contre dix prisonniers patriotes, la fille de Louis XVI, Madame Royale, arrive à Bâle, seule survivante du massacre de la famille de France.

Depuis l'été, la princesse était espérée, malheureusement Vienne interdit toute visite même de sa famille. L'Empereur veut-il souligner que Madame Royale est autrichienne autant que Française? Le prince de Condé, indigné, fait tout de même parvenir à la princesse un message de bienvenue par l'intermédiaire de son aide de camp.

Il est temps que 1796 chasse 1795, pense le duc d'Enghien qui espère toujours une réunion avec son père.

«Nous nous équipons lentement, lui écrit-il, mais peu à peu. Les hommes sont ce qu'il y a de moins rare. Si les armes, les selles, etc., allaient aussi vite, nous serions facilement dix mille au printemps. La désertion chez nous n'est pas très forte, et elle est énorme chez les patriotes.»

Le prince de Condé – et là, il faut faire très attention à ne pas juger les alliances et les démissions avec notre mentalité moderne –, le prince de Condé, dis-je, avait ouvert, dès août 1795, des négociations avec Pichegru par l'entremise d'un certain Fauche-Morel, libraire suisse.

Auréolé de ses victoires pendant la conquête de la Hollande, pendant l'hiver 1794-1795, Pichegru s'était vu confier par Barras le commandement de la force armée parisienne, mais les comités se méfièrent de la popularité grandissante de ce général et Cambaceres fut chargé de le renvoyer vers son armée[1]. De l'armée du Nord, Pichegru avait gagné l'armée du Rhin dont il venait d'être nommé le général en chef, mais, blessé par l'attitude des représentants de la Convention, il commença à fleureter secrètement avec les royalistes et rencontra le prince de Condé.

Il communiqua un plan au prince: à la tête de son armée, il avait l'intention de franchir le Rhin pour entrer en Allemagne. Là, aux côtés de l'armée de Condé, il proclamerait solennellement Louis XVIII roi de France en arborant le drapeau blanc. Quatorze jours plus tard, les deux armées entreraient ensemble dans Paris.

Un problème: Pichegru exigeait l'appui du général autrichien Würmser.

Le prince de Condé, en lisant ce projet, le rejeta dans sa totalité: «que Pichegru proclamât le roi sans passer le Rhin, qu'il remît Huningue [place alsacienne], et qu'alors l'armée de Condé, seule, [...] irait le rejoindre».

Quand il connut la position du prince, Pichegru cessa toute négociation avec lui, mais la police autrichienne avait eu vent de ces pourparlers et le prince dut s'en expliquer. Il répéta son refus, expliquant qu'il combattait avec les Autrichiens mais pour le roi de France et que les exigences de Pichegru lui étaient insupportables.

Résultat: Pichegru devint d'autant plus suspect auprès du gouvernement français et le prince le devint auprès de la cour de Vienne.

Cependant, l'armée de Condé campe à Bühl, à une trentaine de kilomètres de Strasbourg. Le prince de Condé, croyant au sentiment royaliste des Alsaciens, envisage de rentrer avec sa seule armée. Würmser, pressenti, impose sa présence, ce que Condé refuse.

On comprend les Autrichiens: ce plan pourrait peut-être réussir!

Et pour couronner cette triste année, le 31 décembre, le prince de Condé apprend que Würmser, promu feld-maréchal, vient de

1. Cambaceres, *Mémoires inédits*. Ces mémoires viennent d'être rendus publics, grâce à Laurence Chatel de Brancion qui en détient le manuscrit et qui explique pourquoi il ne faut pas d'accent à «Cambaceres».

conclure un armistice avec le général Jourdan : les armées conserveront leurs positions respectives. Après le rêve d'une rentrée en France, l'année 1796 s'ouvre sur une interdiction de déplacement.

L'armée condéenne est de nouveau réduite à l'inaction. Il reste les manœuvres mais le froid les empêche souvent et puis, à quoi serviraient-elles pour ces soldats qui ont tous déjà fait campagne ?

Le duc d'Enghien, lui, espère envers et contre tout. « Cette trêve ne paraît plus un préliminaire de paix, écrit-il à son père. On croit à une campagne encore et je ne serais pas éloigné de cette façon de penser qui devient générale. Nous entendons tous les jours le polygone de Strasbourg qui fait trembler nos vitres mais pas nos personnes[1]. »

Mais le voilà de nouveau souffrant et toujours aussi peu avare de détails :

« Depuis quatre ou cinq jours je tiens mes assises dans ma chambre pris par la main et le pied droit. La main, c'est une verrue que j'ai brûlée avec de l'amadou, trop fort apparemment, de cloches en cloches, cela suppure. Le pied droit c'est un gros chien de boucher qui m'a mordu, de sorte que pour terminer la chose promptement je me suis établi la jambe en l'air. Elle va fort bien et j'en serai quitte dans trois ou quatre jours.

« L'enflure et l'inflammation sont dissipées. La main qui durait depuis plus d'un mois s'est trouvée à merveille de ce repos, est absolument guérie, ou du moins le sera avant le pied. Quant au chien, c'était la nuit tâtonnant pour trouver un escalier, j'ai marché sur le corps d'un des enfants de la lice qui est accourue au bruit, et s'est saisi de mon pied qui était le coupable, il n'y a qu'un croc qui soit entré un peu avant, les autres dents n'ont fait que des écorchures[2]. »

Son moral finit par être atteint comme celui de ses compagnons. Nous sommes à la fin du mois de mars et aucune action ne s'annonce.

« Encore ne rien faire cette année, c'est dur. »

Eh bien, il n'est pas prophète car 1796 va être une de ses plus belles années comme militaire.

1. 17 janvier 1796.
2. Au duc de Bourbon, 22 février 1796.

CHAPITRE VII

Il fait ses preuves

C'est le début du printemps.

Enfin son grand-père lui donne «la marque de confiance, d'estime, de tendresse la plus flatteuse» en lui offrant la chose qu'il désirait le plus au monde: le commandement de son avant-garde! La joie du jeune prince éclate dans la longue lettre qu'il écrit à son père:

«Cette tâche m'impose un changement de vie général. [...] Ce n'est plus le volontaire d'Enghien libre de ses actions, jeune tête que l'on croit trop légère pour la charger de rien, courant les filles et les parties de barres, mais bien Mgr le duc d'Enghien, jeune prince rempli de volonté et de désir de bien faire, commandant l'avant-garde de son grand-père, flatté de cette marque de confiance et faisant tous ses efforts pour s'en rendre digne et pour apprendre son métier[1].»

La simple connaissance de la nouvelle l'a déjà transformé.

L'armée applaudit de bon cœur. Le prince a déjà prouvé ses qualités militaires: «Une bravoure froide, impassible, qui laisse à l'homme la faculté nécessaire pour apercevoir à l'instant même le moment d'agir, et pour en profiter, par ce coup d'œil qui juge instantanément les chances du succès et celles des revers, le moyen de profiter des unes et de parer aux autres[2].»

Qualités de chef qui prouvent que son grand-père ne se trompait pas en lui offrant ce poste et qui montrent quel général il aurait pu être.

1. 30 mars 1796.
2. Général Thiard de Bissy, *Souvenirs diplomatiques et militaires*.

Une voix s'insurge, celle du général Vioménil, officier audacieux et compagnon de la première heure, qui accepte mal d'avoir ce si jeune prince comme supérieur, après l'avoir commandé lui-même. Mais son sens de la discipline lui permettra de dépasser cette piqûre d'amour-propre.

À Chantilly, j'ai eu en main un journal de campagne du duc d'Enghien ainsi qu'une correspondance des princes de Condé pour les années 1796-1797, tout cela, encore une fois, absolument inédit.

Ces documents m'aident à voir comment le jeune prince, de guerrier téméraire, va se transformer en chef responsable.

J'ai découvert des trésors pour 1796, année de grande tendresse entre le prince de Condé et le duc d'Enghien, fondée sur la confiance, l'admiration et l'amour réciproques: des centaines de lettres entre le grand-père et le petit-fils – parfois cinq messages par jour – écrites dans la fièvre des attaques, sur de méchants bouts de papier, portés par des ordonnances fidèles, pour rendre compte et demander les ordres. Les griffonnages du prince sont adressés à «Mgr le prince de Condé», mais le plus souvent «à mon grand-père» tout simplement.

Ils ne sont, le plus souvent, séparés que de quelques lieues, mais le grand-père passera des nuits d'angoisse à attendre le staffette – c'est le mot qu'emploient les princes de Condé – qui le rassurera sur son petit-fils dont il apprécie de plus en plus la valeur et l'audace.

Le journal de campagne, très différent de ton des lettres, est rédigé pendant les mois de paix de l'année 1797 : cinquante-quatre pages d'un grand cahier, avec le titre écrit de la main du jeune prince: *Journal détaillé des combats, marches et opérations de l'armée de Condé et particulièrement de l'avant-garde de cette armée pendant la campagne de 1796, avec un précis des opérations générales et des événements qui ont précédé l'ouverture de la campagne.*

À la fin de chaque journée passée à Chantilly à déchiffrer son écriture, à m'attendrir sur l'anarchie avec laquelle le prince continue de mettre ou d'omettre les doubles lettres, sur la fantaisie qui règne dans ses accords de verbes, son absence totale de ponctuation, excepté les points-virgules dont il se sert comme points autant que comme simples virgules, et le refus qu'il oppose à l'emploi des majuscules sauf quand on s'y attend le moins, je remonte en voiture avec le sentiment puissant et troublant d'avoir côtoyé le duc d'Enghien en chair et en os.

Le jeune chef s'installe avec le cantonnement établi le long du Rhin. La mission ne lui semble pas, pour le moment, au-dessus de ses forces. « Je ferai mon possible pour m'en tirer de mon mieux et j'ai bonne espérance si nous agissons », écrit-il à son père.

En fait l'année sera très dure mais le duc d'Enghien a suffisamment d'ancêtres guerriers depuis la nuit des temps pour ne se sentir réellement à sa place que sur un champ de bataille.

Il visite ses nouveaux postes, supprime ceux qui lui semblent inutiles, décrète les chevaux de la cavalerie détestables, observe que « les patriotes paraissent être en très petit nombre sur l'autre rive », écoute les rumeurs qui disent que ce sont les paysans qui montent la garde, alors que lui n'a vu que « des habits bleus », et rend compte scrupuleusement de tous ces détails à son grand-père qui en conçoit une émotion fière : « La maturité que je crois qui s'avance dans votre tête redouble la vive tendresse que j'ai toujours eue pour vous. »

Ce dialogue rempli de confiance tendre se mêle constamment aux informations militaires :

« Je vous remercie, cher papa, de la confiance, de l'intérêt, de la bonté dont votre lettre est remplie. C'est à chaque ligne un nouveau tribut d'amour et de reconnaissance que vous m'imposez. Mais qu'il m'est doux à payer ce tribut et que ne ferais-je pas pour contribuer de tout mon être à votre consolation et au bonheur de votre vie. Je ne vous en parlerai plus parce que cela vous ennuierait, mais c'est par ma conduite que je prétends vous témoigner ma reconnaissance. »

Peut-on être plus respectueusement aimant envers un grand-père que l'on appelle tendrement papa et qui répond sur le même ton ?

« Je sais que vous vous conduisez parfaitement bien, que le duc d'Enghien [...] est à son affaire dans son cabinet comme dehors, en un mot qu'il devient homme et prince ; continuez, mon cher, et je vous aimerai tous les jours davantage. »

Impossible de s'écrire aussi fréquemment et aussi longuement, pense le prince de Condé qui demande à son petit-fils de se conduire par lui-même. « Et tâchez de prévenir les difficultés. [...] Ne m'écrivez que les faits, sans compliments, je répondrai de même. Nous n'avons pas besoin de nous dire que nous nous aimons bien. Nous sommes bien sûrs l'un de l'autre. »

Et le petit-fils se soumet avec le même amour : « Tout en me conduisant un peu pour moi-même, je suis bien aise de vous rendre compte de ce que je fais scrupuleusement de tout ce qui peut avoir quelque conséquence, afin que si vous le trouvez bien vous me le prouviez par votre silence et que si vous trouviez quelque chose à redire vous me le mandiez à votre premier instant de liberté. »

Il me semble essentiel de souligner un tel accord parce qu'il ne résistera malheureusement pas aux épreuves à venir.

La mission du jeune prince n'est pour le moment que d'observation mais comme il voit clair ! Sa position géographique est très proche des patriotes et son absence de conformisme lui permet d'engager la conversation, comme il le raconte à son grand-père :

« Ils demandent à passer et à venir. J'aurais envie de donner un écu à un paysan pour leur mener un bateau. Quand ils sont deux ou trois sans armes, quel inconvénient y aurait-il ? Je ne le ferai pas sans votre permission. Aujourd'hui ils étaient une trentaine, tous très honnêtes. Un caporal est venu pour les faire rentrer. Ils l'ont chassé à coups de pied dans le cul. Ils disent que si le soldat était le maître, la contre-révolution serait bientôt faite mais que ni leurs officiers ni leurs généraux ne la voulaient. Ils en disent le diable et beaucoup (j'y reviens) demandent à passer. Ce genre de recrutement ne serait pas le plus mauvais. »

Tout en approuvant ce que fait son « cher enfant », le prince de Condé continue de soupirer – « quel purgatoire, grand Dieu, que le mien ! » – de n'être qu'un subordonné dans l'armée des puissances alliées, aux ordres du général, comte de La Tour, Autrichien, comme son nom ne l'indique pas.

Avril, mai et une grande partie de juin se passent sans véritable action militaire. Le Rhin fait barrière entre les deux armées : Mayence et Mannheim sont au pouvoir des Autrichiens et leur assurent un point d'appui solide sur la rive gauche du Rhin tandis que les patriotes occupent Düsseldorf, ce qui leur donne un pied en Allemagne.

« C'était donc au plus hardi à profiter de ses avantages », commente le jeune prince.

Escarmouches qui rendent l'attente du combat encore plus insupportable pour le duc d'Enghien, à l'affût du moindre signe : « Il me semble qu'il y a un grand mouvement dans les Autrichiens et je vois des préparatifs de pontons [...] et des marches de troupes qui m'annoncent un projet intéressant et peu éloigné. Je vis dans cet espoir, cher papa, et vous embrasse de tout cœur. »

Un événement, tout de même, réveille la monotonie des jours : Louis XVIII annonce son arrivée à Riegel. Pour la première fois, depuis qu'il a été proclamé roi par les émigrés, il vient inspecter son armée.

« Ne croyez pas que ce soit le Roi de France qui vienne prendre le commandement de son armée, avait-il écrit très aimablement de Vérone, à son cousin, Condé, c'est le premier des gentilshommes français qui vient se réunir à ceux qui combattent sous les drapeaux du digne héritier du Grand Condé [1]. »

En fait, Louis XVIII a été prié par le gouvernement de Venise de quitter son territoire. La présence d'un Bourbon de France à Vérone est plus que gênante car les armées républicaines françaises, sous l'impulsion d'un général corse de vingt-sept ans, Bonaparte, sont sur le point d'envahir la Lombardie. Le 15 mai, l'entrée triomphale

1. 19 avril 1796.

Chantilly en 1781, les écuries (détail). Musée Condé, Chantilly.

Hallali du cerf dans les Grandes Écuries de Chantilly le 13 septembre 1776, Nicolas Anne Dubois. Musée Condé, Chantilly.

1

2

GÉNÉALOGIE DE

Saint Louis IX

Huit générations

Charles, VIIIe duc de Bourbon

Antoine de Bourbon, roi de Navarre

Henri IV, roi de France

Louis XIII

Louis XIV

Deux générations

Louis XV

Une génération

Louis XVI

Mme Royale
Duchesse
d'Angoulême

Louis XVII

Louis XVIII,
Comte de Provence

Charles X,
Comte d'Artois

Duc
d'Angoulême

Duc de Berry

Philippe,
duc d'Orléans

Deux génération

Philippe-Égalité

Louis-Philippe

Duc d'Aumale
(dernier propriétaire
de Chantilly)

Ci-dessus, de gauche à droite :
Louis Joseph de Bourbon, huitième prince de Condé ; Mademoiselle Louise Adélaïde deBourbon ; de Condé ; Louise-Marie-Thérèse-Bathilde d'Orléans, duchesse de Bourbon, mère du duc d'Enghien
Ci-contre :
Louis Antoine Henri de Bourbon-Condé, duc d'Enghien (1772-1804), Jean Marie Ribou. Musée

LA FAMILLE CONDÉ

3

4

Louis, Ier prince de Condé

Deux générations

Louis, IVe prince de Condé,
dit le Grand Condé

Trois générations

Louis-Joseph (1),
VIIIe prince de Condé (1736-1818)

Bathilde (4) — ∞ — Duc de Bourbon (3)

Princesse Louise (2)

Duc d'Enghien (5)

5

Louis Henri Joseph, duc de Bourbon, neuvième prince
Jean Marie Ribou. Musée Condé, Chantilly.

Condé, Chantilly.

Louise-Marie-Bathilde d'Orléans, duchesse de Bourbon avec son fils Louis Antoine Henri de Bourbon -Condé, nouveau-né, de Gabriel Jacques de Saint-Aubin.

Le duc d'Enghien enfant (vers 1775), attribué à la duchesse de Bourbon. Musée Condé, Chantilly.

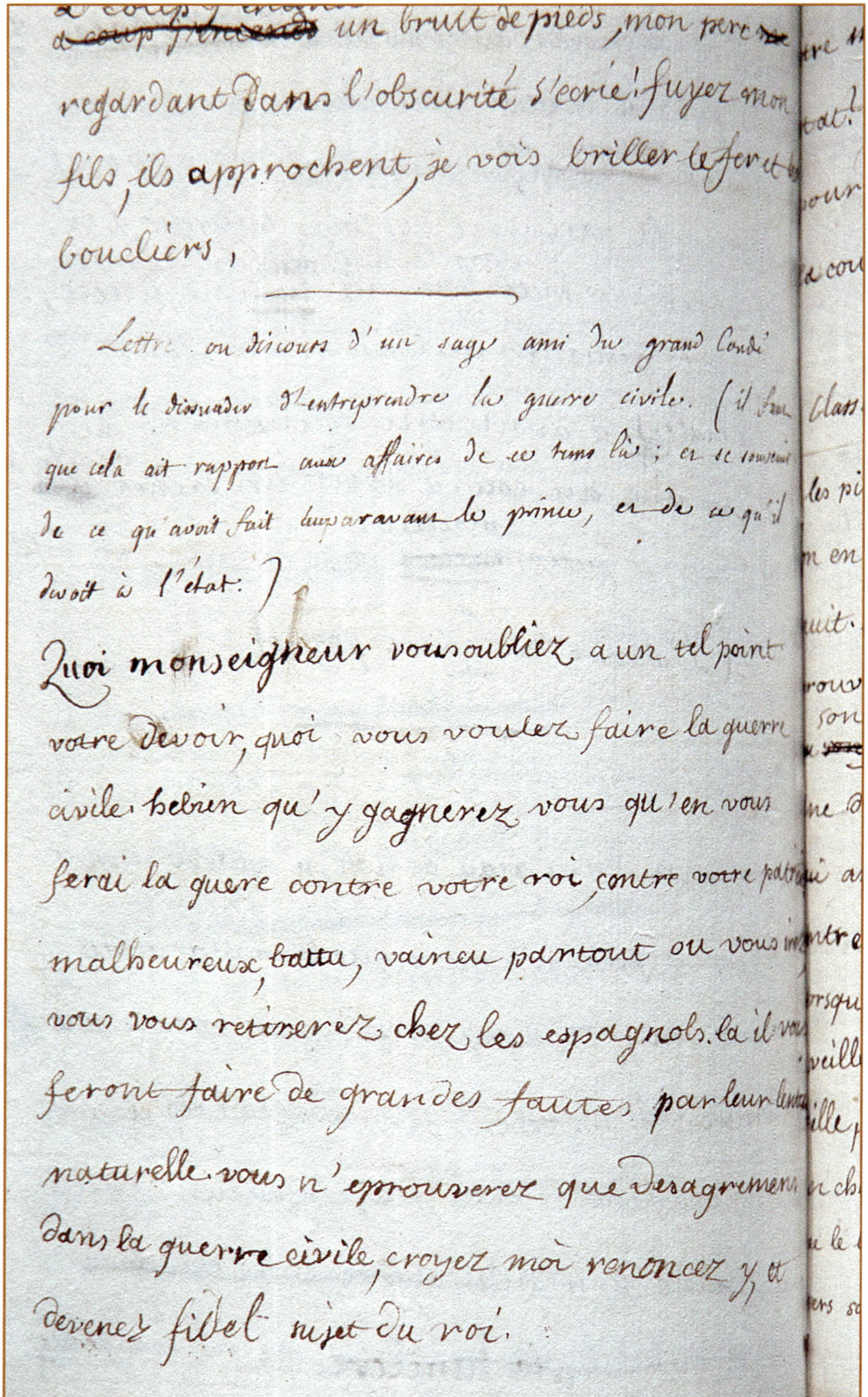

~~de coups frémissans~~ un bruit de pieds, mon pere regardant dans l'obscurité s'écrie! fuyez mon fils, ils approchent, je vois briller le fer et les boucliers,

Lettre ou discours d'un sage ami du grand Condé pour le dissuader d'entreprendre la guerre civile. (il faut que cela ait rapport aux affaires de ce tems là; et se souvenir de ce qu'avoit fait auparavant le prince, et de ce qu'il devoit à l'état.)

Quoi monseigneur vous oubliez a un tel point votre devoir, quoi vous voulez faire la guerre civile. hebien qu'y gagnerez vous qu'en vous ferai la guere contre votre roi, contre votre patrie malheureux, battu, vaincu partout ou vous irez vous vous retirerez chez les espagnols. la il vous feront faire de grandes fautes par leur lenteur naturelle. vous n'eprouverez que desagremens dans la guerre civile, croyez moi renoncez y, et devenez fidel sujet du roi.

Cahier d'étude du duc d'Enghien. Musée Condé, Chantilly. © photo Michel Roget

Louis-Antoine-Henri de Bourbon-Condé, duc d'Enghien, portant la livrée de chasse (vers 1788), Musée Condé, Chantilly.

© Media Cartes
St-Pétersbourg
MOSCOU
VILNIUS
Belfast
DUBLIN
LONDRES
BRUXELLES
Cologne
PRAGUE
Prypiat
Mohiloff
Dniepr
Vistule
Boug
Lublin
Lutsk
Dubno
Plateau de
Volhynie-Podolie
Rhin
Elbe
Oder
Cracovie
Dniestr
Coblence
Valenciennes
Mayence
Worms
Mannheim
Karlsruhe
Stuttgart
Chantilly
Strasbourg
Ulm
Linz
VIENNE
BUDAPEST
PARIS
Ettenheim
Villingen
Munich
Fribourg
Lac de Constance
Constance
Gratz
Zurich
BERNE
Lucerne
Lac de Thoune
Saint-Gothard
Lac Majeur
Venise
Danube
Lyon
Chambéry
Mont-Cenis
Milan
Turin
Gênes
0
250 km

me voila absolument débordé des
deux cotés, que dois je faire. 3000 hom
a ce qu'on m'a appris que j'ai vu de mes yeux filent
sur ma droitte et sont déjà parvenus à ma
hauteur. leur colonne est en grande
partie composée d'infanterie, il y a du
canon. Viomenil me mande que ses
postes lui rendent compte qu'une forte
colonne se dirige sur sa gauche et qu'elle
occupe déja l'abbaye d'Ottenbeyern. ce qui
le forcera à se retirer jusques à la hauteur
de la croisée des deux routes absolument
derrière moi. je reste seul débordé
de partout et n'ai devant moi que
[illegible]
l'on n'a eu connoissance d'eux. et [illegible]
[illegible] me mande que ses patrouilles qui
[illegible] aussi loin que possible n'en ont
entendu parler. ce n'est pas une preuve
[illegible] ne soient pas attaqués, car c'est

Le duc d'Enghien, Delpech. Bibliothèque nationale de France, Paris. © ND-Viollet En médaillon, mot du duc d'Enghien pendant la campagne de 1796. Musée Condé, Chantilly. © Michel Roget

Ci-contre :
Louis Henri Joseph de Bourbon, neuvième prince de Condé (1797), Henri Pierre Danloux. Musée de Condé, Chantilly. *Louis Joseph de Bourbon, huitième prince de Condé (1802)*, Sophie de Tott. Musée Condé, Chantilly. © Bridgeman Giraudon-Lauros

Princesse Charlotte de Rohan-Rochefort. Château de Sychrov, République tchèque.

Mohilof sur la tombe du duc d'Enghien (1821), Bibliothèque Nationale de France, Paris.

L'arrestation du duc d'Enghien devant la maison d'Ettenheim. © D.R.

Le docteur Jäger
au pied de la colonne
funéraire située
dans les fossés
de Vincennes.
© D.R.

Vue du château de Vincennes prise dans un des fossés au moment de l'exumation du corps du duc d'Enghien le 20 mars 1816, Jacques Ignace Hittorf. © R.G. Ojeda/RMN

à Milan fournira à Stendhal la première page de sa *Chartreuse de Parme*.

C'est vêtu du simple uniforme de l'armée condéenne, habit gris souris et collet écarlate fleurdelisé, que Louis XVIII arrive le 28 avril 1796 à Riegel et cette attention bouleverse les émigrés. Âgé de quarante-deux ans seulement, le roi n'est pas encore le monumental podagre qui inspirera les caricaturistes à la Restauration. Même s'il est déjà très corpulent, son port de tête altier, sa mémoire infaillible des noms et des visages enchantent les troupes. Chacun a droit à un compliment, sauf le duc d'Enghien qui confie sa déception à son père :

« Je suis aussi bien impatient, cher papa, de savoir l'effet qu'aura fait dans les pays que vous habitez l'arrivée du Roi à l'armée. [...] Il a été aimable pour tout le monde, excepté avec moi, auquel il n'a pas encore ouvert la bouche de la campagne de 93, tandis qu'il a trouvé des choses flatteuses à dire à tout le monde sur cet objet. J'avoue que cela ne m'a pas fait plaisir. »

Jalousie d'un roi qui n'avait connu aucun succès militaire ? Jalousie, peut-être et surtout, de la popularité éclatante de ce cadet qui éclipse un peu trop ses cousins Angoulême et Berry.

L'armistice est rompu par les Autrichiens le 21 mai mais les condéens ne se battent pas pour autant :

« La lenteur autrichienne fut cause des grands revers de ce commencement de campagne, écrit le duc d'Enghien dans son journal. Les Autrichiens firent mine de vouloir passer le Rhin dans les environs d'Huningue. Ils y portèrent des troupes. L'armée de Condé devait être dans ce passage. [...] En peu de jours les espérances s'évanouirent, les troupes reçurent ordre de redescendre et l'armée de Condé reprit ses anciens retranchements. C'est un problème de savoir si l'intention du cabinet de Vienne était bien véritablement de faire passer le Rhin à l'armée ou si ce ne fut qu'un mouvement purement politique pour contenter la cour d'Angleterre qui prenait vivement pour cet objet. »

Cette campagne ne sera qu'une longue et pénible reculade de la part des puissances alliées face à une armée de patriotes invincibles. Le jeune prince servira littéralement de bouclier aux Autrichiens, risquant sa vie à chaque instant parce que soucieux d'épargner celle de ses hommes.

Le jeune prince souffrira aussi du nombre insuffisant d'hommes sous ses ordres, du peu de nourriture et des nuits à la belle étoile, le plus souvent sous la pluie, mais surtout de l'incapacité – ou plutôt de la mauvaise volonté – des Autrichiens.

Quel désespoir aussi pour le prince de Condé qui essaie de garder patience et courage quand il apprend que Vienne, affolée par l'avancée de Bonaparte, a ordonné à Würmser de quitter l'Allemagne avec trente mille hommes pour aller porter secours à ceux qui se battent en Italie.

Le duc d'Enghien est rempli des mêmes idées noires : ces trente mille hommes vont leur manquer cruellement. « Après cela, écrit-il à son père, peut-être n'est-ce qu'une feinte ? Projet remis ? Reculer pour mieux sauter ? Quant à moi, qui ne suis pas fin, je suis au désespoir, et je vois la campagne encore perdue, puisque l'on ne sait pas profiter des belles occasions que l'on a pu avec tant de peine se procurer. [...] Avouez qu'il est douloureux pour un commandant d'avant-garde, qui a de l'ardeur et de la bonne volonté, de se voir à trois jours de passer le Rhin [...] et de repartir, comme il est venu, pour rentrer dans des cantonnements où il vient de passer deux mois. »

En l'absence du contingent de Würmser, le général comte de La Tour commande l'armée du haut Rhin. Avec les quelque sept mille Autrichiens qu'on lui a laissés après le départ de Würmser, il ne peut compter que sur les troupes des cercles[1], « douze à treize mille combattants, mal commandés, pour ainsi dire sans officiers et dont aucun soldat n'avait fait la guerre et n'avait la moindre idée du service », écrit le duc d'Enghien dont le corps a ordre de rester cousu aux Autrichiens.

1. C'est ainsi qu'on appelait le contingent des princes allemands.

Grâce aux billets écrits à la hâte, mais n'omettant jamais l'heure, par le jeune prince et portés aussitôt à son grand-père, les journées entre le 24 et le 30 juin 1796 peuvent être reconstituées heure par heure et elles sont essentielles car le général Jourdan, sous les ordres du général Moreau, réussit à passer le Rhin, la nuit du 24 au 25.

La journée du 24 semble d'abord tranquille. Dans l'après-midi, le duc d'Enghien est allé faire une reconnaissance avec une centaine de cavaliers en se faisant éclairer depuis le bord du Rhin, pour observer les tirailleurs. Rien, apparemment, ne se passe. Le projet des Autrichiens, croit-il, serait d'attaquer, mais aucun ordre ne lui est encore parvenu. Difficile aussi, pour lui, de correspondre avec les généraux des cercles qui sont à cinq lieues de sa position. Et il ne sait rien des projets de la nuit.

« Nous nous battrons si l'on nous attaque, mais je n'ose m'avancer davantage étant déjà fort loin de vous. »

Le 25, les troupes de Jourdan attaquent ; la journée est rude. Dans le feu du combat, le duc d'Enghien continue de rendre compte :

« Je suis attaqué par de grandes forces, je me retire en arrière de ce village, mon artillerie inutile à cette heure-ci file dans la plaine. [...] Ils paraissent décidés à attaquer le bois du moulin et il ne m'est pas possible de le défendre plus longtemps. Je fais filer toute la cavalerie derrière le village et sur ma droite qui est attaquée et où je n'ai que très peu d'Autrichiens. »

Un quart d'heure plus tard :

« Je suis poussé très vivement de partout cependant je tiens le moulin et le bois en partie. Je vais continuer ma retraite lentement afin d'éviter le désordre. Il n'y en a encore aucun. Je donne ordre à mon infanterie de s'arrêter et se mettre en bataillon. [...] Là vous pourrez me donner des forces pour attaquer ou vous me donnerez des ordres pour continuer la retraite. Je ne crois pas cependant être poussé plus loin que l'autre côté du village.

« Le feu est très vif, je suis poussé mais je suis content de mes gens, il n'y point de terreur panique. [...] »

Et en travers de la page : « Je vais couvrir toute la retraite avec la cavalerie. »

Enfin ce billet, à moitié déchiré, plus gribouillé qu'écrit :

« Me voilà absolument débordé des deux côtés, que dois-je faire ? Trois mille hommes à peu près que j'ai vus de mes yeux filent sur ma droite et ont dépassé ma hauteur, leur colonne est en grande partie composée d'infanterie, il y a du canon. [...] Je reste seul débordé de partout et n'ai devant moi que deux pièces d'artillerie et peu de monde. Que dois-je faire ?

« Dans ma position à 11 heures. »

De manière plus calme, le journal confirme les faits.

« Il y avait trente-six heures que les ennemis étaient passés, leur pont devait être achevé et il était à croire que continuellement il recevraient des renforts ; je n'avais nulle connaissance des Autrichiens ; les troupes des cercles par leur fuite sur Offenbourg avaient entièrement dégarni ma droite. Les derrières de mon flanc gauche que j'avais appuyé au Rhin n'étaient qu'éclairés par des patrouilles et petits postes, et trop occupé sur mon front, je n'eusse pas été en état de m'opposer avec succès à un passage entre l'armée de mon grand-père et le corps que je commandais, qu'il avait à la vérité renforcé d'une grande partie de ses troupes soldées. Ma position devenait donc mauvaise. »

Le billet me semble bien plus convaincant.

Mais pourquoi ces Autrichiens lambinent-ils autant ? « Concevez-vous ce retard ? griffonne le prince à son grand-père. [...] Ils feront tant qu'ils seront battus. »

Impossible d'être victorieux quand on est à la merci des ordres autrichiens et que les républicains sont en grande force. Dans la rage d'être aussi impuissant, le jeune chef reste fier de ses gens :

« Je suis enchanté de nos hommes et je ne sais lesquels des corps je dois louer le plus. Un sang-froid, un ordre, une valeur incroyables car on ne se fait pas d'idée de l'attaque que nous avons éprouvée. [...]

« Tout est donc perdu, nous voilà au Danube. »
Alors qu'il rêvait de repasser le Rhin !

Après les batailles violentes de la journée et de la nuit du 27 au 28, son commentaire est amer : « Il est impossible de ne pas soupçonner de trahison les généraux des troupes des cercles, la conduite seule de leurs troupes en est la preuve la plus convaincante. La honteuse retraite qu'ils ont fait faire à leur armée, jointe à la lâcheté affectée qu'ils ont montrée tant à l'attaque de Kehl que dans les différentes affaires qui l'ont suivie, dénote assez que les patriotes doivent plutôt à leur argent qu'à leur force et à leur valeur le succès du commencement de cette campagne. La suite des opérations de la fin de juin prouvera ce que j'avance. »

Le jeune chef n'en peut plus de voir mourir de faim et de fatigue ses hommes sans pouvoir leur procurer aucun soulagement, d'assister impuissant au pillage des villages par les troupes des princes allemands qui se saoulent de l'eau-de-vie qu'ils ont volée et menacent à tout instant ses hommes, les forçant à bivouaquer sous la pluie battante tandis qu'ils s'abritent dans les granges et les greniers.

Il se sent incapable de combattre avec une armée composée de ces hommes épuisés. « Il n'y a point d'argent, point de pain, le prêt manquera je ne réponds pas de ce qui peut arriver, j'en deviendrai fol. »

Le 30 juin, le duc d'Enghien rejoint son grand-père. Joie enfin ! Les ovations de l'armée sont enthousiastes : « Vive Condé ! Vive d'Enghien ! » sont criés tout le long de la ligne. Arrive alors Louis XVIII et les « Vive le Roi ! » viennent se joindre aux premières acclamations.

Les patriotes, qui sont à portée de voix, entendent ces cris. Ils se seraient alors exclamé : « Gardez le Roi, nous gardons le royaume. »

Le repos est de courte durée. Le corps de Condé reçoit ce même jour l'ordre de battre en retraite vers le sud. Le duc d'Enghien continuera de commander l'avant-garde. Louis XVIII et le prince de Condé se mettront en marche avec les chasseurs nobles.

Le prince ordonne à son petit-fils de se mettre en ligne avec les Autrichiens.

Ceux-ci sont en pleine déroute : tandis que l'armée de Jourdan, forte de quatre-vingt mille hommes, marche sur Francfort, le frère de l'Empereur en personne, l'archiduc Charles, vient d'éprouver un violent échec vers Ettlingen et Karlsruhe. La défection totale de l'armée des cercles a ouvert un passage dans les gorges des montagnes. L'archiduc risque de se trouver pris entre deux feux.

Le corps de Condé est envoyé à la hâte pour couvrir sa retraite. Séparé de son grand-père, le jeune prince demeure sous les ordres directs du général autrichien, Froehlich, sottement injuste envers les émigrés.

« Il est difficile, observe le duc d'Enghien dans son journal, de se faire une idée du despote égoïsme des Autrichiens, il faut avoir servi avec eux pour connaître toutes les injustices et les dégoûts qu'ils font éprouver à leurs auxiliaires. J'eus beaucoup à souffrir de l'humeur déplacée et du caractère violent de M. de Froehlich pendant les douze jours que je restai à ses ordres. [...] Jour et nuit il fallait que nos troupes fussent sur pied. Tantôt il en envoyait des détachements en communication à trois et quatre lieues, tantôt il les tenait sans raison toute la nuit sous les armes, enfin nous n'eûmes pas une minute de repos et nous fûmes écrasés de service. »

On ne saurait être plus désabusé. Et ce n'est pas tout :

« Il est à remarquer que dans ces affaires où nos troupes se distinguèrent par leur valeur, et où elles souffrirent beaucoup plus que les Autrichiens, nous ne reçûmes du général Froehlich que des propos durs et malhonnêtes, et que dans les rapports officiels qu'il en fit, il se garda bien de parler d'elles. »

Au cours de cette retraite lamentable, le jeune commandant essaie de maintenir la discipline. Il défend les injures qu'il punit sévèrement. Il renouvelle les défenses pour la chasse et surtout pour le pillage.

Dans l'état de dénuement où ils se trouvent, la chose est ardue :

« Je ne veux pas vous ennuyer de plaintes inutiles, ajoute-t-il le 5 juillet, mais je vous assure que les officiers n'ont pas de quoi payer leur dîner. »

S'il refuse le pillage, il est obligé d'accepter les réquisitions. Difficile de les permettre sans qu'il y ait de débordements : « J'ai pris toutes les précautions imaginables pour le pillage. Il est vrai qu'il y a eu des horreurs de faites à Fursheim mais il m'a été impossible de trouver encore des coupables. Je ne les ménagerai sûrement pas si je les découvre. »

Mais surtout, où installer les malades et les blessés ? « Nous n'avons ni chirurgiens, ni matelas, ni couvertures, ni draps, ni linges, ni rien. Un malheureux blessé ne peut être transporté où est à présent l'ambulance à vingt-cinq ou trente lieues d'ici, chez les Autrichiens. Ils ne veulent les recevoir que pour les premiers appareils. »

Et toujours, le jeune prince ne cesse de répéter sa tendresse à son grand-père, quémandant sans cesse son approbation :

« Adieu cher papa, je vous embrasse et vous aime de tout mon cœur, vous le savez bien, aussi vous jugez combien je souffre d'être détaché, éloigné de vous, et de n'avoir aucune notion des moments heureux où je pourrai vous rejoindre. Encore s'il y avait quelque gloire à acquérir, quelque chose de brillant à faire, mais non, la certitude d'être battu et forcé de se sauver dans le val d'enfer si l'on est attaqué en force, vous m'avouerez que la position n'est pas très agréable. Au reste vous m'en avez chargé. Je remplirai ma tâche jusqu'au bout et j'espère que dans cette occasion, comme dans toute autre, vous serez toujours content de votre d'Enghien. »

Aucune gloire mais l'épuisement humiliant, pour rien :

« Nous sommes tous, et moi surtout, harassés de fatigue. Voilà trois nuits que nous n'avons fermé l'œil un instant. À tout moment des alertes, du canon sur toute la ligne du Rhin. [...] La canonnade commence à une heure du matin et dure jusqu'à sept heures alors le feu cesse et les patriotes viennent tirailler devant nous, de sorte que la nuit nous sommes tous au Rhin et le jour vite nous courons à [nom illisible] où nous perdons chaque jour quelques hommes et quelques chevaux. C'est un métier à ne pas tenir longtemps tel vigoureux que l'on soit. [...] Nous ne ferons pas de bonne besogne ici, il n'y a rien de brillant à espérer. J'aurai eu le mérite d'y avoir tenu et de m'y être bien battu. Si vous m'appelez ailleurs de ma personne, [...] c'est ce qui pourrait m'arriver au monde de plus heureux.

« Que votre volonté soit faite, cher papa, votre enfant s'y soumettra. [...] »

En post-scriptum : « Pardon de ce griffonnage, j'avais les yeux à moitié fermés. »

Il arrive enfin à Warvengen le 17 juillet au soir :

« Nous voici, cher papa, arrivés sains et saufs excédés de fatigue et soutenus par le seul espoir de nous retrouver avec vous. [...] Je meurs de sommeil. La troupe n'arrivera ici que dans la nuit. Imaginez-vous que nous venons tout droit de [nom illisible] après trois jours et trois nuits d'affaires et de canonnades. Je vous verrai demain à votre lever. Je veux prendre vos ordres. M. de Froehlich me lâche et m'a annoncé qu'il me rendait à vous. Je vous embrasse cher papa. »

Et les combats se poursuivent toujours. Le 8 août, quelque part sur la route d'Aitrach à Wurtrach, le jeune prince est surpris au milieu de son dîner. Il faut partir. En montant à cheval, il aperçoit une pensée sauvage. « Pour notre belle », s'écrie-t-il en cueillant la fleur et en la glissant dans son portefeuille avant de galoper vers les coups de fusil[1].

Cette parenthèse galante (pour Charlotte ?) ne l'a pas détourné du combat dont il rend compte à son grand-père, le soir même :

« Nous avons été attaqués très vivement par les avant-postes ennemis, je les ai fait charger et nous avons pris quelques hommes et quelques chevaux. [...] Je n'ai vu au bout de notre charge que quatre cents chevaux qui débouchaient de la forêt sur nous au grand trot. Nous avons arrêté sur-le-champ et j'ai commandé de se retirer, mais très doucement. Nous n'avons ici qu'environ cent trente hommes, nous ne pouvons tenir sur grande route sans infanterie contre quatre cents chevaux frais. »

Ce récit ne procure qu'amertume au prince de Condé qui répond à son petit-fils : « J'aurai perdu beaucoup de monde, sans rien gagner pour la France. »

---

1. Anecdote citée par le vicomte Grouvel.

L'insuccès de ces dernières semaines de campagne a dégradé les relations entre le prince de Condé et les alliés qui l'en rendent, très injustement, responsable. Ils soupçonnent même les républicains français de verser plus volontiers le sang des alliés que celui des Français condéens.

Encore plus grave, l'archiduc Charles a laissé entendre au major de Palarin, aide de camp du prince de Condé, que celui-ci manquerait de courage s'il ne se lançait pas dans un engagement avec l'ennemi.

On peut comprendre l'indignation du prince qui décide, sans plus tarder, une offensive de nuit.

Ce sera la bataille d'Ober-Kamlach, stérile, effroyablement meurtrière.

Entreprise dictée par l'orgueil ? Une lettre du duc d'Enghien à son père, trois jours après la bataille du 13 août, donne son interprétation :

« Comme il courait depuis longtemps des bruits faux, absurdes, mais cruels pour nous dans l'armée autrichienne, comme on prétendait que nous étions de moitié avec l'ennemi pour abandonner le pays, que nous ne nous battions que pour la forme, [...] mon grand-père a cru indispensable d'attaquer l'ennemi dans les bois de Kamlach, le 13 avant le jour. [...] Le succès du matin nous a coûté bien cher. [...] Nous avons tenu dans notre position du matin et nous ne nous sommes retirés que le soir. »

Atroce pour les condéens, cette journée le fut aussi pour les républicains et le jeune prince termine sa lettre en leur rendant hommage : « Ce ne sont plus des hommes de 93, ce sont des *dieux*.

« En vérité, à présent, je ne sais auquel des deux donner la pomme pour la valeur, de nos troupes ou des leurs. »

Plus tard, des paysans allemands élevèrent une stèle funéraire avec cette inscription terrible : « Ici plusieurs milliers de Français s'égorgèrent le 13 août 1796 sans que nous sachions précisément pourquoi. »

Début septembre, le jeune prince est cantonné dans les faubourgs de Munich. Voici ce qu'il confie à son grand-père, après une promenade sur le pont de l'Iser pendant une trêve :

« J'ai été fort surpris, en approchant d'un groupe, de voir émigrés, Autrichiens et patriotes mêlés ensemble et causant amicalement. On s'est séparé et un moment après, les officiers patriotes au nombre de six ou sept sont revenus et ont demandé à me faire leur cour. [...] Je les ai salués et ils ont été très polis car un d'eux a dit [...] qu'il était bien content de voir un prince qu'ils aimaient et estimaient beaucoup. Il n'a été question que de biens communs, de la perte de la journée, de la bravoure des deux parties et cela a duré deux à trois minutes. »

On va plus loin que le simple secours aux blessés ! Un courant de respect pour ne pas dire de sympathie s'est installé entre les patriotes et le duc d'Enghien.

Je me représente, grâce aux mémorialistes qui ont fixé cette scène, l'entrevue entre les deux commandeurs d'avant-poste. Ils sont à cheval, seuls, guidés par une confiance réciproque. Le général Abbatuchi – qui sera tué au combat, cette même année – a vingt-six ans, deux ans de plus que le duc d'Enghien. Il porte une écharpe bleue avec un panache tricolore. Le prince, lui, porte le plumet blanc au chapeau et le brassard fleurdelisé. « Monseigneur, lui dit alors le général [et non pas *citoyen* comme on pourrait s'y attendre], vous n'aviez pas besoin de naître prince pour vous faire une réputation. Fils d'un charbonnier, vous commanderiez de même une avant-garde dans l'armée républicaine, par votre talent militaire. »

Le duc d'Enghien écrira, comme en écho : « Il n'y a d'égal à la valeur des Français royalistes que la valeur des Français républicains. »

Pendant ces campagnes, au cœur de tous les dangers, le grand-père et le petit-fils ont communié dans une confiance et une admiration mutuelles. La bataille de Steinstadt, le 24 octobre, en marque une sorte d'apothéose.

Ce soir-là, le jeune prince s'endort heureux : « Voilà, cher papa, une belle journée pour votre armée et les Autrichiens auront bien de la peine à ne pas nous rendre justice, nous leur avons bien facilité la besogne. »

Louis XVIII, averti des exploits de son jeune cousin, en oublie toute jalousie :

« Cette lettre serait trop longue si je voulais y détailler tous les titres de gloire que vous avez acquis et tous les moments heureux que mon tendre intérêt pour vous m'a fait passer pendant le cours de cette campagne. Je me bornerai à vous dire que vous avez prouvé qu'il y a des victoires héréditaires comme des noms et que quand un duc d'Enghien attaque de quelque côté que ce soit, les positions de Hollgraben et de Saint-Peter, elles doivent nécessairement devenir le théâtre de sa gloire. »

Être comparé au Grand Condé sur les lieux mêmes où l'illustre ancêtre s'est battu ! Le rêve du jeune élève de l'abbé Millot est devenu réalité.

Après les compliments du roi, le plus bel hommage vient de ses hommes eux-mêmes. Voilà ce que note un de ses soldats, un Alsacien resté anonyme :

« Notre jeune général nous avait donné les ordres les plus formels quant aux égards dus aux prisonniers et aux blessés, et il veillait soigneusement à leur exécution. On ne pouvait pousser plus loin l'humanité en temps de guerre. C'était un noble jeune homme, toujours à son poste en face du danger. Sa discipline était sévère mais juste, et aucun subordonné n'eût osé y contrevenir. Les troupes placées sous ses ordres n'étaient pas nombreuses et il se donnait beaucoup de peine pour en connaître le personnel, les mérites et les capacités militaires de chaque compagnie, voire même des simples soldats. [...] Au feu, il avait autant que possible l'œil sur tous les hommes. Il me semble encore entendre sa voix pendant les combats d'avant-garde ; elle n'était pas forte, mais claire et vibrante, avec un accent archi-français de bonne société. »

Et la petite armée de Condé continue de tenir brillamment sa place sur la rive droite du Rhin, continuant de harceler l'armée du général Moreau. Les soldats républicains ont surnommé d'Enghien : « duc Va-de-Bon-Cœur » tandis que Moreau s'exclame : « Sans cette poignée d'émigrés, l'armée autrichienne était à moi. »

CHAPITRE VIII

Il entre au service du tsar

En ce début de l'année 1797, les conditions matérielles de l'armée de Condé sont effroyables. Cantonnées aux environs de Villingen, les troupes n'ont ni tentes, ni couvertures, ni vivres. Il faut arracher les pommes de terre et les raves des champs enneigés. Les hommes et les chevaux souffrent plus que jamais du froid et de la pluie neigeuse auxquels s'ajoute une épidémie de typhus.

De l'autre côté du Rhin, le général Moreau et son armée, handicapés eux aussi par les rigueurs de cet hiver, attendent des jours meilleurs pour reprendre les combats.

Le duc d'Enghien soutient son moral en soulignant leurs manifestations de faiblesse :

« La désertion commence à se mettre dans l'armée française, écrit-il, le 21 janvier, à son père. Ils s'en vont par bandes chez eux. Des brigades entières ont refusé de marcher et ont été renvoyées sur les derrières. Il en passe aussi de temps en temps et ils ne refusent pas de s'engager pour chez nous. Mais ailleurs ils n'y veulent pas servir. Il est certain qu'il y a un grand esprit de désorganisation et que si l'on fait une campagne active et vigoureuse au printemps, elle doit être très heureuse. »

L'optimisme du prince, fondé sur ces quelques désertions, n'est pas vraiment réaliste. Il est vrai que les puissances alliées s'obstinent, depuis 1792, à régler leurs plans sur l'épuisement de cette armée. Elles ignorent, ou plutôt oublient, que, si la République est appauvrie, elle n'a perdu aucun territoire, et que derrière ses soldats affaiblis veille une masse de population toujours capable de fournir des armées belliqueuses.

Quoi qu'il en soit, d'Enghien profite de ces semaines d'inaction pour achever le récit de sa campagne de 1796. Son père ayant manifesté de l'intérêt pour ce journal, il travaille aux dernières corrections avant de lui envoyer une copie qu'il espère avoir le temps d'écrire de sa propre main.

En Italie, la guerre continue et les généraux autrichiens éprouvent les pires difficultés contre le jeune Bonaparte qui vole de victoire en victoire. Le cabinet de Vienne, qui connaît les exploits militaires du prince de Condé et du duc d'Enghien, propose au prince le commandement en chef de l'armée impériale en Italie où il serait accompagné de son petit-fils.

La lettre de refus est simple et fière : comme son petit-fils, le prince désire rester en Brisgau où il n'est séparé de la France que par un fleuve. Son armée est pour le moment sa seule patrie. Peut-être ne reverra-t-il jamais la France mais il estime son malheur plus supportable au milieu de ses compagnons d'armes qu'il regarde comme ses propres enfants qu'à la tête de régiments étrangers.

En Allemagne, les hostilités reprennent dès février mais ni les républicains ni les condéens n'ont vraiment le temps de se mesurer car Bonaparte et l'archiduc Charles d'Autriche signent, le 18 avril, l'armistice de Leoben, porteur d'un espoir de paix.

Le corps de Condé reçoit de Vienne l'ordre de cantonner sur les bords du lac de Constance, autour d'Überlingen, tandis que l'avant-garde, toujours commandée par le duc d'Enghien, est assignée en Brisgau.

À Ettenheim où vit Charlotte, d'Enghien observe les réactions des troupes patriotes :

« Je profite de l'occasion de Jonville, cher papa, écrit-il à son grand-père le 8 mai, pour vous mander nos nouvelles d'ici. [...] Il y a eu de grandes réjouissances à Strasbourg. La nouvelle de la paix ratifiée par le Directoire y étant arrivée. À une de ces fêtes on a crié vive le Roi, il nous faut un roi. D'autres ont crié vive la République, cela n'a excité aucune bataille. [...] Les Français laissent passer et repasser tout le monde; les Autrichiens arrêtent, visent les passeports et sont plus difficiles.»

Dans les jours qui suivent, les patriotes évacuent dans le calme leurs dernières garnisons frontalières.

Dans son cantonnement, le prince de Condé ne sait plus comment assurer l'existence des vingt mille hommes de son armée. L'Autriche se prépare à signer une paix définitive, et la Prusse est sortie de la guerre depuis 1795; si l'Angleterre continue de se battre, elle n'a pas assez de forces pour mener les hostilités sur le continent et n'a donc plus de raison de soutenir l'armée de Condé.

Il reste heureusement la Russie.

La grande alliée, l'amie même, l'impératrice Catherine, est morte le 17 novembre 1796 et son fils est devenu l'empereur Paul Ier. Le prince de Condé entreprend une correspondance avec celui qu'il avait somptueusement reçu à Chantilly, et en attendant des nouvelles, décide de faire venir son petit-fils près de lui.

Quitter le Brisgau... et la présence de Charlotte? Cette idée ne plaît que modérément au jeune prince, mais l'obéissance, une fois de plus, est la plus forte. Il donne ses ordres pour le départ tout en prenant son temps:

«Je vais aller faire mes adieux au Brisgau. Et comme ils doivent être proportionnés aux chagrins d'une absence un peu longue, j'ai promis une semaine. Je serai donc de lundi en huit auprès de vous, cher papa.»

Le grand-père ferme encore les yeux sur ce qu'il prend pour les derniers feux d'une simple aventure.

La réponse du tsar se fait attendre et d'Enghien trépigne sur les bords du lac de Constance: il chasse avec le duc de Berry, tue des renards, des chevreuils, puis décide de jouer les touristes. Le prince de Condé s'y oppose d'abord, craignant toujours pour la sécurité de son petit-fils qui, bien loin de partager ces inquiétudes, promet tout de même de protéger son incognito.

Avec quelques amis fidèles, il se met en route le 14 juillet pour la Suisse. « Figurez-vous, écrit-il à son père, le duc d'Enghien en redinfrac[1] gris, le chapeau rond, la bottine anglaise, les cheveux rabattus sur les yeux, le reste à l'avenant, suivi de Sérent, de Cheffontaines et de Charles de Mellet dans le même équipage ; un domestique avec un petit cheval portant un seul porte-manteau pour eux quatre, voyageant à pied le long des routes et faisant leurs huit et dix lieues par jour. »

Le prince a repris, pour la circonstance, le journal de ses voyages en Suisse et en Italie. Il se raconte escaladant les sentiers de montagne, retrouvant les mêmes sensations grisantes à la redécouverte de ces paysages qui l'avaient tant charmé au début de l'émigration. Il retrouve les mêmes auberges pittoresques et mange de nouveau du chamois en soupirant sur la saveur du chevreuil de Chantilly qu'il ne peut chasser de sa mémoire.

Philosophe, il compare la vanité des luttes fratricides et la paix de ces simples montagnards. « Le pays est délicieux. Bien des souvenirs m'attachent à Chantilly, cependant il me passe par l'esprit d'étranges idées sur le bonheur, quand je pense aux passions qui agitent la France, et au calme qui règne ici autour de ces habitations où tout annonce l'aisance et la simplicité. »

Et c'est avec humour qu'il note qu'à un déjeuner dans un couvent, le capucin-cuisinier lui a préparé une très mauvaise chère maigre à cause du vendredi !

Pendant son absence, des courriers sont arrivés de Pétersbourg. Le tsar ne demande qu'à offrir l'hospitalité aux troupes condéennes, il garde un souvenir très heureux de son séjour à Chantilly et ne demande qu'à se montrer généreux. Sous certaines conditions.

Le corps des émigrés relèvera directement de l'empereur, et leur commandant, le prince de Condé, aura le droit de s'adresser directement à l'empereur sans passer par d'autres instances. Les condéens seront autorisés à confesser leur religion, mais « il ne m'est pas

1. Je n'ai trouvé ce mot dans aucun dictionnaire, même ceux du XVIIIe siècle. On en comprend bien le sens.

possible, précise Paul Ier le 3 août, de souffrir à mon service des troupes qui porteraient tout autre uniforme que le mien, toute autre cocarde que celle de mes armées et toutes autres armes tant sur les drapeaux qu'autrement que celles de mon empire. Je me flatte [que le prince de Condé] me saura bon gré de la franchise avec [laquelle] je m'explique préalablement afin d'éviter dans la suite des mésententendus; c'est sous ces conditions et autres objets que le seigneur d'Alopéus lui exposera que non seulement je donne très volontiers un asile aux troupes qui composent son armée, mais que je les reçois à mon service.»

En post-scriptum: «Je n'ai pas touché dans la présente lettre l'article du serment des troupes bien persuadé que Votre Altesse Sérénissime sentira elle-même qu'il ne conviendrait pas d'avoir chez moi et à mon service des troupes qui n'auraient pas prêté le serment d'usage.»

Même si elle est brutale, le prince ne peut refuser cette proposition, s'il veut garder son armée vivante. Et puis, se rendre en Russie, c'est rester en famille: les mariages ont tissé des cousinages entre tous les princes d'Europe. Le prince va chez le tsar mais il va aussi chez son lointain cousin Paul.

Le 20 juillet, le prince de Condé annonce que son corps, menacé de licenciement par la paix, est pris au service de la Russie.

Comme l'empereur veut le plus vite possible, près de lui à Pétersbourg, le prince de Condé et le duc de Berry, le transport des troupes est confié au duc d'Enghien.

Pas une minute, son grand-père n'envisage de le laisser en Allemagne: il y a, en Russie, des princesses qui feraient de charmantes duchesses d'Enghien, telle la princesse Frédérique de Bade, sœur de la princesse Caroline, qui vient de se marier, et de la grande-duchesse Élisabeth, femme du futur Alexandre Ier.

D'Enghien ne partage pas l'enthousiasme de son grand-père. Quitter Charlotte pour la ville de Constance est une chose, partir pour les lointaines plaines russes en est une autre. C'est justement ce que redoute son grand-père qui fait appel à l'abnégation de Charlotte:

« J'ai trop bonne opinion de la personne en qui vous avez confiance là-bas, écrit-il à son petit-fils, pour croire qu'elle ne vous donne pas les conseils les plus utiles à votre gloire et à votre intérêt. »

Comme d'Enghien se fait décidément tirer l'oreille, le prince de Condé n'hésite pas à jouer jusqu'à l'outrance d'un chantage affectif : « Mon cher ami... mon cher enfant... vous qui voulez que je croie que vous m'aimez. (Je ne vous cache pas que je suis interrompu par mes larmes...) » Langage du temps ? Peut-être.

Après les larmes, voici la carte imparable, celle de l'honneur :

« Vous qui êtes tout pour ma vieillesse... vous en qui le sang des Condés s'est si bien montré pour la valeur, [...] ne vous perdez pas, et n'ajoutez pas à mes malheurs celui d'avoir à me dire tous les jours : *mon petit-fils que j'adore, pour trois mois de la plus légère contrariété, n'a pas craint de tourner le poignard dans mon cœur, et de perdre avec lui toute la race des Condés*[1]. »

On ne fait pas appel à l'honneur des Condé en vain et le duc d'Enghien, même s'il est amer, n'hésite pas à lui sacrifier Charlotte.

La princesse admet mal d'être ainsi abandonnée. Des mots de reproche s'échangent entre les jeunes gens avec en conclusion la lettre déchirante de Charlotte[2].

Le prince de Condé a gagné : son petit-fils accepte de partir pour la Russie et la rupture avec Charlotte est consommée.

Pendant que se poursuivent les préparatifs de départ, la France subit de nouvelles secousses politiques : les dernières élections législatives ont été favorables au parti royaliste qui tente un coup d'État le 18 fructidor de l'an V (4 septembre 1797).

C'est un échec.

Les responsables, dont le général Pichegru, sont envoyés au bagne de Cayenne et les retours d'émigrés sont suspendus.

Autre conséquence : la duchesse de Bourbon, qui se croyait à l'abri dans son palais de l'Élysée-Bourbon[3], est exilée en Espagne.

1. 28 septembre 1797. Souligné par le prince.
2. Lettre citée au chapitre V.
3. Aujourd'hui résidence du président de la République.

Même si sa mère est sortie de sa vie, d'Enghien n'est pas indifférent à ce nouveau malheur et il fait part de son inquiétude à son grand-père, sur le sort misérable que pourrait encore connaître la duchesse.

Avertie du départ des condéens, l'Angleterre a immédiatement cessé de leur envoyer des subsides. Pour faire la jonction avec le traitement qui n'est pas encore arrivé de Russie, le prince de Condé, entre le 15 septembre et le 1er octobre, distribue ce qui lui reste d'or pour éviter la désertion des mercenaires qui ne resteront que si leur solde est payée.

Les plus âgés et les blessés ont refusé d'entreprendre ce voyage de près de trois mois pour un temps d'exil indéterminé.

Il reste quelque cinq mille hommes, prêts à partir, bien séparés en deux groupes. Le premier se compose d'unités et corps de troupes entièrement formés d'émigrés nobles français et de fils des familles de la bourgeoisie.

Le second est composé de troupes soldées où dominent les étrangers, Allemands et Suisses, hommes âgés de seize à quarante ans et dont la taille ne doit pas être inférieure à 1,65 m. On trouve aussi des sous-officiers et soldats qui ont rejoint l'armée condéenne pour suivre leurs supérieurs, et des jeunes gens des régions frontalières qui ont entendu la propagande royaliste.

Le premier groupe, ferme dans les combats, est parfaitement indiscipliné dans la vie quotidienne, et la fidélité du second aux Bourbons dépend directement de la régularité de la solde. La susceptibilité du second le fait guetter tout ce qui pourrait le mettre en état d'infériorité.

Au duc d'Enghien de maîtriser ces hommes disparates.

L'ordre de départ est lu le 4 octobre : trois colonnes partiront en trois jours, les 8, 9 et 10 octobre. D'Enghien marchera à la tête de la troisième, de beaucoup la plus forte, pour embarquer, huit jours plus tard, sur le Danube.

Le prince Gortchakoff, lieutenant général de la garde et aide de camp de l'empereur de Russie, a rejoint le corps de Condé. Il est chargé d'escorter le duc d'Enghien jusqu'en Volhynie, partie de la Pologne occupée par les Russes.

Les officiers français sont vite agacés par le tempérament de jouisseur du prince russe et surtout par sa facilité à dépenser l'or que lui a confié le tsar pour le traitement des troupes condéennes. Le duc d'Enghien est plus nuancé. Les deux princes sont exactement du même âge, vingt-cinq ans, ce qui crée entre eux une certaine connivence. Tout de même, quelques vivacités de son caractère contrarient d'Enghien ainsi que les ordres «qu'il lâche sans me consulter et dont je n'ai connaissance que par leur exécution».

Pour se donner du courage et pour que l'enthousiasme remplace leur résignation morose, les jeunes officiers chantent à leur chef:

> Nous partons conduits par d'Enghien,
> Il aime l'amour et le vin,
> Il aime bien aussi la gloire.
> Avec ces trois goûts on doit croire
> Qu'il est au gré de nos désirs,
> Car avec lui sont les plaisirs
> Et sous ses pas est la victoire.

Mais le voyage, épuisant, exaspère les tensions. Le jeune prince doit faire appel à toute sa popularité, sa gaieté naturelle, son sens du commandement, pour maintenir la discipline. À chaque étape, il fait parvenir un courrier à son grand-père, parti en avant avec le duc de Berry, pour échanger les nouvelles de leurs voyages respectifs.

C'est ainsi qu'il apprend que la paix a été signée à Campo-Formio le 17 octobre.

Passant à Vienne à la fin de ce mois, le duc d'Enghien rend visite à l'Empereur. Il peut alors rencontrer deux fois la fille de Louis XVI, Madame Royale, qui reçoit le jeune prince avec un empressement ému. «Les larmes aux yeux [elle] m'a fait asseoir auprès d'elle, écrit-il à son grand-père. [...] Il n'est sorti de choses aimables, senties, touchantes qu'elle ne m'ait dites et pour vous et pour le corps et pour moi. Je lui ai parlé d'elle, de ses malheurs de notre profonde douleur de l'intérêt général qu'elle inspirait à tout bon Français. »

Par le Danube, la colonne du jeune chef arrive à Stein le 1er novembre. À partir de là, il faut abandonner la navigation et marcher pour traverser les territoires bavarois et autrichiens. Marche interminable, harassante. La température est en chute libre, la neige a fait son apparition. Un grave incident manque de coûter la vie au prince : alors qu'il traverse un lac polonais, la glace se rompt sous lui et c'est le courage et la rapidité de son ami Cheffontaines et de son valet Canone qui lui sauvent la vie de justesse.

Louis XVIII, averti de l'incident, frémira au récit du danger mortel couru par son jeune cousin[1].

Le 30 décembre 1797, le duc d'Enghien et ses compagnons arrivent au bord du Boug, rivière qui sépare la Galicie autrichienne de la Pologne russe et le 1er janvier 1798, à Kladniev, première ville russe après la frontière.

Il faut se soumettre aux ordres du tsar et prêter serment.

Un groupe d'officiers russes et un détachement de cosaques, accompagnés par un prêtre orthodoxe, les accueillent.

La cérémonie se déroule, solennelle et douloureuse.

Les troupes ont formé un carré autour d'un autel dressé avec des tambours. L'aumônier catholique du corps de Condé lit la formule du serment que les soldats prêtent en levant la main. Les officiers sont appelés à la signer un par un. Puis il faut abandonner la cocarde blanche, ralliement de tous leurs efforts, pour prendre les insignes russes.

« Nous avons, suivant l'ordre de l'empereur prêté le serment en entrant sur la frontière, écrit d'Enghien à son grand-père. J'ai assisté à cette cérémonie au passage de toutes les colonnes et je n'ai seulement pas attendu celles des équipages parce que cela m'aurait trop retardé. »

---

1. Louis XVIII à Condé. Blakenbourg, 27 janvier 1798.

Parfaite maîtrise de soi dans cette lettre datée du 3 janvier, « 21 décembre stile *(sic)* russe ».

Dans un geste d'élégante bonne volonté, d'Enghien, à peine arrivé en Russie, se plie aux doubles dates des calendriers grégorien et julien. Son grand-père et lui garderont cette notation pendant tout leur séjour en Russie.

L'émotion se traduit quelques lignes plus loin quand il s'interroge, une fois de plus, sur l'utilité de son rôle :

« Nous continuons à n'avoir qu'à nous louer des soins obligeants du prince Gortchakoff. Je le vois sans cesse et j'espère qu'il est aussi content de moi, du moins il en a l'air, mais cela n'empêche pas que continuellement à présent je me sente embarrassé et forcé de prendre sur moi des choses que je ne sais si vous approuverez. En général mon rôle ici ne peut être que très embarrassant ou à peu près nul. J'ai tâché de conserver le milieu pendant la route. Depuis que nous sommes sur la frontière et en Russie, cela devient impossible aussi est-ce avec la dernière impatience que je vous attends. »

Difficile de trouver un cantonnement pour tous ces hommes. À Vlodzimir, impossible de se procurer l'approvisionnement nécessaire ; à Lutsko, le duc d'Enghien essaie tant bien que mal de caser ses troupes mais la place manque tellement qu'il se réjouit de l'ordre signé de Paul Ier qui les envoie à Dubno. Là, dans un rayon de quatre-vingt-dix kilomètres autour de la ville, les hommes s'installent qui dans des villages, qui dans des hameaux. En dépit du froid, les conditions ne sont pas trop pénibles ; deux hommes seulement sont morts pendant le trajet. La ville, bien bâtie, possède de nombreux hôtels dont quelques-uns sont mis à la disposition des officiers généraux.

Les cafés, auberges et marchandises de toute sorte font le bonheur des Français, et même quelques femmes élégantes tiennent salon. L'exil s'annonce presque supportable.

Pendant que ses troupes s'acheminent vers leur destination, le prince de Condé est arrivé à Saint-Pétersbourg.

C'est vraiment cocasse de voir à quel point les esprits, même les plus fins, comme ceux du prince de Condé, nourrissaient des idées étranges sur la civilisation russe. Dans ses lettres à son petit-fils, il s'étonne de ce qu'il trouverait normal en France : « On croit trouver des taudis, et l'on trouve quatre ou cinq pièces de plain-pied, grandes, propres, et quelquefois assez ornées. » Les femmes russes sont « de plus très-jolies » ! Il les imaginait donc laides ! Quelques auberges possèdent même des salles d'armes, un télescope et quelques instruments de physique !

Le 20 novembre, le prince est arrivé à Riga, ville frontière, accueilli par les personnalités de la cité et un aide de camp, le comte Kritoff. « Il a absolument l'air d'un Français, et il est parfaitement honnête », semble s'étonner le prince toujours aussi *chauvin*. Kritoff lui remet une lettre de bienvenue de l'empereur, une somptueuse pelisse de zibeline en cadeau, et l'uniforme de général russe qu'il doit revêtir pour se présenter devant le tsar.

Le 2 décembre, le prince est entré dans Saint-Pétersbourg et s'est installé au palais de Tauride, ancienne demeure du feld-maréchal Potemkine, mis à sa disposition par l'empereur.

Paul Ier donne un faste inouï à ses retrouvailles avec le seigneur de Chantilly, lui faisant don d'un luxueux château, acheté pour la circonstance au comte Tchernychev, sur le fronton duquel le tsar a fait inscrire *Hôtel de Condé* en lettres d'or.

En arrivant dans « son » palais, le prince de Condé découvre que la délicatesse de son hôte n'a pas de limites : les valets portent la livrée ventre de biche et amarante des Condé et les voitures comme l'argenterie dont lui a fait présent le tsar sont frappées à ses armes.

Enfin, récompense suprême réservée aux personnes qui lui sont très proches, le tsar décore le prince de Condé de l'ordre de Saint-André.

Le 21 décembre, l'empereur Paul Ier remet solennellement au prince les nouveaux drapeaux et étendards du corps de Condé. Y figurent les emblèmes russes et français : au centre, l'aigle à deux têtes et aux quatre coins une fleur de lys.

À Chantilly, une armoire dans la chambre forte contient des trésors non exposés. Nicole Garnier ouvre les tiroirs larges mais peu profonds. Chacun renferme un immense drapeau soigneusement étalé, ayant appartenu à l'armée de Condé. La soie bleue, jaune ou rose est bien défraîchie, mais sur certains, j'ai vu nettement l'aigle bicéphale encadrée des quatre lys.

Il ne reste plus au prince de Condé qu'à faire venir son petit-fils à Saint-Pétersbourg. Il n'a cessé de lui adresser dans ses lettres mille recommandations pour cette réception à la cour. « Une fois que vous vous y serez fait connaître, lui écrit-il en guise de dernier conseil, vous courrez où vous voudrez ; mais il faut d'abord commencer par là, n'est-ce pas mon cher ami ? Vous en sentez sûrement la nécessité et l'importance pour vous, je dirai même pour nous. »

D'Enghien est d'accord, mais après sa marche de deux mois et demi, sa garde-robe est réduite à quelques loques.

« J'espère être à Pétersbourg lundi ou mardi au plus tard, je m'arrangerai pour arriver vers six heures du soir afin de pouvoir faire travailler tailleurs, bottiers car j'arrive dépourvu de tout ce qu'il me faut pour paraître et puis je ne serai pas fâché d'avoir une nuit pour me reposer un peu et dormir et une matinée pour causer avec vous. Je vous prie cher papa de faire en sorte que Contye ou votre valet de chambre se trouvent à mon arrivée avec tous les ouvriers nécessaires. Il me faut habit veste culotte pantalon bottes souliers épée ceinturon plumet dans le chapeau écharpe gants sabre uniforme enfin comme vous voyez *tout*[1]. Je n'ai rien pu faire faire à Lutzko où l'on ne trouve rien d'ailleurs je ne savais ce qu'il fallait pour le parfait uniforme[2]. »

Une nuit pour fabriquer un uniforme de parade ! On se croirait dans *Cendrillon* !

1. Souligné par le prince.
2. 22 janvier 1798.

Le 26 janvier, le duc d'Enghien quitte Dubno, après avoir confié son commandement au lieutenant général de Wall. Le voyage est d'environ six cents kilomètres, le prince arrive le 6 février à Saint-Pétersbourg.

Revêtu de l'uniforme terminé dans la nuit, le prince est présenté à l'empereur par son grand-père.

En quelques semaines, les princes français séduisent toute la cour impériale et participent joyeusement à ses plaisirs quand brusquement le tsar adopte une attitude hostile à leur égard.

Plusieurs raisons ont été données pour expliquer ce revirement. La plus simple et la plus plausible, pour moi, est que le souverain, dont l'humeur excentrique s'aggravait, s'est brusquement lassé de ses invités français.

Les deux princes quittent Saint-Pétersbourg au début de mars pour rejoindre leurs troupes à Dubno. D'Enghien ne semble pas ravi de quitter la capitale :

« Le mois que je viens de passer m'a mis à peu près au fait de ce qui s'y passe tout du long de l'année, écrit-il à son père, on s'y amuse tant que l'on peut et de bon cœur ; en vérité j'emporte des regrets, de jolies femmes aimant et choyant les étrangers, des assemblées de sept à huit personnes, où l'on joue peu où l'on cause beaucoup [...], des bals, des spectacles, de jolis théâtres [...], des parties de traîneau, beaucoup d'aisance de bon ton et de désir de plaire, tout cela compose un ensemble très agréable. Le tout est d'y revenir et je crois que nous voici enterrés pour longtemps dans nos cantonnements de Pologne où nous finissons par trouver les ressources de la société mais qu'il faut aller chercher de château en château à sept et huit mille d'éloignement. »

Il n'a pas le choix : pendant une année entière il va commander le corps de Condé cantonné entre Dubno et Lutzco, tout en profitant de l'hospitalité somptueuse du prince Michel Lubomirski.

Il y a une façon rose et une façon noire de considérer ce séjour dans cette région de la Pologne occupée par les Russes.

D'une part, la noblesse polonaise, charmée d'être en contact avec tant de gentilshommes français, organise réceptions, jeux et bals. Quelques-uns, comme le général de Bouthillier, les colonels princes de Broglie et d'Eclaibes ont même entrepris de monter une troupe de théâtre, et une grande partie du répertoire de la Comédie-Française est ainsi joué dans les salons de la comtesse Czaka[1].

Au début de juillet 1798, le duc d'Enghien décrit à son père une existence somme toute agréable : jamais, certes, on ne fera du caractère français le caractère russe, mais les cantonnements sont convenables comme l'entente avec l'habitant et les Russes qui sont là.

La lettre se poursuit sur un ton badin évoquant les « jolies femmes qui aiment ce que vous savez et qui s'arrachent M. le commandant ».

La région est giboyeuse à souhait et si le duc de Bourbon avait la bonne idée de venir rejoindre son fils en se faisant accompagner d'une vingtaine de chiens « courants, déjà instruits mais jeunes », ce serait le bonheur.

Quelques resquilleurs agacent le prince qui ne mâche pas ses mots :

« On a fait des malheureux par la cruelle formation que nous avons subie et par laquelle tout ce qui a fait la guerre activement se trouve à la suite et tout ce qui se grattait les c. tandis que les autres se battaient sont placés. »

Rien de bien grave en somme. La lettre se termine sur le même ton de légèreté pour demander ce qui lui manque en Volhynie : quelques cachets de terre de couleurs *(sic)*, une cassette pour ranger papiers et argent, des mouchoirs à vignette *(sic)*, de la laine à tricoter, et toujours la petite provision de thé dont il semble si friand.

Autre raison de se réjouir, le mariage prochain de Madame Royale avec son cousin germain, le duc d'Angoulême. Installé à Mitau, en Courlande, Louis XVIII, lui aussi sous la protection du tsar, réalise enfin le rêve qu'il caressait depuis qu'il s'était occupé de négocier la sortie de France de sa nièce.

---

1. J. de Thiboult de Puisact, *Journal d'un fourrier de l'armée de Condé.*

Les officiers mariés ont fait venir leurs femmes près d'eux. Même si les jolies Slaves ne lui ménagent pas leurs charmes, le duc d'Enghien, oubliant les adieux définitifs, a renoué une tendre correspondance avec la princesse Charlotte et lui propose de le rejoindre à Dubno avec son père, le prince de Rohan-Rochefort. Tous les deux se débattent dans des problèmes financiers insolubles et ne se font pas prier. Le tsar offre généreusement une pension à un grand nombre d'officiers français. Pourquoi le prince de Rohan n'en profiterait-il pas ?

Les Rohan arrivent donc en Volhynie et l'idylle entre Charlotte et d'Enghien se noue de plus belle.

À ce joli tableau, il faut ajouter les notes sombres.

Le courrier est soumis à une sévère censure de la part de la poste russe et les Français font très attention à ce qu'ils écrivent. De temps en temps une occasion sûre se présente, pour faire passer des lettres qui ne seront pas ouvertes. Voilà ce que confie le duc d'Enghien à son père quand il peut dire ce qu'il veut[1]. Le ton est bien différent :

« Vous écrivant par occasion, je puis vous donner quelques détails dont je n'ai pas voulu vous parler jusqu'à ce moment.

« D'abord, il est impossible de se déplaire autant à un service que je me déplais à celui-ci. Tout y est absolument opposé à nos idées, à nos principes ; tout est peine, travail, et aucun agrément.

« [...] Dans le fait, tout est ici si différent des usages, des mœurs de notre pays, que même en désirant de plaire au souverain bienfaisant qui nous nourrit, involontairement nous lui déplaisons en mille choses. La même chose est pour les habitants, les autorités civiles, etc. Aussi je regarde cette colonie militaire comme impossible à considérer comme un établissement durable.

« Messieurs les Polonais sont en général les plus grands gueux du monde, remuants, mécontents, poltrons et conspirateurs en même temps. Ils nous ont reçus à merveille, espérant que nous partagerions leurs opinions ; mais lorsqu'ils ont vu que nous étions prêts à

1. 14/25 janvier 1799.

leur couper les oreilles au premier ordre de notre nouveau souverain, ils ont changé de ton et de manières, et nous n'obtenons d'eux ce qui nous est dû que par la force et avec humeur de leur part. »

On est loin de l'atmosphère des lettres précédentes !

En fait, l'ennui règne dans la petite colonie française qui ressent d'autant plus le mal du pays qu'aucun combat ne l'absorbe. À part le théâtre qui n'occupe qu'un petit nombre, il reste le jeu et la chasse, ou plutôt le braconnage, ce qui ne facilite pas les relations avec les autochtones.

L'hébergement : il est finalement bien plus désagréable qu'il n'en avait l'air. Les petites villes sont sous la domination des marchands juifs qui rançonnent les étrangers, et les villages, agglomérats de maisons en terre ou en bois, sont habités par des paysans si malpropres qu'une épidémie de peste se déclare pendant l'été 1798, circonscrite heureusement grâce aux médecins français.

La vie militaire est loin d'être un enchantement.

Depuis 1796, Paul Ier a troqué l'uniforme russe contre un modèle emprunté au modèle prussien. Cette tenue a provoqué des moqueries de la part du général Souvorov, commandant en chef de l'armée russe, et un réel mécontentement chez les soldats habitués aux uniformes plus confortables de l'époque de l'impératrice Catherine. Les hommes de Condé, aussi contrariés, les ont revêtus à contrecœur, les trouvant communs et criards.

Les journées se passent en parades, revues et exercices dont l'empereur raffole. Les condéens doivent s'y soumettre jusqu'à l'abrutissement, de plus en plus mécontents de ces corvées aussi pénibles qu'inutiles. L'hiver 1798-1799 où la température descend jusqu'à moins trente degrés ne facilite pas les choses, les soldats devant rester tête nue devant les drapeaux.

L'humeur de tous s'en ressent et les escarmouches éclatent à propos de tout et de rien. Un certain Perrin, vingt-deux ans, officier du régiment noble, blesse grièvement un camarade au cours d'une bagarre. Impitoyable, la cour martiale russe ordonne une exécution publique : le condamné subira la peine du fouet, il aura les narines arrachées puis sera envoyé aux travaux forcés. Voulant lui épargner ce châtiment honteux, le prince de Condé demande la peine capitale mais ses prières ne sont pas entendues et la punition est appliquée devant ses camarades impuissants mais révoltés.

À cette existence pesante s'ajoutent les chagrins.

Le précepteur et ami du duc d'Enghien, le commandant de Virieu, qui ne l'a pas quitté depuis son enfance à Chantilly, tombe gravement malade.

Le 14 janvier 1799, le jeune prince annonce sa mort au duc de Bourbon :

« Mon pauvre vieux commandant de Virieu a payé le tribut à la nature et à son âge. Il est mort il y a près d'un mois d'une apoplexie... Pendant les quatre jours de son agonie je ne l'ai pas quitté espérant qu'il aurait un moment de connaissance mais il n'a pas eu la consolation de voir qu'il était bien soigné par ses anciens amis et qu'on le regrettait. [...] Il n'a pas souffert et s'est éteint comme une lampe qui finit. Il a été enterré en grande pompe. La cérémonie a été longue. Il faisait un froid de vingt-trois degrés ce jour-là aussi nous avons eu des soldats de la garde du convoi qui ont eu des nez, oreilles et doigts gelés. »

Encore une page de l'histoire de Chantilly qui se tourne.

Le fils du comte d'Artois, le duc de Berry, qui avait fait un séjour en Angleterre, revient en Russie à l'automne 1798. Son attitude déplaît aux émigrés et l'entente qui existait entre son cousin et lui pendant les années de campagne a disparu.

« M. le duc de Berry ne prend pas beaucoup ici, écrit le duc d'Enghien à son grand-père, il a eu des scènes assez vives ; on a voulu le traiter en enfant et il veut l'être en homme fait, mais il est dur dans ses propos, inconsidéré dans ses actions. Il est revenu de voyage, tout à fait un autre homme et le dire général est qu'il était mieux autrefois. »

À vingt ans, le duc de Berry jalouse, lui aussi, la popularité de son cousin plus âgé de sept ans, ainsi que les responsabilités qu'il assume au sein de l'armée. Un conflit éclatera entre eux, au moment de quitter la Russie, pour une sombre histoire de livraison de chevaux. D'Enghien aurait voulu en plaisanter mais Berry en prendra ombrage et son cousin finira par dénoncer à son grand-père « la malhonnêteté de M. le duc de Berry » qui retarde les opérations.

Chose plus grave, ses relations avec son grand-père se dégradent inexorablement.

Pour des uniformes boutonnés qui ne devraient pas l'être, ou le contraire, pour des prêts d'argent, d'ailleurs remboursés, pour des plaisanteries que le prince de Condé prend au tragique, les courriers entre grand-père et petit-fils prennent un ton amer. Toujours traité comme un gamin immature, le jeune prince essaie malgré tout de garder un lien affectif qui lui est précieux :

« Ne croyez donc pas que je vois les choses si fort en petit ni si fort en enfant. Si je les voyais ainsi il y a longtemps qu'avec la vivacité de ma tête j'aurais fait une multitude de sottises desquelles je serais sans doute à me repentir à présent. Ma constante conduite avec vous, avec l'armée ne prouve pas une tête si déréglée et si dénuée des premiers principes que tout homme d'honneur et qui n'est pas un sot trouve innés en lui. S'ils n'étaient pas encore développés en moi à vingt-sept ans, il y aurait peu d'espérance, et tout conseil pourrait, je crois, se regarder comme absolument perdu. Pardon, cher papa, de ces réflexions que m'arrachent malgré moi quelques phrases de votre dernière lettre qui semblent adressées à un enfant ou à quelqu'un d'extrêmement ignorant. Tous les jours on voit des opinions différentes et tous les jours on peut se tromper. Pardonnez aussi si je ne pense pas comme vous. »

Mais la véritable pomme de discorde entre le duc d'Enghien et son grand-père, c'est encore et toujours la princesse Charlotte. Cette aventure prend des proportions inquiétantes aux yeux du prince de Condé qui supporte difficilement de voir son petit-fils négliger toutes ses propositions de mariage.

Le tsar a refusé d'accorder la moindre pension aux Rohan. Il garde rancune à la famille en bloc pour le scandale né de l'affaire du collier et la pauvre Charlotte en fait les frais. Son père est le seul officier français à ne pas toucher un sou de l'empereur. La vie leur est encore plus pénible qu'à Ettenheim et le duc d'Enghien en éprouve chagrin et remords.

Un jour que les jeunes gens se promènent dans la ville de Mohiloff, le prince offre un petit chien à sa bien-aimée qui le nomme Mohiloff, tout naturellement. D'une race indéterminée tirant vers le carlin, le pauvre Mohiloff n'est vraiment pas beau, mais tel qu'il est, il séduit Charlotte.

Signe du destin ? En russe, tombe se dit *mohila.* « Être assigné à Mohila » est une expression populaire qui signifie : mourir.

Mohiloff, c'est aussi la ville que choisira, en 1915, le tsar Nicolas II, pour en faire le quartier général de son état-major, deux ans avant d'être assassiné avec toute sa famille. Une exécution secrète dans la nuit, des corps jetés en hâte dans une fosse...

Le chien Mohiloff s'attache aux pas de ses maîtres pour ne plus les quitter.

Le prince de Condé ne perd pas l'espoir de conclure un mariage royal. Le tsar n'y semble pas hostile mais comment faire entrer le moindre conseil dans la tête obstinée de son petit-fils ?

« Mon cher ami, lui écrit son grand-père, je croyais que la raison pouvait avoir quelque empire sur la vivacité de votre tête. Je vois que je me suis trompé ; mais perdez l'espérance que je cesse jamais de vous donner tous les bons conseils que me dictent le bon sens et mon expérience. La manière un peu forte dont vous les repoussez ne m'arrêtera jamais. [...] Vous courez le risque de rester sans vous marier, isolé sur la terre, quand vous avez besoin d'une protection puissante qui assure votre sort. Comment voulez-vous que je voie tout cela de sang-froid ? »

Le duc d'Enghien, n'osant heurter de front son grand-père, s'épanche auprès de son père :

« À présent cher papa, permettez-moi de m'occuper un peu de l'avenir avec vous. J'ai vingt-six ans passés je suis grand comme père et mère et mon grand-père ne peut s'accoutumer à me regarder que comme un enfant, gêné, tourmenté, sur toutes les plus petites choses. J'y mets une patience qui jusques à ce jour ne s'est, Dieu merci, pas démentie mais je songe sérieusement à acquérir un peu plus de liberté et à ne pas passer le reste de mes jours sous son direct commandement. [...] Il m'aime je le sais, il est prêt à tout faire pour mon bonheur, mais sa manière même de m'aimer est gênante, c'est plutôt mon nom que ma personne à laquelle il pense, vous savez aussi bien que moi ce que je veux dire, vous le connaissez. Jamais je ne lui ai donné un sujet de plainte, d'humeur; jamais une sottise forte et cependant ce sont des scènes continuelles, des reproches durs, des expressions déplacées dans sa bouche et une méfiance de moi, comme si j'avais déjà fait toutes les frasques imaginables.»

Comme il voudrait acquérir un semblant d'indépendance! Ses souhaits sont bien modestes: une pension fixe dont il pourrait faire usage à son gré et la possibilité de s'installer où il voudrait.

«Une existence comme la nôtre ici, continue-t-il, peut être bonne pour quelqu'un d'âgé comme mon grand-père qui met son bonheur et sa gloire à conserver autour de lui les débris de cette pauvre noblesse émigrée, mais moi j'y suis inutile et ce n'est qu'en courant un peu le monde et en tâchant de faire dire partout derrière soi du bien de soi, qu'un jeune homme peut se faire une réputation.»

Enfin, d'Enghien analyse avec calme ses sentiments pour Charlotte:

«Il est impossible d'avoir une conduite plus aimable, plus tendre, plus constamment parfaite sous tous les rapports que quelqu'un que vous devinerez bien et dont je vous ai déjà parlé souvent, a eue dans tous les temps et dans toutes les occasions pour moi. À force de sentiment, de soins vrais et touchants, ce quelqu'un a fixé mon cœur. Je l'aime, non comme maîtresse, mais comme amie, et, après cinq ans, toute illusion effacée, toute ivresse de sens à part, je crois être parfaitement sûr que jusqu'à la mort de l'un ou de l'autre, nous serons toujours unis par les seuls liens de la confiance et de l'amitié.

«Nous n'en voudrions ni l'un ni l'autre, contracter d'autres, malgré tout ce qu'on en a cru, et ce que l'on en croira jusqu'à mon m.ge[1].»

Ainsi se présente la lettre manuscrite[2]. Toutes les publications, sans explication, écrivent *mariage.* Mais pourquoi le prince ne l'a-t-il pas écrit en entier?

1. 1/12 avril 1799.
2. Archives nationales, dossier Surval.

Il ne semble pas, en tout cas, prêt à mettre Charlotte en travers des projets que sa famille pourrait nourrir pour lui.

Et comme ils n'ont obtenu aucune pension du tsar, Charlotte et son père décident de rentrer à Ettenheim.

D'ailleurs la Russie a signé de nouveau une coalition avec les alliés contre la France. Le Directoire a répondu par une déclaration de guerre. Nous sommes au printemps de 1799 : les troupes russes sous le commandement en chef du maréchal Souvorov, «près de trois cent mille hommes, écrit le duc d'Enghien, doivent se rassembler aux frontières de Lithuanie et de Volhynie».

Les troupes autrichiennes, commandées par l'archiduc Charles, se préparent à combattre celles du général Jourdan entre le Danube et le lac de Constance.

Le départ de Volhynie se confirme pour les condéens qui attendent de nouveaux ordres avec impatience.

Au début d'avril, le prince de Condé est appelé à gagner la Galicie, à la tête de son artillerie, mais la cavalerie doit attendre que sa remonte soit complétée et le duc d'Enghien a du mal à contenir son impatience.

«Les cabinets, les grands généraux, ne vont pas toujours, toujours en avant, comme une avant-garde, lui écrit son grand-père. On réfléchit avant de se hasarder. [...] C'est ce que l'expérience vous apprendra, si vous ne rétrécissez pas votre esprit à la très petite gloire de toujours se battre.»

Pour rattraper la troupe menée par son grand-père, d'Enghien ne perd pas une minute. À ses frais, il s'est procuré de petits chevaux cosaques du Don, à peine dressés, qui grâce à la maîtrise des cavaliers français deviennent vite d'excellentes montures de guerre.

Le jeune prince peut enfin partir avec les encouragements du tsar:

«Je vous fournirai une occasion de servir sous votre grand-père, par conséquent les moyens de vous distinguer et j'espère que nous serons également contents l'un de l'autre. Sur cela, je prie Dieu, mon cousin, qu'Il vous ait en sa sainte et digne garde.»

Adieu la Russie.

Le jeune prince chevauche à nouveau sur les routes d'Europe. Ce séjour en Volhynie n'a rien changé à son destin : la gloire des armes ? Il ne peut l'acquérir qu'en dehors de sa patrie. L'amour filial ? Il ne peut le témoigner comme il voudrait à son père dont il est séparé. Et la belle relation qu'il entretenait avec son grand-père est gâchée par une incompréhension mutuelle : le prince de Condé s'aigrit en vieillissant et son petit-fils est partagé entre sa soif d'indépendance et sa volonté de rester soumis à la maison de Bourbon.

CHAPITRE IX

Il mène ses derniers combats

« Le corps de Condé est sorti des frontières de Russie sur trois colonnes, la première commandée par mon grand-père, la seconde par le duc de Berry et la troisième par moi, ces colonnes marchant à un jour de distance. J'ai passé la frontière avec ma colonne le 6 juillet 1799. La route a duré trois mois. Notre destination était la frontière de Suisse où se trouvait l'armée russe commandée par le prince de Korsakoff, arrivée six semaines avant nous. »

Ainsi commence le troisième journal du duc d'Enghien, celui qui est consacré à la campagne de Constance en 1799.

Ce journal est complété par la correspondance du prince avec son père : une trentaine de lettres dont quelques-unes, autour du 11 novembre 1799, sont brûlées en haut et recollées sur un papier de support[1].

La route de retour est bien moins pénible. La saison est meilleure et l'infanterie se relaie sur de grandes charrettes. Les condéens se retrouvent tous à Prague, où ils reçoivent un accueil chaleureux.

Les combats ont recommencé en Suisse : autour de Zurich, le 25 septembre, s'affrontent trente-quatre mille patriotes sous les ordres du général en chef Masséna et vingt-quatre mille Russes sous les ordres du général Korsakoff, attendant vainement les vingt mille hommes de Souvorov qui doivent arriver d'Italie. La victoire de l'armée de Masséna est écrasante : « M. de Korsakoff attaqué

1. Archives de Chantilly. Correspondance et journal inédits.

devant Zurich fut battu, tourné, enfermé dans la ville et ne dut son salut qu'à la valeur extrême de ses troupes. »

Dans Constance – bâtie sur un isthme qui avance sa longue langue au milieu du lac, lui-même traversé par le Rhin –, les premiers jours d'octobre, l'armée de Condé, obéissant aux ordres de l'archiduc Charles, défend la position de la ville, faisant preuve d'une vaillance physique hors du commun.

Mais il ne s'agit plus que de protéger l'évacuation de la Suisse par les troupes alliées.

Toute la journée du 7 octobre, d'Enghien montre, une fois de plus, son talent militaire et son courage. Sous le feu de l'artillerie patriote, il est partout, même quand son cheval, atteint d'une baïonnette, s'écroule mort sous lui.

« Cher papa, écrit en hâte le jeune prince à son grand-père, je suis maître de la ville de Constance, l'ennemi s'est retiré, j'ai pris un drapeau aux Français en marchant en avant pour délivrer le lieutenant général de [nom illisible]. M. de Salgues est tué, nous avons son corps, nous avons fait beaucoup de prisonniers, j'attends des ordres mais je crois qu'il vaudrait mieux se retirer vers [illisible : probablement un des faubourgs de Constance] car notre position est bien mauvaise. »

Les patriotes ne sont pas mieux lotis car les rives du Rhin leur sont interdites, gardées fermement par les piquets de cavalerie que commande le duc d'Enghien en personne. Plus tard, une partie de ses troupes et de celles du prince de Condé se rejoignent à l'intérieur de la ville, mais certains régiments sont restés à l'extérieur : il faut reformer le corps. D'Enghien s'élance de nouveau. M. de Puymaigre a laissé une image très forte de ce dernier incident : le prince de Condé à cheval, le cordon bleu de l'ordre du Saint-Esprit barrant sa poitrine, criant d'une voix forte, avec ce ton de grandeur qu'il sait si bien garder au feu : « Faites ferme, mes amis : le duc d'Enghien, mon petit-fils, n'est pas encore passé. » Et de voir arriver alors, avec soulagement, le prince, sabre à la main, venant de charger comme un Condé.

Dans l'émotion de la bataille, leurs dissensions sont balayées par une même ardeur.

Au cœur de la défaite des puissances alliées, la bataille de Constance se détache comme une victoire du duc d'Enghien.

Pendant que les condéens se rendent maîtres de Constance, les républicains ont assailli les troupes russes dans la vallée du Rhin : deux armées à bout de fatigue et de souffrance. Finalement les Russes sont contraints de se replier, pieds nus, déguenillés, vers Lindau où ils rejoignent l'armée autrichienne commandée par l'archiduc Charles.

Le prince de Condé, toujours discipliné, vient se mettre à la disposition du général en chef Souvorov dont l'accueil gracieux enchante le prince et son petit-fils.

Les relations entre Autrichiens et Russes sont moins cordiales. Ils se reprochent mutuellement leur insuccès et leur entente se dégrade jusqu'à ne plus exister.

Dans les semaines qui suivent, les bruits courent que les troupes russes vont repartir au printemps pour la Pologne avec les émigrés.

Cantonné dans la ville autrichienne de Linz, le duc d'Enghien a retrouvé la joie de vivre et ne se soucie pas le moins du monde, à l'entrée de l'hiver, de repartir vers les grandes plaines russes. Il s'installe au mieux et pour cela demande à son père « de faire une collection pareille tant en assiettes et plats qu'en thé bouilloire cuillers à punch mouchoirs etc., mais point de verreries, [il en a] acheté suffisamment en passant en Bohême[1] ».

Sa maison montée, il retrouve les plaisirs de l'opéra et de la comédie, donne lui-même un bal que rend l'état-major.

C'est en valsant que les émigrés attendent les ordres du tsar.

Pendant que les combats faisaient rage dans les vallées rhénanes, Bonaparte, le 16 octobre 1799, entrait secrètement dans Paris, et le 9 novembre (18 brumaire) devenait le maître de la France.

---

1. 5 novembe 1799.

Le bruit du coup d'État parvient aux oreilles du duc d'Enghien qui en saisit l'importance. « L'ordre de se tenir prêt à marcher a été confirmé de nouveau, écrit-il à son père ; il paraît certain que l'empereur de Russie et celui des Romains[1] sont brouillés et que les Russes doivent rentrer en Russie sur-le-champ. Il y a de grandes négociations en jeu, la politique est embrouillée au dernier point. On m'apprend la révolution de Paris qui peut changer la face des affaires. »

« Voilà Bonaparte à peu près roi ; mais je doute que cela soit long », déclare le prince de Condé qui, lui aussi, a compris la situation[2].

Brouille avec l'empereur allemand ? Arrivée de Bonaparte au pouvoir ? Toujours est-il que le tsar Paul décide de se retirer de la coalition antifrançaise. De nouveau se dessine pour les émigrés un départ pour les grandes plaines de l'Est.

De Munich, le 19 décembre, le duc d'Enghien confie à son père son désespoir à l'idée de retourner en Russie : « Mort au civil, mort au militaire, mort pour tout le reste de l'Europe, voilà le sort des rentrants en Russie avant la paix générale. »

La lettre continue sur un ton morose. À cause de la neige et du vent violent, le jeune prince a attrapé un gros rhume avec fièvre et courbatures.

Et puis, encore et encore, la mésentente s'aggrave avec le prince de Condé : « Tout ce que je puis vous dire, c'est que j'éprouve aujourd'hui toutes les contrariétés que vous avez éprouvées de la part de notre supérieur commun. C'est continuel, insupportable, et plus il avance en âge, plus cela devient insupportable. Je m'arme de grande patience, mais il y a des instants où elle m'échappe et où je suis bien tenté de prendre le grand parti que vous avez pris. »

Et en post-scriptum, une seule note d'espoir dans le souci constant de ceux dont il a la charge : « Mais n'importe si seulement nous sauvons la noblesse, voilà l'essentiel. »

---

1 Cf. note 1, p. 55.

2. Au duc d'Enghien, 28 décembre 1799.

*
* *

1800 commence avec le même poids d'incertitudes angoissées sur les projets du tsar.

Le tsar va-t-il rapatrier les condéens en Russie ? A-t-il plutôt le projet de les aider à débarquer enfin en Vendée ? Va-t-il les laisser se réunir aux corps suisses pour la nouvelle campagne qui se prépare sur le Rhin ? Leur destination reste « un mystère impénétrable pour tout le monde, je crois, se lamente d'Enghien, car je ne la regarde pas comme déterminée, même par les puissances[1] ».

Et il termine sa lettre par l'aveu sans équivoque de son peu d'enthousiasme pour retourner en Russie :

« L'enterrement en Pologne me répugnait d'une manière excessive. La première fois, passant ma vie près d'une femme que j'aime et que vous connaissez, le temps s'était passé bien vite, et je puis dire que j'avais passé la vie la plus heureuse possible. Mais cette fois, loin d'être un moyen de rapprochement, je n'y voyais qu'une séparation éternelle d'avec tous les objets de mes affections. Je ne pouvais me faire à cette idée et, en conséquence, je m'étais déterminé à passer auprès d'elle le temps qui m'aurait été nécessaire pour recevoir mon passeport et ma permission de l'Empereur. »

Même si le prince reste inconstant, le sentiment calme pour Charlotte, dont il faisait état en Russie, se transforme lentement en amour.

Charlotte est-elle venue retrouver son cousin à Linz ou le prince s'échappe-t-il pour de courts séjours à Ettenheim ? Le fait est qu'ils se sont retrouvés et que les querelles reprennent de plus belle entre le petit-fils et le grand-père qui persiste à traiter Charlotte avec mépris :

« Si l'on était venu faire les arrangements avec moi à Linz, je vous jure que je n'aurais pas troublé votre tranquillité : mais, attendez-vous qu'il me sera toujours impossible de calculer votre séjour

1. Au duc de Bourbon, 28 février 1800.

un peu plus ou un peu moins long avec votre maîtresse toutes les fois qu'il s'agira de l'intérêt évident du corps. C'est ainsi que j'en ai usé pour moi-même, ayant commandé d'abord des corps et ensuite des armées, beaucoup plus jeune et tout aussi ardent que vous. Pour jouer un rôle brillant dans le monde, ce que vous désirez très-justement, il faut s'accoutumer à faire taire ses goûts, et même ses passions, du moment que la nécessité, la raison, ou seulement la convenance, l'exigent ; en voilà assez sur cet article[1]. »

Ah ! Elle est loin cette belle confiance qu'ils avaient l'un envers l'autre ! À l'aigreur méticuleuse de son grand-père, d'Enghien oppose un respect empreint de tristesse, lui présentant vainement Charlotte comme bien différente d'une simple maîtresse.

À Grenoble, Henry de Rohan, frère de Charlotte, vient d'être fusillé comme émigré après avoir passé plusieurs mois en prison. D'Enghien décide de rester près d'elle et l'annonce à son grand-père :

« Je me serais sur-le-champ rendu à vos ordres, cher papa, si je n'avais été retenu par un devoir bien cher et bien sacré, celui des consolations que peut donner l'amitié. Cette cruelle nouvelle a été sue par la princesse par un hasard malheureux et la bêtise d'un de ses gens. Elle en a lu tous les détails et vous pouvez facilement juger de sa douleur et de l'utilité dont doit être à ce cœur sensible la présence et les soins d'un ami sincère. »

Quel amoureux aurait envie de se séparer de sa bien-aimée dans une telle épreuve ? Et de supplier : « Je vous conjure donc de me pardonner si je ne fais pas sur-le-champ la course que vous désiriez. »

Au dos de cette lettre, pour la faire aller plus vite : « Offre de service au trot ».

Quel douloureux dialogue de sourds !

L'empereur de Russie fait enfin savoir au prince de Condé qu'il ne veut plus garder l'armée d'émigrés à sa charge et l'autorise donc à accepter les nouvelles propositions du gouvernement anglais.

---

1. 29 mars 1800.

Et comme point d'orgue à l'aventure condéenne en Russie, l'empereur nomme le duc d'Enghien grand-croix de l'ordre de Malte[1], ultime geste de reconnaissance d'un tsar fantasque qui, dans la situation troublée qui règne pour la possession de l'île, a profité de l'appel au secours de l'incompétent grand maître, Hompesch, pour se proclamer grand maître de l'Ordre[2].

Les changements d'uniforme ne se font pas vite. S'ils ont repris avec émotion leurs drapeaux fleurdelisés, les condéens portent encore la cocarde russe, ce qui mécontente les Autrichiens : « Ils demandent pourquoi nous la portons encore, écrit le prince à son grand-père, on ne sait que leur répondre. Ne vaudrait-il pas mieux n'en pas porter du tout si l'on ne peut porter la blanche, ou bien prendre la noire qui est anglaise et autrichienne. »

L'armée de Condé reçoit des Anglais l'ordre de se rendre en Italie. À peine sont-ils en Vénétie qu'un nouvel ordre les renvoie en Autriche. « Cela a l'air d'un conte pour rire », constate amèrement le jeune prince.

Avec l'énergie du désespoir, les émigrés se battent encore, conscients que personne n'a plus besoin de leur courage. Les combats s'effritent, peu à peu, les puissances rappellent leurs régiments. Mais eux, les Français dont personne ne veut, où iront-ils quand, depuis neuf ans, ils ont tout quitté. Pour rien ?

D'Enghien est à bout de patience :

« Aussi je vous assure qu'il me tarde d'avoir un sort assuré, tel modique qu'il soit, pour me caser quelque part et devenir tout à fait étranger, écrit-il à son père, le 3 juin ; ou Autrichien, ou Russe, ou Prussien, peu m'importe, mais tout vaut mieux que prince émigré.

« [...] Quand on a un état quelconque, au moins on est avoué ou protégé par la puissance que l'on sert. On est quelque chose ; mais n'être rien, n'avoir d'autre état que le nom de celui que l'on a eu ; éprouver tous les jours quelque nouvelle humiliation, toujours vouloir p..., comme on dit, plus haut que le c... et en reconnaître à

1. Lettre de Louis XVIII à d'Enghien, 22 février/5 mars 1800.
2. Cambaceres, *op. cit.*

chaque instant l'impossibilité, c'est l'état le plus malheureux que je connaisse. »

Et de constater avec chagrin que son grand-père est à peine reçu, à Vienne, par l'Empereur. Si le général Moreau s'y rendait, quel faste ne déploierait-on pas pour lui ? Quant à Bonaparte, il « est sur le trône, respecté, craint et admiré de tous les souverains ; et le roi légitime est à peine toléré dans un coin de Pologne, obligé de témoigner sa reconnaissance au souverain qui veut bien lui accorder un asile ignoré. Qu'espérer après cela » ?

Comme le prince est lucide encore une fois ! Bonaparte ne gagnera la bataille de Marengo que onze jours plus tard et ne sera sur le trône que dans quatre ans, pourtant, d'Enghien perçoit déjà que son ascension est inéluctable.

D'où son désespoir : il désire toujours « tenir à quelque chose », il a fini de croire à la contre-révolution et se rend compte « que d'avoir fait toute la guerre de la Révolution dans le corps de Condé, sera avoir perdu son temps ».

Que deviendra-il quand la paix s'installera ? Sa vocation n'est que militaire et c'est l'armée autrichienne qui lui semble la plus apte à l'accueillir. Seulement « mon grand-père me tient à son corps, écrit-il à son père, dans une nullité désespérante. Il a d'ailleurs, comme vous le savez, l'amour tourmentant et cela augmente avec l'âge. Il me traite toujours en enfant, n'a pas la moindre confiance pour moi, ne me parle de rien, ne me consulte sur rien. Je ne lui suis donc pas nécessaire[1] ».

Sans joie, d'Enghien continue son épopée héroïque dans la vallée de l'Inn avec des effectifs réduits à quelques centaines de soldats. « Nous avons fait ce que nous avons pu, mais nous pouvions bien peu. »

Et les Autrichiens, incapables de résister à la puissance militaire de l'armée de Bonaparte, sont contraints de signer un nouvel armistice le 15 juillet.

L'angoisse règne dans « la triste tranquillité du triste armistice »

1. Au duc de Bourbon. 22 juin 1800.

constate le jeune prince qui continue d'espérer un affrontement. « Il n'y a jusques ici rien de décidé relativement à la rupture de la trêve, cher papa. »

Et comme pour mettre un point d'orgue à leurs soucis, la nouvelle leur parvient que ce même jour, un concordat a été signé entre le pape Pie VII et Bonaparte.

Quand ils passaient en Vénétie, le prince de Condé et le duc d'Enghien étaient allés présenter leurs respects au pape Pie VII, qui venait d'être proclamé par le conclave, le 14 mars, après sept mois de vacance du pouvoir pontifical. Ils savaient que de Pie VII dépendait le sort de l'Église de France. Savent-ils à quel point ce sort dépendait aussi de Bonaparte ?

Depuis dix ans, les relations diplomatiques étaient coupées entre le Vatican et la France. Après quelques hésitations, Pie VI avait condamné la Constitution civile du clergé et soutenu la coalition contre la France révolutionnaire.

Après Thermidor, une certaine détente s'était amorcée mais ce calme relatif était régulièrement troublé par de nouvelles persécutions religieuses. Dans le feu de ses victoires en Italie, Bonaparte avait proposé un semblant de paix au pape Pie VI. Mais l'occupation de Rome par le général Berthier avait anéanti toute entente possible. La République romaine avait été proclamée en février 1798 et le pape Pie VI, arrêté et déporté, était mort en exil le 9 août 1799, à Valence où, comble de l'humiliation, il avait été privé d'un enterrement religieux.

Fort de sa puissance ascendante, Bonaparte prit très vite contact avec le nouveau chef de l'Église. Il était prêt à faire « quelques » concessions pour que la religion catholique fût de nouveau la religion de « la majorité des Français ». Des pourparlers s'étaient engagés mais les projets et contre-projets s'échangeaient sans succès. À bout de patience, nourri de l'exemple d'Henri VIII d'Angleterre, Bonaparte lança, le 12 mai, un ultimatum aux ambassadeurs : « Dites bien que si le Saint-Père se prête à mes desseins, j'aurai pour lui toute la déférence possible. Dans le cas contraire, j'établirai, sans rencontrer d'opposition, un culte quelconque, et cela en dehors du Saint-Siège vis-à-vis duquel je me croirai délié de toute obligation[1]. »

La menace était claire : si le Saint-Père persistait dans sa volonté de revenir aux statuts d'avant 1789, la France sortirait du giron de l'Église romaine. La menace d'un schisme était bien réelle.

Sept projets avaient été jetés au feu, c'est le huitième qui fut signé le 15 juillet : la France restait la fille aînée de l'Église et la majorité des catholiques français poussaient un soupir de soulagement.

Mais pour les Bourbons émigrés, dont le duc d'Enghien, cette signature était vécue comme une trahison : « On est grand homme à bon marché quand on l'est comme Bonaparte. Rien ne lui résiste, pas même Dieu, qui lui cède beaucoup de prérogatives en ce moment. C'est le règne des méchants ; nous aurions besoin de quelques grands miracles. » C'est pour d'Enghien l'anéantissement d'une entente parfois chaotique mais jamais rompue entre les rois de France et les papes de Rome.

Dans cet acquiescement officiel que donne le pape au pouvoir de Bonaparte, il va jusqu'à voir la condamnation au néant des rois de France.

Le 29 novembre expire la trêve signée quatre mois plus tôt.

Dernières salves de cette poignée d'émigrés face à une armée triomphante qui écrit sa légende.

Le 3 décembre, le général Moreau remporte la bataille de Hohenlinden et le duc d'Enghien, malgré son héroïsme et celui de ses soldats, ne peut que retarder la victoire de quelques heures, « car notre ennemi, le général Moreau, outre sa supériorité de nombre, il faut l'avouer, est bien supérieur en hardiesse et en talent ».

*

* *

L'imminence d'un accord de paix redouble les angoisses du jeune prince. « Que deviendrons-nous ? Les Anglais nous conserveront-ils ?

1. Jean Julg, *L'Église et les États*, p. 84.

Serons-nous militairement licenciés et puis pensionnés? Sera-t-il de nouveau question d'embarquement? On a beau penser, chercher, on ne peut s'arrêter à aucune idée qui soit seulement fondée sur une probabilité.»

Cette paix, il ne la souhaite pas. «Je ne pourrais me résoudre à prendre ce parti, que je regarde comme un enterrement moral et politique. Je veux d'une manière quelconque rester sur la scène et finir mon rôle[1].»

En France, l'attentat à la machine infernale, rue Saint-Nicaise, le soir de Noël, qui a failli atteindre Bonaparte, a renforcé la surveillance aux frontières. Le 14 janvier, le prince de Condé écrit à son petit-fils: «On assure, ce matin, que les patriotes ne laissent pas passer nos voyageurs pour la France, en leur disant qu'il y a trop de bruit à Paris pour qu'ils puissent rentrer, et qu'ils reviennent. Vous avez entendu parler de la mine dirigée contre Buonaparte *(sic)*.»

À Paris, les royalistes, dans la clandestinité, continuent de s'agiter, en particulier le baron Hyde de Neuville. Il n'avait que seize ans en 1792 mais avait défendu le roi dans la journée du 10 août et militait ardemment pour sa cause.

La nuit du 21 janvier 1801, huitième anniversaire de la mort du roi, il réussit, avec son frère et quatre camarades, à tendre le portique de l'église de la Madeleine d'un long drap mortuaire, sur lequel est affiché le testament de Louis XVI, inconnu à l'époque. Le groupe a opéré ce coup hardi sans être surpris par les rondes nocturnes ni les passants.

Comble d'impudence, ce testament, accompagné d'une proclamation du comte d'Artois, est placardé cette même nuit dans tout Paris.

Le drap mortuaire était encore exposé à neuf heures du matin. Dans la journée, le gouvernement fait enlever le drap, «les militaires chargés de cette opération y mirent beaucoup de décence», précise Hyde de Neuville.

---

1. Au duc de Bourbon. 3 janvier 1801.

À Lunéville, Joseph Bonaparte, plénipotentiaire du Premier consul, discute avec M. de Cobentzl, ministre de l'Empereur, les conditions de la paix. Le spectre du licenciement total n'a jamais été aussi menaçant pour le corps de Condé : la Russie s'en est détournée, l'Autriche a toujours montré son indifférence hostile, la Prusse est à peine plus favorable, l'Espagne et Naples ne comptent plus, et l'Angleterre n'a aucune intention d'entretenir une armée qui ne se bat pas.

Un autre spectre s'agite, l'ordre d'aller se battre en Égypte. Le prince de Condé est outré d'une telle proposition pour sa noblesse : « Les idées d'Égypte, des Indes, viennent dans les têtes, et l'on ne cherche pas même à nous rassurer à cet égard. Il serait un peu dur de récompenser la noblesse française de dix ans de service, pour notre roi d'abord, ensuite pour trois souverains de l'Europe [le roi d'Angleterre, l'empereur allemand et le tsar] par un exil au bout du monde[1]. »

Cette éventualité est tout aussi blessante pour lui : « On me traitera comme on voudra ; mais quant à moi, mon âge, ma santé, les infirmités qui s'approchent, l'état toujours incertain de la France, le sang des Bourbons qui coule dans mes veines, ne me permettent pas de faire la guerre comme un flibustier[2]. »

Le duc d'Enghien, horrifié par les propositions anglaises, envisage de reprendre du service chez les Autrichiens :

« Il faut, je crois, nous attendre à tout ce qu'il y a de plus révoltant ; car la destruction du corps paraît jurée. [...] Je pense que vous ne désapprouverez pas que je cherche à entrer au service de quelque puissance continentale, surtout si les Anglais ont la barbarie de nous retirer notre traitement, chose qui, j'espère, n'aura pas lieu. »

C'est au prince de Condé de se montrer indigné. Lui qui ne s'est jamais vraiment entendu avec les Autrichiens, bondit en lisant la lettre de son petit-fils. Pour lui, seul le service de l'Angleterre est possible, aussi répond-il vertement :

1. Au comte d'Artois, 21 janvier 1801.
2. À l'évêque d'Arras, 21 janvier 1801. Lettre chiffrée.

« C'est la seule puissance qui reste encore en guerre avec les Rebelles de France et vous êtes un Bourbon.

« Quant à ce que vous proposez, je me bornerai à vous faire penser (parce que c'est mon devoir de vous rappeler le vôtre), que vous avez un père et un roi ; que vous devez à ce dernier un double respect, comme votre roi et votre chef de maison, et que vous ne pouvez vous livrer au parti que vous voulez prendre, sans leur avoir demandé leurs ordres, à l'un et à l'autre, et avoir reçu leurs réponses pour vous y conformer[1]. »

La paix de Lunéville est signée le 9 février 1801. Toute possibilité de se battre s'évanouit pour les émigrés : « Nous avons été traités comme troupe devenue inutile à la paix et que l'on réforme », se lamente le duc d'Enghien.

Le sort du corps de Condé tarde à se régler mais son refus de se rendre en Égypte ne peut se conclure que par un licenciement définitif. À Gratz où le duc d'Enghien s'est installé avec Charlotte, il attend sans espoir. Ses réflexions n'ont jamais été aussi sombres :

« Notre tâche est finie, écrit-il à son père ; nous avons fait ce que nous avons pu, ou cru devoir faire pour notre maître légitime. Il est aujourd'hui bien prouvé que l'on n'a jamais voulu et qu'on ne veut pas le servir. [...] On craint les Français, mais on les déteste dans le fond. [...]

« Ces raisons réunies à mon goût me font toujours pencher pour le service d'ici, que je connais à fond, et où je sais que l'on me désire ; mais rien ne presse, et si je prends un grand parti, ce ne sera qu'à l'ouverture de quelque guerre nouvelle. À cette époque, si vous étiez par ici, nous pourrions prendre le même parti, car nous sommes trop jeunes l'un et l'autre, pour finir là notre carrière. En attendant, nous vivrions à bon marché, réunis, chassant fort, voisins de quelque ville agréable et absolument particuliers, jusqu'au jour où il faudra être prince en France ; car ici ce serait folie que de vouloir soutenir un état que l'on n'a plus. [...]

1. 13 février 1801.

« J'ai donc provisoirement obtenu de S. M. I. la permission de rester dans ses États héréditaires. Je viens de louer une jolie maison de campagne à une lieue d'ici, où j'attendrai les événements. Une jolie chasse auprès des amis ou amies dans le voisinage. [...] Je sais, Dieu merci, me contenter de peu. »

Il faut bien que la vie quotidienne reprenne son importance.

Le licenciement définitif de tous les corps de l'armée de Condé a lieu le 1er mai. Le prince de Condé, vêtu de l'habit bleu clair des officiers généraux, portant, sur sa poitrine la croix de Saint-Louis, au cou la croix de Malte, et, au côté gauche, sur le même rang, les plaques de l'ordre du Saint-Esprit et de Saint-André, serrant contre lui les fidèles des fidèles, écrit la page la plus triste de leur histoire.

Personne, mieux que Chateaubriand, ne peut la décrire :

« Les frères d'armes se dirent un dernier adieu et prirent divers chemins sur la terre sans savoir où ils reposeraient la tête. Tous allèrent, avant de partir, saluer leur père et leur capitaine, le vieux Condé aux cheveux blancs ; le patriarche de la gloire donna sa bénédiction à ses enfants, pleura sur sa tribu dispersée et vit tomber les tentes de son camp avec la douleur d'un homme qui voit s'écrouler les toits paternels[1]. »

Il reste, comme dans tout deuil, à mettre les affaires courantes en ordre : le duc d'Enghien est contraint de vendre ses chevaux, « pauvres vieux serviteurs, je les regretterai de tout mon cœur ».

Il est temps de quitter Gratz. La paix de Lunéville a changé l'équilibre des États allemands : ceux de l'évêché de Strasbourg, situés sur la rive gauche du Rhin, ont été attribués au margrave de Bade qui est nommé grand électeur. C'est donc à lui que le duc d'Enghien doit demander la permission de s'installer à Ettenheim. Le margrave accorde cette permission de bonne grâce mais exige que le prince s'engage, pour lui et pour son entourage, à s'abstenir de toute intrigue contre la France.

---

1 Chateaubriand. *Mémoires sur le duc de Berry.*

Bien sûr, le duc d'Enghien vit dans l'espoir de rentrer en France pour livrer bataille, sabre au clair, et remettre son roi sur le trône : rien de comparable, pour lui, avec une action terroriste.

Le prince n'hésite pas à donner sa parole.

CHAPITRE X

Il n'est nulle part chez lui

J'ai réglé mon radio-réveil sur le chiffre sept : demain matin, je pars pour Ettenheim.

À défaut de calmer mon angoisse en étreignant un ours en peluche, je me suis emparée d'un livre de la comtesse de Ségur, *Après la pluie, le beau temps.* Les parties de croquet et les amours de Jacques et Geneviève m'enferment dans le cocon protecteur que je voudrais, ce soir, n'avoir jamais quitté.

Mais à quoi donc, sotte que je suis, m'aurait servi un réveil ? À cinq heures, je n'ai déjà plus du tout envie de dormir.

J'ai le temps d'écouter la météo, affligeante sur toutes les fréquences : pluies verglaçantes, froid, neige. « S'il ne vous est pas indispensable de prendre la route, serinent les spécialistes, restez chez vous. »

Mais moi, je n'ai pas le choix, je suis dans une situation impérative.

Dernier petit déjeuner avant de partir. Copieux.

Derniers coups de brosse. Mes cheveux sont tout électriques. Signe évident de neige quelque part. Si près que ça ?

Je me couvre comme une Esquimaude et meurs de chaud en fermant mes bagages. S'il fait 23 degrés chez moi, quelle est la température chez eux ?

J'entasse dans un sac une bouteille d'eau, des pommes, du chocolat. Bon sang, je n'ai pas de boussole. Est-ce raisonnable de partir si peu équipée ?

Je ferme l'eau et le gaz, ce que je ne fais jamais pour aucun voyage.

À l'instant, je n'ai plus aucune envie de partir. La peur m'envahit, mais je n'ai pas honte : l'important, ce n'est pas qu'elle soit en moi, l'important, c'est que je la vainque.

J'aime bien me moquer de moi-même !

Tout de même, je regarde ma voiture et la trouve bien minuscule pour me transporter droit vers l'est, et me faire franchir les obstacles qui me séparent d'Ettenheim.

Huit heures et demie. La lumière de janvier, entre aube et jour, est somptueuse. Flottant sur la Seine cotonneuse, la grosse boule rouge joue les impressions soleil levant. Le musée d'Orsay, le Palais de justice, Notre-Dame se profilent en ombres chinoises. Je m'enchante de ce spectacle, oubliant presque de pester contre les encombrements inévitables d'un Paris qui va au travail.

Me voilà enfin sur l'autoroute et je m'emplis les yeux d'un paysage auquel je ne suis pas habituée. Le soleil est monté mais il se cantonne dans sa partition hivernale, chantant une symphonie grise, du gris bleuté au gris-vert amande, du gris-noir au gris-mauve, voilant les prairies et les collines d'une brume lactée.

Plus tard, je m'arrête pour prendre de l'essence au relais de Valmy. Loin dans la plaine, sous un ciel bleu d'azur, se profile une silhouette minuscule. Effet de mon imagination ? Je crois apercevoir un moulin et ses ailes. J'ai pourtant entendu dire que le moulin de Valmy avait été détruit par la tempête de l'hiver dernier. Et d'ailleurs, en septembre 1792, mon duc d'Enghien n'en a même pas aperçu un bout d'aile. Peu importe, Valmy a sa place dans ma remontée du temps : je prends des photos qui auront en premier plan les énormes camions arrêtés sur le parking. Peut-être la pellicule imprimera-t-elle les camions sans le moindre moulin.

Je reprends la route et admire le grès rose des Vosges, bien franc sous un soleil qui nargue les faux prophètes de la météo, mais j'y suis moins attentive, inquiète à l'idée d'approcher la frontière d'un pays dont je ne parle pas du tout la langue. « Très facile, m'a-t-on dit. Par Strasbourg, c'est l'autoroute presque jusqu'à Ettenheim. »

Mais il faudrait être plus discipliné que moi aujourd'hui. Bien avant Strasbourg, voyant un panneau indiquant Karlsruhe, je me précipite dans cette direction : ce nom m'est devenu si familier ! Sauf que j'ai quitté l'autoroute bien trop au nord et que je ne sais plus où je vais passer de France en Allemagne.

À défaut de voir Strasbourg, me voici tout de même devant le Rhin.

Émotion prodigieuse.

Quelle chance de m'être trompée de route ! Il n'y a personne sur celle-ci. Je traverse le fleuve à toute petite allure, me repaissant de sa grandeur, de sa teinte blanchâtre, de son calme.

Tant d'histoire de tous les temps, de poésie, de rêves et de sang, enfermés dans ces eaux-là...

Tout est facile maintenant et j'arrive à Ettenheim sans m'égarer davantage.

Mon hôtel est à l'entrée, sur une place charmante, face à une porte baroque arborant les armes de la ville de Strasbourg, à l'embranchement de la Rohanstraße. Mais il est en même temps au cœur de tout ce que je veux connaître de la ville : elle est si petite.

Je suis conquise. Immédiatement. Et à jamais.

Le docteur Jäger m'avait demandé de lui téléphoner dès mon arrivée. Il vient me chercher avec un paquet de pâtissier à la main et m'emmène chez lui. Avec sa barbe de loup de mer et son couvre-chef à la Humphrey Bogart, il m'est très sympathique. Nous arrivons à nous comprendre assez bien dans notre anglais approximatif. De toute manière, la passion qui m'amène à Ettenheim, et qu'il partage, nous permet de nous deviner avant de nous comprendre. Nous remontons la Rohanstraße et en cinq minutes, nous sommes devant la demeure du duc d'Enghien.

Il me semble que j'ai toujours connu ce chemin en pente, ce mur rocheux qui court sur sa gauche en face de la maison. Pas par les photos et dessins que je connais par cœur, mais plutôt par le sentiment très profond que « cela » ne pourrait être autrement.

Sur le mur extérieur, à droite de la porte d'entrée, une plaque de cuivre rappelle, en allemand, le séjour, ici, du duc d'Enghien.

Que m'importe que la maison ne soit plus meublée comme il y a deux cents ans, c'est la même porte, ce sont les mêmes volumes de pièces, c'est le même escalier dans le hall.

Pardon M. Jäger, mais je me sens vraiment chez le prince.

Une collection impressionnante de masques africains couvre les murs. « J'en ai acheté quelques-uns au marché aux puces de Clignancourt », me dit fièrement le docteur Jäger. Plus impressionnante pour moi, est la collection de portraits qui tient tout le coin droit du vestibule. La plupart de ceux du duc d'Enghien sont là – je les reconnais – avec quelques-uns de Charlotte, de son oncle le cardinal, et... de Napoléon ! Une statue blanche de l'empereur, de la taille d'un enfant, garde la collection. Je n'en crois pas mes yeux : Charlotte doit se retourner dans sa tombe ! Je me rends compte pourtant qu'aucune malice n'a guidé mon hôte : pour lui, ces personnages sont les acteurs d'une histoire qui a pour cadre sa ville et sa maison ; il ne voit aucun irrespect à exposer tout ce monde côte à côte.

Dans la cheminée du salon flambe un joli feu. Un mur entier est couvert de livres en français, en anglais, en allemand et en tchèque – Mme Jäger qui nous a rejoints est Tchèque. Elle connaît quelques mots de français et d'anglais, ce qui est déjà mieux que mon allemand inexistant, mais là encore, la sympathie pallie nos imprécisions linguistiques.

Le docteur Jäger déballe alors le paquet de pâtisseries multicolores et débouche une bouteille de riesling qui rafraîchissait dans un seau à champagne. Ce vin délicieux porte le nom de *vin du cardinal de Rohan* ; l'étiquette représente le prélat. Nous trinquons tous les trois en entrechoquant nos verres, au duc d'Enghien, à Charlotte, à mon livre, à notre rencontre, à Ettenheim. Les intentions ne manquent pas.

« Le duc d'Enghien n'habitait pas le rez-de-chaussée, me précise le docteur Jäger. C'était le propriétaire de la maison, le baron Ichtratzheim, qui l'occupait tout en laissant au prince la jouissance de l'étage. D'ailleurs, la maison s'appelait et s'appelle toujours *Ichtratzheim'sches Haus*.

– Pourrais-je entrer dans la chambre du prince ?

– Non, me dit-il fermement. D'ailleurs, les proportions des pièces du premier étage sont exactement les mêmes que celles-ci. »

Le ton me fait comprendre qu'il serait indécent d'insister. Je ne comprends pas pourquoi mais je respecte ce refus.

D'une certaine manière, cela m'est égal. Je me réjouis que cette maison n'ait pas été transformée en musée ou même en dépendance de la mairie. Ici, la vie continue : on y boit, on y mange, on y reçoit des amis, on s'y amuse, on y semble heureux. Je perçois bien mieux la présence d'une autre vie que si les pièces étaient pleines de vitrines froides et de gardiens maussades.

Je leur demande, pour plaisanter, si le fantôme du duc d'Enghien revient quelquefois. « Mais oui ! » me répondent-ils. Leur oui est convaincu. Est-ce seulement pour entrer dans mon jeu ?

Ils m'ouvrent leurs livres, leurs albums de photos. Le carnaval, chaque année, est une occasion, pour eux, de ressusciter le passé. Je m'amuse beaucoup à contempler le docteur Jäger déguisé en cardinal, poudré et perruqué. Ici, un jeune homme est habillé en duc d'Enghien, là, une jeune femme représente Charlotte. Je trouve tout cela charmant et touchant.

Mais le docteur Jäger se lève.

« Il reste un peu de temps avant la nuit, dit-il. Je vous emmène voir quelques maisons. »

Nous sortons en direction du jardin du duc d'Enghien.

« Autrefois, le prince pouvait aller de la maison au jardin par ce chemin, me montre le docteur Jäger. Aujourd'hui, il faut contourner cette maison moderne. »

À vol d'oiseau, le jardin est à une dizaine de mètres. En faisant le tour, nous y arrivons en trois minutes.

Derrière une porte encadrée de poteaux « qui étaient là », tout est en friche : pas une fleur, pas un buisson taillé, pas un arbuste entretenu. Au bout du terrain, une adorable petite maison est en piteux état, avec sa porte au verrou rouillé et ses vitres cassées. Cela me plaît : le temps a fait son œuvre, pas les hommes.

« Charlotte et le duc s'y promenaient souvent, me rappelle le docteur Jäger. La ville en est propriétaire aujourd'hui. Les autorités voulaient construire un parking mais nous nous sommes insurgés et nous avons gagné. On va aménager un jardin municipal. »

C'est en effet mieux qu'un parking mais comme je suis heureuse de l'avoir vu dans cet état !

Quelques pas à peine et nous sommes au palais Rohan. Palais est un grand mot car la maison, d'époque Renaissance, est assez modeste de proportions. Au-dessus de la porte d'entrée, les armes des Furstenberg qui donnèrent un évêque à la ville. Dans la grande salle qui sert aujourd'hui de salle de réunion publique, une belle tapisserie des Gobelins aux armes des Rohan, « De gueule, à neuf macles d'or », fait face à une autre tapisserie, d'une beauté plus orientale, qui provient de l'ancienne synagogue de la ville. Une partie du parquet est ancienne. Sur un pan de mur, à gauche de la porte d'entrée, le docteur Jäger me montre la vitre, enfermée dans un cadre, sur laquelle le duc d'Enghien traça ces mots avec le diamant de sa bague :

Quand on attend sa belle
Que l'attente est cruelle
Ah qu'il paraît doux
L'instant du rendez-vous

C'est bien son écriture. L'espace de quelques secondes, je « le » vois, le nez au carreau, guettant Charlotte et piaffant selon son habitude, ôtant son anneau dans un geste d'impatience et traçant ces quatre vers.

Léger frisson.

Je m'étonne un peu que le prince se soit ainsi servi des vitres du cardinal pour fixer ses déclarations d'amour. Le docteur Jäger, lui, n'est pas choqué de cette attitude étrange.

Nous rejoint alors un ami du docteur Jäger, Bernhard Uttenweiler – collier de barbe blanche et français très élégant. Il était professeur de français à Ettenheim jusqu'à cette année où il a pris sa retraite. J'abandonne l'anglais sans regret pour mieux préciser mes questions.

« Historienne ? » me demande-t-il.

Je réponds « non », modestement.

« Alors passionnée comme nous ! »

Malgré ma fierté d'être comparée à eux, je suis bien consciente que leur science de l'histoire d'Ettenheim est sans comparaison avec mes propres connaissances. Et quel souci d'authenticité dans leur quête ! Ils n'affirment que ce qu'ils appuient sur des preuves. J'aime infiniment leur façon d'appréhender l'histoire.

Le docteur Jäger s'est procuré quelques clefs secrètes, aussi pouvons-nous pénétrer dans la mairie. Nichée dans un des murs, une statue de l'évêque Etto, le fondateur, vers le VIIIe siècle, de la ville qui tient de lui son nom. Au premier étage, dans ce qui était à l'époque un grenier et qui est aujourd'hui la salle du conseil municipal, trônent les portraits des princes-évêques de Strasbourg qui étaient aussi évêques d'Ettenheim. Quatre Rohan portèrent ce titre.

Mais ce n'est pas ce qui me passionne le plus car, à droite de l'entrée, derrière un paravent et un piano à queue que les deux amis déplacent, je découvre une immense toile représentant l'enlèvement du duc d'Enghien.

« Complètement fantaisiste ! » s'exclament-ils.

C'est vrai mais cela m'est égal. Il fait une bien belle lumière pour cinq heures du matin. Sous une frondaison de glycines imaginaires, le duc d'Enghien, dans une chemise à jabot – style jeune premier romantique –, est encerclé de soldats dont l'uniforme ressemble assez à celui que portaient les hommes de Bonaparte. Une femme désespérée l'enlace tendrement. Est-ce Charlotte ? Mais une autre, assise à une table, sanglote éperdument. Est-ce une servante ?

Que m'importe ! Cette immense toile dans la mairie d'Ettenheim, face aux princes-évêques, me montre la force du souvenir.

En rentrant tous les trois chez les Jäger, nous trouvons Dieter Weiss, un autre de leurs amis, passionné lui aussi, qui possède une extraordinaire collection de documents. Ses lunettes lui donnent un air très sérieux. Il semble ne se nourrir que de ses recherches. Ce doit être un pur esprit : je passerai deux soirées entières en sa compagnie et il ne mangera pas le quart d'une cacahuète.

Sur la table basse entre les deux canapés de velours corail, à côté de la bouteille de riesling qui se renouvelle comme par magie, nous éparpillons tous les trésors. Dans un ahurissant cocktail de français, d'anglais et d'allemand – et ça marche ! – nous nous faisons part de nos trouvailles historiques. D'une certaine manière, ils sont beaucoup plus avancés que moi, mais leurs recherches tournent surtout autour de l'histoire des Rohan alors que je suis absolument polarisée sur le duc d'Enghien.

Ils sont tous déjà allés à Versailles, à Chantilly et à Vincennes – oh ! cette photo de l'imposant docteur Jäger plantant un gigantesque bouquet de fleurs jaunes au pied de la colonne funèbre ! – et même à Sychrov. Mais cette dernière visite a été un peu ratée parce que c'était encore l'époque communiste et que la plupart des pièces du château étaient fermées au public. Jaloux du récit que je leur fais de ma propre visite, ils projettent d'y retourner.

Dieter Weiss, lui, est allé encore plus loin. Il a réussi à retrouver la piste du fonds Stuber – ce Stuber, souvent nommé dans les lettres de Charlotte, était l'administrateur de biens des Rohan à Ettenheim – conservé aujourd'hui à Děčín, en Bohême. En recoupant les événements, je comprends que ces documents, qui avaient été vendus (ou donnés) aux Rohan d'Autriche par la fille de Stuber vers 1824, ont été emportés de Sychrov en 1947 par les autorités communistes et placés dans les archives de Děčín. Dieter Weiss a pu faire quelques photocopies qu'il m'offre : quelques lettres de Charlotte, datées de 1805, une photo d'un porte-document ayant appartenu au duc d'Enghien, différent de celui que j'ai vu à Sychrov.

La soirée s'avance. Je suis au sommet de la fatigue mais je sais que j'ai peu de temps, alors je rassemble mes forces. Le docteur Jäger et Dieter Weiss me raccompagnent à mon hôtel où nous nous installons pour dîner, Dieter Weiss, fidèle à lui-même, se contente d'une chope de bière. Par courtoisie, je les laisse parler allemand car Dieter Weiss ne parle pas anglais. Arrivée à ce point d'épuisement, je me demande si je ne commence pas à les comprendre !

Nous convenons de nous retrouver demain pour passer la soirée ensemble chez les Jäger.

Inutile de dire que je dors comme une enfant.

Le lendemain, j'ai toute la matinée pour me promener dans la ville. Bottée et chapeautée, j'emporte l'appareil photo jetable que je me suis procuré à Paris avant de partir. Hélas ! Trois fois hélas ! Ne parvenant pas à m'en servir, je tente vainement de le démonter. Le mieux serait que j'en achète un autre. Mais, situation incroyable, les Allemands d'Ettenheim n'ont jamais vu d'appareil jetable.

Fataliste, je décide, malgré mon peu de talent, de faire les croquis des maisons qui ne sont pas dans mon guide.

Après avoir marché et marché, je me rends compte que ce qui m'intéresse est circonscrit dans un périmètre minuscule. Juste après l'Unteres Tor, le point de départ est la maison de Charlotte dont le rez-de-chaussée est aujourd'hui une pizzeria. Charlotte s'installa dans cette maison, tout en colombages et toit typiquement alsaciens, après la mort de son oncle cardinal, en 1803. C'est d'une de ses fenêtres qu'elle vit pour la dernière fois le duc d'Enghien qui descendait la rue, encadré de gendarmes. Une plaque en cuivre comme celles qui sont devant la maison des Jäger et au palais Rohan rappelle le souvenir de la princesse. Je reste quelques instants pour imaginer le cortège et le prince levant les yeux vers celle qu'il ne devait plus revoir.

À partir de là, je suis la Rohanstraße jusqu'à la place du marché (trois minutes). Dans Ettikostraße, je contemple un Christ gothique couché, étrangement encastré dans le mur d'une maison. Je reprends Kirchstraße qui me conduit à l'église Saint-Barthélemy, superbe édifice baroque. Dans le chœur, sous une Vierge reine, mains jointes, entourée d'un saint Sébastien transpercé de flèches et d'un saint Joseph portant l'Enfant Jésus, une pierre tombale indique que nous avons sous les pieds le cercueil du cardinal. Dans le chœur, à droite, une tapisserie elle aussi aux armes des Rohan.

Je reste un moment dans cette église si propre, toute blanche et or, avec de longs panneaux de marbres rose et gris-bleu.

Je redescends par la Rohanstraße, pour passer de nouveau devant la maison du prince et le palais Rohan. En face, une boutique exhibe des maillots de bain. Il fait quelque zéro degré : optimistes, les habitants d'Ettenheim !

À seize heures, je retrouve Bernhard Uttenweiler qui m'emmène dans sa voiture repérer quelques endroits importants pour moi.

D'abord, nous refaisons le tour d'Ettenheim. Au bout d'Ettikostraße, face au palais Rohan et à l'entrée du chemin qui monte vers la maison du docteur Jäger, *Sonnehaus* – la Maison du Soleil – qui était alors une auberge où se tinrent les espions de Bonaparte pour surveiller les allées et venues de leurs suspects.

« Nous allons quitter Ettenheim, me dit Bernhard Uttenweiler, par le même chemin que le duc d'Enghien le 15 mars 1804. »

À la sortie de la ville, le fameux moulin où le commandant Charlot garda le prince quelques heures et où la dernière chance de s'enfuir disparut. Le moulin a brûlé à moitié mais il est en reconstruction et la silhouette des bâtiments est bien la même.

C'est maintenant la route qui mène au Rhin, à peine dix kilomètres. Mon chauffeur roule tout doucement. Le paysage est de plaine – le prince aimait y chasser –, le soleil commence à descendre et embrase tout le côté gauche du ciel. Au loin, à droite, sous le bleu qui s'obscurcit tendrement, je peux apercevoir la colline que surplombe le château de Mahlberg, propriété du margrave de Bade. Une de ses filles, la princesse Frédérique que le prince de Condé aurait bien mariée à son petit-fils, épousa le roi Gustave-Adolphe de Suède.

Nous traversons les mêmes villages que le prince, ce matin-là. Je me détourne des maisons modernes et fixe mon regard sur ce qu'a pu fixer le sien : Grafenhausen avec sa petite église au clocher pointu, puis Kapel avec son église à bulbe. J'ai si souvent rencontré ces deux noms dans les lettres des princes de Condé que j'ai l'impression d'avoir toujours connu ces villages.

Comme le prince me semble présent ! À quoi pensait-il dans cette ultime marche qu'il avait faite des dizaines de fois ? Je ne crois pas qu'à ce moment il pensait à une mise à mort. Je pense qu'il devait préparer sa défense, n'ignorant pas que, prince du sang, il pouvait être retenu en otage, très longtemps.

Et moi, sachant qu'il n'a plus que cinq jours à vivre, je garde le silence pour mieux m'imprégner de ce qui garde ici la trace de son dernier passage.

Voici le Rhin avec ses courbes d'eau et de bois, petites îles giboyeuses qui ont dû faire le bonheur du prince chasseur. Nous mettons la voiture sur un bac et nous traversons le fleuve. Seule différence avec le duc d'Enghien, nous voguons avec un moteur électrique.

Dans une de ces îles, le maire de Rhinau, Thaddée Roesch, cachait une barque et tenait un cheval sellé pour l'évasion du duc d'Enghien.

De l'autre côté, c'est la France. Comme les deux rives sont proches ! Nous traversons la ville de Rhinau.

Le prince a fait à pied la route de Rhinau à Plobsheim, une douzaine de kilomètres, en passant par Boofzheim. Nous arrêtons là notre circuit en France.

Sur la route du retour, je confie à Bernhard Uttenweiler ma déception de ne pouvoir monter à l'étage de la maison des Jäger, car j'aurais bien voulu apercevoir, comme le prince, les tours de la cathédrale de Strasbourg. « Ils ne veulent pas montrer les pièces du haut qui sont très en désordre, mais je vais vous emmener à Ettenheimweiler d'où l'on voit Strasbourg et les Vosges. »

Il fait nuit maintenant, et je pense que nous ne verrons rien mais peu importe : cette route qui serpente derrière Ettenheim, bordée de vignes, est charmante. « Le prince s'y promenait avec Charlotte et y chassait aussi », m'explique Bernhard Uttenweiler. Ettenheimweiler est une colline avec une tour où l'on peut monter pour mieux voir. Nous montons et je ne vois rien du tout, sauf les lumières des petites villes aux alentours, mais je sais que Strasbourg est là.

Nous nous arrêtons chez Bernhard Uttenweiler qui possède, lui aussi, une quantité énorme de documents. Avec une générosité spontanée, il photocopie tout ce qui peut m'être utile : cela fait un joli paquet.

À dix-neuf heures trente, il me dépose à mon hôtel. Je lui demande simplement si l'invitation des Jäger est une invitation à dîner.

« Peut-être oui, peut-être non, me répond-il. Mme Jäger est très fantaisiste. Je rentre chez moi prendre un en-cas et je vous conseille de faire pareil avant de vous rendre chez eux. »

J'obéis à moitié, un peu surprise. À mon arrivée chez les Jäger, un autre vin blanc, aussi délicieux, nous attend et le couvert est mis dans la salle à manger avec des tartines de fromage et de charcuterie. Je complète joyeusement mon repas comme le fait Bernhard Uttenweiler en m'adressant un clin d'œil.

Ce sera une soirée vidéo. Avec leur professeur, M. Balmer, les élèves français de quatrième du collège Marcel-Pagnol à Offenbourg s'étaient passionnés en 1989 pour l'arrestation du duc d'Enghien. Ils se sont déguisés et ont tourné un film à Ettenheim, en français, conseillés par Bernhard Uttenweiler. C'est parfaitement juste sur le plan historique.

Les adolescents sont un peu gauches mais appliqués et Charlotte est éblouissante, coiffée d'anglaises très XIXe. Les réunions autour de Bonaparte ont été tournées dans les salles des restaurants d'Ettenheim. Le jardin où flânent les amoureux se trouve à Fribourg. Le chien comédien est bien plus beau que le Mohiloff des gravures. Le prince coupe sa mèche avec dignité. À l'instant où les gendarmes font feu, le sourire de Charlotte tenant une rose apparaît en dernière image.

Je suis sous le charme.

Depuis le tournage, le lycée français d'Offenbourg a fermé ses portes. Peut-être des successeurs célébreront-ils le bicentenaire en 2004.

Dieter Weiss est parti. Connaissant mon désir de voir tout ce qui m'est possible dans cette maison, M. Jäger me propose de descendre dans les caves. Je dis les caves car elles s'étendent sur trois étages et sur toute la surface de la maison. Il y fait noir comme dans un four et froid comme en Sibérie mais nous avons mis nos manteaux et il y a des chandeliers à trois branches à chaque étage. M. Jäger, qui passe le premier, les allume pour nous faciliter la descente. « Le duc d'Enghien y descendait de temps en temps », me dit-il. Là au moins, rien n'a changé. Une pensée tenace me poursuit : habillée, ce soir-là, d'une jupe et d'un manteau longs, je descends avec précaution les escaliers comme devaient les descendre les femmes d'il y a deux siècles, et dans cette demi-pénombre qui nous masque beaucoup de choses, je ne serais pas surprise de voir apparaître quelque personnage ancien surgissant d'une encoignure. Et pourquoi pas le prince lui-même !

M. Jäger produit du vin. La quantité de tonneaux à chaque étage est ahurissante. Au plus profond de la maison, après avoir tiré pour chacun un verre de vin d'un blanc opaque et d'un goût indéfinissable, M. Jäger s'éloigne et revient avec une bouteille de vin rouge. « Cadeau », me dit-il en me l'offrant. L'étiquette représente le portrait bien connu de Charlotte, en robe rouge et fichu à la Marie-Antoinette. Sous sa perruque, le regard est tristement dans le vague : elle appuie légèrement la tête sur sa main gauche tandis que la droite serre un mouchoir de dentelle rouge, sûrement humide. Les couleurs sont en harmonie avec le fond de l'étiquette pourpre et la robe du vin : « Princesse Charlotte de Rohan » est-il inscrit en lettres dorées.

Je remercie chaleureusement mon hôte. Je boirai le vin avec plaisir et je garderai la bouteille.

Avant de partir, je veux dessiner la maison des espions car elle n'est pas reproduite dans les guides. Je ne montrerai pas non plus ce dessin mais je garde bien en tête ses murs vert amande, son toit de tuiles brunes et la porte n° 9 par laquelle entrèrent et sortirent les espions.

Il neige un peu mais je ne veux pas repartir par l'autoroute. Je veux partir comme est parti le duc d'Enghien.

Je m'arrête pour dessiner l'église de Kapel puis m'embarque, moi aussi, sur le Rhin. La traversée sur le bac à moteur dure à peine deux minutes. À la rame, cinq minutes ?

Je voudrais passer par Strasbourg mais je me trompe encore et de nouveau Strasbourg m'échappe. C'est bien. Le duc d'Enghien, de ses fenêtres d'Ettenheim, ne faisait qu'apercevoir les tours de la cathédrale que moi, j'ai imaginées dans le noir. Strasbourg lui échappa aussi : il n'en vit que la prison.

*
* *

Mes amis d'Ettenheim avaient attiré mon attention sur ce Thaddée Roesch, maire de Rhinau en 1804, ami de Charlotte et du prince. Jusqu'en 1998, Dieter Weiss avait entretenu une correspondance avec une certaine comtesse de Marande, dont le mari descendait de la fille aînée de Roesch. Il avait aussi certains papiers assez fantaisistes, comme les récits du drame par Max de Marande.

« C'était un arrière-petit-fils de Roesch, m'avait expliqué Dieter Weiss, et il a toujours affirmé que le mariage entre le duc et Charlotte ne faisait aucun doute. Malheureusement, il ne se fondait sur aucun document. »

Une lettre de Mme de Marande, datée du 11 mars 1987, le prouve :

« Nous n'avons jamais eu trace de ce contrat de mariage. »

Il me montra aussi deux lettres de la princesse Charlotte à Roesch, postérieures à l'exécution du duc d'Enghien, et surtout la photo d'une bague, une pierre en cristal entourée de douze brillants.

« Elle appartenait au duc d'Enghien, me dit Dieter Weiss. La pierre centrale était creuse et contenait une mèche de cheveux appartenant à la princesse Charlotte. Au moment d'être fusillé, le prince donna cette bague à un des soldats pour la remettre à Charlotte. Ce qui fut fait. »

Ce récit m'étonna : je n'avais jamais lu quoi que ce soit au sujet de cette bague. Mais Dieter Weiss poursuivit :

« Quand elle reçut la bague, Charlotte enleva ses cheveux pour y mettre des cheveux du duc d'Enghien et elle l'offrit à Roesch, en remerciement de sa fidélité. Plus tard, le prince de Condé, voulant voir cette bague, la demanda à Roesch et la lui rendit après avoir fait graver à l'intérieur de l'anneau : "21 mars 1804. Amitié. Fidélité." La comtesse de Marande possède toujours cette bague. »

L'anecdote m'avait touchée, j'avais envie de voir cette bague. Malheureusement, Mme de Marande ne répond plus aux lettres de Dieter Weiss. Est-elle morte ? En tout cas, son mari est mort, et comme ils n'ont pas eu d'enfant, la piste risque d'être difficile à suivre.

En observant la généalogie de Roesch, je m'aperçois que d'autres descendants sont toujours vivants et que je les connais.

Rentrée à Paris, j'appelle Emmanuel Rougier qui accepte volontiers de me prêter ses papiers de famille : lui descend de la fille cadette de Roesch.

Il me confirme la mort de Mme de Marande et me révèle que, à la suite de brouilles familiales, les papiers de cette branche de la famille ont disparu. Avec la bague.

« A-t-elle vraiment existé ? dis-je déçue.

– Rassurez-vous : la bague existe bien. Mais je ne sais pas où elle se trouve aujourd'hui[1]. »

Ses papiers recoupent ceux que j'ai rapportés d'Ettenheim, avec quelques précisions sur la famille Roesch.

« D'origine alsacienne, m'explique-t-il, elle était honorablement connue mais elle n'a jamais été noble. Le titre de baron est aussi fantaisiste que le titre de comte et *a fortiori* de marquis dont s'était paré Max de Marande, doté d'une imagination aussi fertile que fabulatrice. Il a beaucoup écrit sur le duc d'Enghien mais ses affirmations sont, la plupart du temps, complètement fantaisistes. »

Exemple, la mésaventure que le duc d'Enghien aurait eue, à Paris, avec cette comédienne parisienne, maîtresse de Bonaparte : la jeune femme, entendant arriver le Premier consul, aurait caché d'Enghien derrière un paravent qui aurait assisté, sans pouvoir s'échapper, à une scène très intime. Le plus grave, c'est que Marande ajoute que Bonaparte, l'ayant appris, en avait été tellement mortifié (il n'avait pas été si brillant ce jour-là !) qu'il avait décidé de se venger du prince et donc d'ordonner son enlèvement et son exécution. J'ai retrouvé cette anecdote dans une conversation de salon, au début de *Guerre et Paix*. Ce que Tolstoï raconte comme un ragot mondain, Marande essaya de le faire passer pour vrai.

Je trouve très choquant de transformer cette tragédie en vaudeville qui tourne mal.

---

1. Je retrouvai plus tard, à Chantilly, les lettres du prince de Condé authentifiant le don de la bague à Roesch et l'inscription gravée sur les ordres du vieux prince.

« Ce qu'il a écrit au sujet du mariage du duc d'Enghien est aussi peu fondé », conclut Emmanuel Rougier.

Ces affirmations ont pourtant suffi à plus d'un pour déclarer le mariage certain.

*

* *

Dès la dissolution de l'armée, les chemins du prince de Condé et de son petit-fils se séparent. Le grand-père s'embarque pour l'Angleterre où il doit retrouver son fils, mais malgré ses prières, le duc d'Enghien refuse de le suivre.

Ils ne se reverront plus.

La paix semble s'installer en Europe. Après dix années de combats, de marches sous la neige, de faim et d'épuisement, le duc d'Enghien aspire à une certaine quiétude à Ettenheim où il a choisi de se retirer.

Encore à Gratz, il prend ses dispositions pour monter sa maison. Le chevalier Dominique Jacques, qui lui est tout dévoué, a accepté la place d'intendant[1]. Les ordres du prince sont précis et, malgré la distance, il n'oublie aucun détail.

Jacques s'installe à Ettenheim dans le logement que lui a loué le baron Ichtratzheim. Il y habitera avec les fidèles domestiques Féron, Poulain et Canone, et s'occupera de trouver une résidence séparée pour Cheffontaine et Jonville, les amis du prince.

Dans l'immédiat, il faut jongler avec les difficultés financières : l'Angleterre a enfin fixé le montant mensuel de la pension, 150 guinées (à peu près 4 500 francs actuels), mais « sans engagement pris pour la vie », donc sans aucune sécurité pour les princes. « C'est à peu près comme lorsque l'on dit à un enfant : soyez bien sage et vous aurez un bonbon[2] », bougonne d'Enghien. Les dépenses qu'il a engagées pendant les années de guerre ne lui ont permis de faire

1. Duc d'Enghien à M. Jacques. 15 mai 1801.
2. Au comte de Marans. 6 octobre 1801.

aucunes économies : ce n'est pas la pauvreté mais Jacques doit faire attention à tout.

« Le cuisinier n'a aucunes provisions à faire jusqu'à mon arrivée ; mais il faut qu'il s'établisse de manière, et il en a le temps, à avoir ses fournitures au meilleur marché possible ; car je veux, cet hiver, mettre beaucoup d'économie à ma table. »

Faire des économies, c'est aussi bien choisir ses serviteurs. Un ancien domestique des Condé, qui avait été renvoyé pour vol, s'est présenté au chevalier Jacques pour être repris :

« Conseillez-lui de décaniller d'Ettenheim avant mon arrivée, écrit le prince, il n'a rien à espérer de moi. »

Mais son caractère heureux lui permet de passer sur ces tracasseries domestiques : « Comme je ne suis pas difficile, je trouverai certainement tout très bien. »

Amusant, ce *décaniller* sous la plume du prince : je vérifie que le mot est apparu en 1792. Le prince ne perdait pas de temps pour employer les néologismes comme il aimait suivre la mode, portant volontiers des pantalons à l'anglaise et les cheveux rabattus sur le front. Cette attitude, qui exaspérait son grand-père, était une autre source de conflit entre eux.

Loin de considérer ce trait de caractère comme un défaut, je ne déteste pas apprendre que Mgr le duc d'Enghien était sensible aux choses nouvelles.

À la fin de septembre, le duc d'Enghien arrive à Ettenheim et prend possession des étages qui lui sont réservés dans la maison d'Ichtratzheim. Une petite « colonie[1] », comme il se plaît à la nommer, dont le vieux marquis de Thumery et l'abbé Weinborn, l'a suivi et lui tient compagnie.

Il loue une petite chasse où l'accompagnent ses compagnons et le chevalier Roesch, frère du maire de Rhinau, qui s'est joint au groupe des intimes. Il s'est procuré deux chiens courants « excellents, surtout pour le chevreuil et le lièvre ».

1. Au chevalier Jacques. 15 octobre 1801.

Une nouvelle vie commence : repas entre amis, jeux de société, plaisirs des carnavals, jardinage et même coups de soleil quand revient l'été. Le gentilhomme campagnard se profile derrière le guerrier.

Beaucoup d'officiers de l'armée de Condé, moins bien lotis, errent dans la région, peu enclins à quitter leur état militaire. Seul prince sur le continent depuis le départ de son grand-père, le duc d'Enghien voudrait venir en aide à ces hommes désemparés. « Ils arrivent ici avec quelqu'espoir de trouver où se placer ; mais, à mon grand regret, je suis forcé de les renvoyer[1]. »

Comment pourrait-il les employer quand il ne l'est pas lui-même ?

D'autres, qui ne veulent plus se battre, cherchent à rentrer chez eux pour des motifs moins nobles : « Tout ce que j'ai gardé autour de moi brûle du désir de rentrer en France. J'entends bourdonner à mes oreilles des conversations qui me dégoûtent : l'intérêt, toujours l'intérêt ; l'argent, toujours l'argent[2]. »

Sa déception est encore plus amère quand il s'agit de vieux amis : « Je suis bien éloigné d'être content de deux jeunes gens auxquels je m'intéressais, comme vous le savez. Cheffontaines et Jonville viennent de me planter là, pour rentrer en France, avec des manières qui m'ont déplu, surtout d'après l'extrême bonté que je leur ai toujours témoignée, et sachant fort bien que rien ne me déplaisait davantage que ces voyages en France et ces ménagements à garder avec la République. Ce siècle est celui des ingrats : on ne devrait pas être étonné d'en rencontrer sur son chemin[3]. »

Le duc d'Enghien les remplace par le baron de Grünstein et le lieutenant Schmitt[4]. Mais, si dévoués soient ces nouveaux aides de

---

1. 16 avril 1802.
2. Au comte de Marans, 6 octobre 1801.
3. Au prince de Condé, 10 novembre 1801.
4. Je respecte l'orthographe préconisée par M. A. Pernot, petit-fils de Schmitt, dans le mémoire de son grand-père, qu'il a préfacé en 1895 et que j'ai eu en mains grâce à l'obligeance de son arrière-petit-neveu, M. Chanot. Le duc d'Enghien emploie également cette orthographe.

camp, le lien est différent, comme il l'écrit au comte de Marans : « Vous me dites que vous aviez appris que j'avais du monde près de moi : sans doute j'en ai, et quoiqu'assurément j'aie pour eux de l'amitié, je ne les aurais pas si je ne les y payais ; car ce sont des gens absolument étrangers à moi, à l'ancienne Maison [...]. Mais ils m'ont témoigné attachement dévouement. J'avais été seul, et j'ai préféré en prendre la charge. Je dois dire, à leur honneur, que ce n'est pas pour mon argent qu'ils restent. Je crois véritablement qu'il y a reconnaissance et véritable attachement ; aussi je m'y attache aussi, mais ce sont des étrangers, absolument étrangers, et je crois qu'ils ont profité de l'ingratitude des anciens pour se faire un mérite. Ils ont réussi. Il n'y avait pas de mal. »

L'ancienne Maison ? Celle des Condé qui datait de l'Ancien Régime. Payer ceux qui lui tiennent compagnie ? Pour ne pas être seul.

Quant à se lier avec des républicains ? Son grand-père n'a aucune raison de s'alarmer des avances dont il pourrait être l'objet :

« Vous ne devez pas être inquiet, cher papa, de la manière dont je me conduis avec les républicains nos voisins. Premièrement on n'en voit pas un, secondement ma façon de penser est trop ferme trop invariable pour que je puisse un instant supporter l'idée d'une liaison avec de pareils gueux. J'aime, je traite bien le soldat parce qu'il est brave et ignorant des horreurs qu'il sert. Je méprise à commencer par le Premier consul et à finir par le dernier employé dans le gouvernement tout ce qui est à même de connaître la révolution et qui est assez vil et assez criminel pour la servir. Vous m'avez appris à être fier de ma façon de penser, je le suis davantage plus je la vois s'affaiblir dans ce qui m'environne. Je mourrai bien par de ce côté-là, je vous en donne ma parole d'honneur[1]. »

Jamais il ne s'est départi de son respect pour les hommes qui se battent, qu'ils soient simples soldats ou brillants généraux. D'ailleurs, il ne cache pas son admiration pour Bonaparte, chef militaire, même s'il ne peut lui pardonner d'occuper un pouvoir hérité de la Révolution :

1. Au prince de Condé. 30 octobre 1801.

«Je ne parle pas du bruit général en Alsace, que Bonaparte va remettre M. le duc d'Angoulême sur le trône. Ce bruit n'est, je pense, fondé que sur un désir général d'avoir un roi, qui se manifeste dans toute la France, non par bons principes, mais parce qu'on n'espère la tranquillité stable qu'avec le gouvernement monarchique. Je crois qu'il serait bien égal, même à ceux qui se prétendent royalistes, qu'il fût légitime ou autre. Le duc d'Angoulême réunit plus de suffrages, parce que sa femme a intéressé et est aimée. La chose se pourrait faire sans secousse, sans guerre civile, si Bonaparte y donnait la main. Mais je suis loin de croire à cet usurpateur des vues aussi droites. Je ne le crois qu'ambitieux et son ambition fera sa perte, car il n'est pas aimé, même de l'armée[1].»

Le duc d'Enghien comprend bien que la fidélité des Français à la monarchie n'est pas morte mais que, pour la majorité, cette fidélité peut se porter aussi bien sur Bonaparte que sur un Bourbon. Le peuple français, devenu indifférent à la famille royale, aura de plus en plus de mal à discerner la légitimité de ses monarques.

Le prince a-t-il raison de croire que l'armée n'aime pas le Premier consul? En tout cas, quand il pressent que l'ambition fera la perte de Bonaparte, sa clairvoyance est une fois de plus étonnante.

Ses sentiments à lui, les voilà:

«Une guerre étrangère, de grandes révoltes dans ce qui fut ma patrie, voilà les deux choses qui pourraient me faire désirer de sortir de mon asile. Mais je vous avoue que le service de mon Roi, ou mon amour-propre militaire, sont les deux seuls motifs qui pourraient m'enlever à la douce tranquillité[2].»

La douce tranquillité de sa vie à Ettenheim? «Dame, écrit-il à son père, je saurai facilement y renoncer si ce n'est qu'à ce prix que je puis acheter la réunion totale.»

Pour le reste, le duc d'Enghien ne peut que souhaiter retrouver la France royale, édifiée par ses ancêtres. Il ne peut en concevoir une autre puisque, comme Bourbon, il est cette France-là. La France contre laquelle il veut continuer de se battre, c'est celle qui a fait de

1. Au prince de Condé. 10 novembre 1801.
2. Au comte de Marans. 16 octobre 1801.

lui un chevalier errant et apatride, et qui lui apparaît comme l'envers infernal d'une France qu'il souhaite toujours ardemment servir.

Mais le désespoir l'envahit quand il fait le bilan de ces années, nourri par le sentiment que tout ce qu'il a fait n'a servi à rien, que les idées républicaines gagnent du terrain dans tous les esprits, y compris ceux qui les ont combattues le plus vigoureusement :

« Je ne trouve donc rien de changé en 1801 à ce qui nous a forcés par honneur à tout abandonner en 1789, excepté l'opinion qui s'est avilie par le contact de nos ennemis, et par les absurdes jugements et raisonnements de nos amis sur notre cause, qu'ils ne comprennent aucuns, ou qu'ils feignent de ne pas comprendre, de peur d'être obligés de nous estimer et de nous servir comme ils le devraient, et comme la peur qu'ils ont tous de la République les en empêche. On nous a tant répété que nous étions des sots, que nous avons fini par le croire. On nous a dit en France que nous étions des traîtres à notre patrie, et l'on est parvenu à rendre beaucoup de nous honteux de leur conduite. Pour moi, j'en fais ma gloire, et rien ne m'en fera changer[1]. »

Tandis que la France fait un triomphe à l'auteur du *Génie du christianisme,* la paix d'Amiens est signée le 25 mars 1802 entre l'Angleterre et la France. Réduit à l'inaction militaire, le duc d'Enghien décide de proposer ses services à la Russie.

Par l'intermédiaire de l'ambassadeur à Vienne, le prince écrit une lettre à l'empereur Alexandre Ier, qui a succédé à son père, Paul Ier, assassiné un an plus tôt, dans des circonstances mystérieuses : « J'ai cru savoir attendre, Sire, que le traitement qui m'avait été promis par l'Angleterre me fût assuré, pour faire cette demande à V. M. I. puisqu'il me met à même de la servir sans lui être autrement à charge ; [...] le respect et l'amour le plus profond, la reconnaissance la plus vive et la plus sincère, la fidélité la plus inébranlable, voilà, Sire, ma profession de foi. »

Une autre raison de vouloir ce service, c'est « la possibilité que j'y aurais d'être utile et de placer plusieurs individus pour lesquels

1. Au comte de Marans. 30 novembre 1801.

j'ai de l'amitié, et qui, si je reste oisif, ne pourront, malgré leur attachement, rester auprès de moi. Le plaisir de faire le bien est déjà grand, surtout lorsque l'intérêt personnel de ma réputation militaire s'y trouve (comme dans ce cas-ci) réuni».

Mais le 13 février, Alexandre Ier rejette cette demande. Il accepterait d'accéder avec empressement aux désirs du jeune prince mais l'état de l'armée russe ne peut plus lui offrir «le moyen d'y être employé d'une manière conforme à son rang et à son mérite».

La déception du prince est forte et s'accroît de l'incompréhension de son grand-père à qui il avait confié ses projets. Pour le prince de Condé, être militaire, c'est se battre, sinon, c'est un emploi ridicule:

«Je persiste plus que jamais à penser que, pendant la paix surtout, vous ne devez entrer au service d'aucune puissance. À quoi bon? Pour aller passer votre vie dans une garnison, à faire pirouetter des soldats! [...]

«Au commencement de la guerre que j'ose croire avoir faite comme un autre, j'ai refusé d'accepter aucun grade au service de l'Autriche. On ne m'en a pas proposé, quand nous sommes entrés pour la première fois à la solde des Anglais. Lorsque nous avons été en Russie, Paul me demanda quel grade je voulais. "Aucun, si cela est égal à V.M.", lui répondis-je avec tout le respect qui lui était dû...

«[...] Comme on ne peut pas faire la guerre pour vous seul, il faut savoir attendre, [...] ce serait vous compromettre de la manière la plus folle, que de vous attacher, pendant la paix, à une puissance que la politique rendrait peut-être l'alliée des rebelles de la France [...]. Ne faites pas cette sottise, au nom de Dieu: vous ne vous en relèveriez jamais[1].»

Cette lettre pousse à bout le jeune prince qui se sent à mille lieues de son grand-père:

«Eh! Comment veut-il donc établir une comparaison entre ma position présente et la sienne d'alors? Comment comparer le prince

1. Condé à d'Enghien. 28 février 1802.

de Condé, de Paris, de Versailles, de Chantilly, avec le duc d'Enghien émigré, dépouillé, réduit à vivre d'une modique pension que la charité d'un gouvernement lui accorde et peut lui retirer d'un moment à l'autre[1] ?»

À son âge, le prince de Condé a mérité de se reposer, mais pas le duc d'Enghien qui n'admet pas d'être enterré vivant. «Je ne vis pas, je végète dans cette attente.»

Il se sait né pour le métier des armes «et s'il faut renoncer à redevenir ce que j'étais, je crois avantageux de faire l'impossible pour acquérir de la considération, pendant que mon âge et ma santé me le permettent, dans la seule route qui m'est offerte, celle de l'honneur[2]».

À ce point d'impatience, il se croit oublié de tous: «Je n'entends pas plus parler de projets pour moi que si je n'existais pas. Cette nullité m'est insupportable. Si l'on a assez d'officiers; eh! mon Dieu, qu'on me fasse soldat. Je ne demande qu'à ne pas être nul; et je vois des occasions de ne pas l'être m'échapper tous les jours[3].»

Honneur encore et toujours: dans l'absurdité de sa condition, le duc d'Enghien reste fidèle aux cahiers du petit prince à Chantilly.

Le duc de Bourbon s'est peut-être fait tirer les oreilles par son père car il semble déconseiller à son fils de s'engager auprès d'une puissance étrangère. Le jeune prince répond avec véhémence:

«Mon unique vœu serait de vous voir rentrer dans le service militaire, car, cher papa, que faire autre chose? Vivre le reste de nos jours bourgeoisement dans quelque grande ville, mangeant notre modique pension, ignorés du reste du monde, et, comme le voudrait la République, morts civilement. J'avoue que cette existence pour nous deux me paraîtrait peu honorable. Pour mon grand-père, il est d'un âge à avoir besoin de repos, et d'ailleurs il a fait tant qu'il a pu faire. Il faut l'imiter, je crois. Ce sont ces réflexions qui me donnent pour le militaire le goût un peu exagéré que vous

1. Lettre au duc de Bourbon.
2. 27 février 1802.
3. 16 avril 1802.

me trouvez. [...] Toujours nous rallier au drapeau du Roi, quand il en aura; et tant qu'il n'en aura pas, faire parler de nous en bien, là où l'on voudra de nous. Et pour cela, il faut bien entrer, pendant la paix, à un service étranger, afin d'y être employé, pendant la guerre[1].»

Désœuvré, découragé, il en deviendrait presque philosophe:

«Au reste, cher papa, quoi qu'il arrive, il est toujours important de songer à un établissement fixe, quelque part où l'on puisse enfin dire: je suis chez moi. Il se peut faire que des événements heureux nous rappellent dans notre patrie; mais aussi il est plus probable que non, ou que du moins il nous faudra encore attendre longtemps. Achetons donc quelque chose; soyons chez nous quelque part. On n'est bien que chez soi: n'êtes-vous pas de mon avis[2]?»

Pour tromper son manque d'activité, le duc d'Enghien organise un nouveau voyage en Suisse avec quelques compagnons dont le chevalier Jacques. Une fois de plus, il en rapporte des notes qu'il consignera dans son journal, à la suite du voyage de 1797.

Les deux récits n'ont rien de commun. Même s'il retourne pour la quatrième fois sur le pont du Diable et s'il recommence à commenter les menus des auberges et les visites des fromageries, il reste marqué par les années de guerre. Dans ces montagnes qui entourent le lac de Constance ont eu lieu les sanglantes batailles de 1799 et la retraite de l'armée de Korsakoff. Le 12 août, il marche sur ses traces:

«C'est sur ce sommet que se trouve la frontière du canton de Glaris et du pays des Grisons. Nous y avons vu, ainsi que dans le fond des précipices qui bordent la descente, une immense quantité d'ossements d'hommes et de chevaux; des bois de fusil, des lances de cosaques, mêlés à des lambeaux de vêtements et à des selles brisées, etc. À en juger par ces déplorables restes, qu'on aperçoit encore après quatre ans, les pertes de l'armée ont dû être énormes. On le conçoit, quand on pense que la majeure partie des troupes a

1. 21 avril 1802.
2. 7 juin 1802.

affronté tous ces obstacles, par une nuit des plus sombres, et au milieu des tourbillons de neige ; les hommes et les chevaux entourés de précipices, mourant de faim, exténués de fatigue, se pressaient sur des ponts étroits et le long des dangereuses corniches. Souvent ils se couchaient et demeuraient ensevelis sous la neige. »

À contempler ces restes d'hommes, de chevaux et d'armes, son émotion l'emporte sur sa nostalgie des chevauchées guerrières.

*

* *

À ces alternances d'exaltation et d'abattement qui habitent le duc d'Enghien, la princesse Charlotte oppose une tendresse inébranlable.

Oh ! La légèreté du jeune prince a du mal à céder ! À Linz où il avait passé le carnaval de 1800, il exposait sans détours l'emploi de ses nuits : « La société y est aimable nous y avons été bien reçus des femmes, il y a plusieurs cœurs de notre façon ce qui contribue beaucoup à l'agrément de la vie. Voici trois nuits qui vont être employées à danser et à f. le jour à manger et à dormir. C'est trop juste il faut réparer. Mon grand-père se désespère vous savez comme il est ennemi juré de toute espèce de plaisir[1]. »

Enfin, en 1802, le duc d'Enghien semble jouir de la présence de sa chère princesse :

« Je commencerai par m'accuser tout de suite de paresse, cher papa, ne vous ayant pas écrit de tout le carnaval, chose dont je vous demande pardon. Mais vous m'excuserez, quand vous saurez que la chasse, la danse, et le repos ont pris les trois quarts et demi de mon temps. Il faut bien laisser l'autre demi-quart pour l'amour ; vous voyez qu'il ne restait rien de vide. Le calme ramène l'abstinence des plaisirs bruyants[2]. »

Seul point d'ancrage sur lequel le prince sait qu'il peut s'appuyer, Charlotte est la raison essentielle de son installation à Ettenheim où

1. Dimanche gras 20 février 1800.
2. 27 février 1802.

elle-même réside, dans la résidence de son oncle, le cardinal, à quelques mètres de la maison d'Ichtratzheim.

L'intimité discrète des jeunes gens ne semble pas troubler l'ancien libertin qui laisse Charlotte agir à sa guise. Avec le chevalier Jacques, la princesse a préparé l'arrivée du duc d'Enghien, sûre de sa confiance... qu'il n'accorde pas au cardinal: «Vous verrez qu'il est assez difficile à vivre, quoiqu'aimable; mais il est fin, adroit, et je ne veux pas qu'il soit au courant de mes affaires. Prenez pour tout l'intermédiaire de la princesse, et, à lui, parlez-lui peu[1].»

Avec le prince, Charlotte partage la passion du jardinage. Ensemble, ils plantent renoncules, œillets, cloches blanches, graines de pensée, mais aussi poivre-long et laitues en feuilles de chêne. «Les choux glacés *(sic)* courent et s'étendent comme les concombres, écrit le prince à son intendant, ils ne peuvent plus tenir. Sur la fenêtre, nous avons deux cornichons, la princesse est particulièrement chargée de l'inspection journalière de cette partie[2].»

Si elle ne l'accompagne pas à la chasse, elle passe ses soirées avec lui. Le cercle des intimes se joint à eux pour souper. On commente les événements politiques mais aussi la chasse de la journée. Et on parle de sciences et d'art. «On attend la chance et l'on n'a pas le mauvais goût de vouloir la hâter[3].» La nostalgie qui s'empare de certains est vite vaincue par la gaieté du prince et de Charlotte.

Une vraie vie de couple!

Si seulement grand-papa pouvait oublier ses projets de mariage!

«Ma vie ici sera aussi économique que possible et en même temps agréable. J'y suis près d'un intérêt constant et qui fait le bonheur de ma vie intérieure. Je profite du bon temps qui me reste avant que le devoir ne m'oblige à prendre des liens plus sérieux, mais probalement moins agréables. Heureusement que jusqu'à ce jour, aucune des tentatives légères qui ont été faites par mon grand-père, n'ont eu de succès! J'en ai joui intérieurement sans le lui

---

1. Duc d'Enghien à M. Jacques, 8 septembre 1801.

2. 12 septembre 1801. Au chevalier Jacques qui dira – *Journal des Débats* 12/11/1803: «Je ne quittai le prince qu'une seule fois, ce fut pour aller aux eaux de Petersthal où je restai un mois.»

3. Au comte de Marans, 16 janvier 1804.

marquer, et sans m'opposer à ce qu'il a cru devoir faire pour en assurer la réussite[1]. »

Au contraire, en 1800, le prince de Condé a fait des avances à la cour de Naples, sans succès : la princesse Marie-Amélie épousera le futur Louis-Philippe.

S'il avait le pouvoir de décider lui-même de l'avenir de son fils, le faible duc de Bourbon le laisserait probablement épouser Charlotte. Peut-être même éprouve-t-il du respect pour cet amour ?

Quant à la princesse Louise, du fin fond de son couvent polonais, elle tente vainement de secouer son frère :

« Est-ce que vous ne vous démenez pas pour marier votre fils ? Je sais que c'est difficile, mais il ne faudrait pas tenir aujourd'hui à des princesses royales (comme l'on dit ici) ; notre mère et notre grand-mère ne l'étaient pas. Je me méfie un peu de votre paresse sur cet article[2]. »

Elle n'est pas hostile à Charlotte. Elle n'en parle même pas.

Après neuf années de campements à travers l'Europe en guerre, le prince a découvert le plaisir de se reposer près d'une femme qu'il aime mais quand son grand-père prête l'oreille à des rumeurs de mariage entre Charlotte et lui, d'Enghien les dément avec véhémence : il ne peut rien envisager de la sorte sans la bénédiction de son grand-père :

« Longtemps, il [le prince de Condé] a craint des choses sérieuses et je ne sais s'il est encore revenu de ses soupçons, je puis dire injurieux pour moi. Car je ne lui ai jamais donné lieu de croire que j'eusse une assez mauvaise tête pour être un jeune homme à grandes sottises ; et ce serait, ce me semble, la plus grande possible, que de contracter un pareil engagement sans l'autorisation de ses parents[3]. »

Sans réelle mauvaise volonté de sa part, les projets matrimoniaux de son grand-père, jusqu'à présent, ont tous échoué. L'amour profond que le prince porte à Charlotte n'a rien d'une passion dévorante. S'il espère que la chance continuera à lui être favorable, il

1. Au duc de Bourbon. 29 septembre 1801.
2. 18 octobre 1801.
3. 8 octobre 1801. Au duc de Bourbon.

n'est pas question pour lui d'oublier ses devoirs de Condé en bravant le chef de sa maison par un mariage avec Charlotte.

Ce qu'il veut dans l'immédiat, c'est garder Charlotte sans trop mécontenter le prince de Condé.

« Ici, cher papa, je trouve paix intérieure, attachement véritable et constant, confiance entière, fondée sur une épreuve de dix années. Je mène une vie uniforme et douce ; jamais un nuage, jamais un moment d'humeur, d'ennui, à plus forte raison de dégoût de part et d'autre. Je me plais à faire le bonheur d'un être, comme cet être met son bonheur à faire le mien. [...] Tout changement sera pour moi un malheur, tout autre engagement un chagrin bien douloureux. Je me soumettrai par devoir à ce que l'on appellera mon bonheur ou un établissement convenable et avantageux ; mais ce sera un sacrifice pénible, auquel nous sommes de tout temps résignés. [...] Je prie chaque jour le ciel ardemment pour qu'il ne se présente aucune facilité pour un sort avantageux. Ce serait la fin du bonheur le plus pur et le mieux senti qui ait peut-être jamais existé, et pour mettre à sa place Dieu sait quoi[1] ! »

Il faut à Charlotte une grande abnégation pour supporter l'attitude du prince de Condé à son égard, mais la qualité de l'amour qu'elle voue au prince est telle qu'elle supporte fièrement ce dédain. Le prince, lui, amoureux plus frivole, est conscient de ses faiblesses possibles :

« [...] Pour vous seul,

« J'ai craint les charmes de Londres ; j'ai craint des amours vifs *(sic)* qui m'y auraient retenu trop longtemps. Je me défie de moi ; au lieu qu'ici j'aime, à la vérité ; mais cet amour est fondé sur l'estime et la confiance, et je suis sûr que l'on me recevra toujours mieux après une campagne qu'avant, et que l'on me fera repartir sur-le-champ, loin de me retenir, lorsque l'honneur m'appellera quelque part[2]. »

Cette maîtresse passionnée agit en libératrice sans jamais chercher à enchaîner. L'amour qu'elle porte au duc d'Enghien est trop

1. 22 août 1802. Au duc de Bourbon.
2. 30 novembre 1801. Au duc de Bourbon.

noble pour imposer au prince quoi que ce soit pour elle qui l'empêcherait de faire son devoir de prince et de militaire.

Et le duc d'Enghien y est de plus en plus sensible.

Le 16 février 1803, meurt le cardinal de Rohan.

Ses dernières années auront été pénibles : à la signature du concordat, il avait dû se démettre de son évêché de Strasbourg. En Allemagne, la situation était, elle aussi, critique car les souverains allemands avaient décidé de séculariser les biens ecclésiastiques : le margrave de Bade s'était emparé des bailliages d'Ettenheim et d'Oberkirch et le cardinal, dans l'attente pénible de connaître jusqu'où irait cette dépossession, était tombé malade.

Veillé par Charlotte, il s'éteint avant d'avoir dû abandonner sa demeure. Tandis qu'à Strasbourg un service solennel est chanté en présence de l'évêque concordataire, les bourgeois d'Ettenheim assistent à la messe d'enterrement dans leur cathédrale toute tendue de noir « avec des trophées d'armoirie comme ci-devant ». Pour la dernière fois, les armes des Rohan décorent officiellement Ettenheim[1].

En souvenir de la façon dont le cardinal avait reçu les princes de Condé au début de l'Émigration, le prince informe son grand-père de sa mort. Peut-être espère-t-il que l'émotion de Charlotte le touchera ? Et que l'héritage possible le rendra plus compréhensif.

« Le cardinal a fait une belle fin. Il a rempli les devoirs d'un bon chrétien, est mort avec toute sa connaissance, et nous a réellement édifiés. [...] Sa fin a été déchirante pour la princesse Charlotte. Il a été deux jours avec la gangrène dans les poumons, par conséquent sans aucun espoir, et ne se doutant pas de son état, croyant même qu'il était mieux et le disant. Vous jugez de ce qu'a eu à souffrir le cœur sensible de cette malheureuse ; elle vous aurait touché si vous en aviez été témoin. Malade elle-même d'un gros rhume, maladie épidémique qui règne en ce moment, elle n'a voulu quitter son chevet ni jour ni nuit. Le cardinal a dicté ses dernières volontés. [...] J'ai su, par l'indiscrétion du secrétaire, qu'elles étaient toutes en faveur de la princesse, et vous pouvez juger de mon bonheur de

1. Au duc de Bourbon. 28 février 1803.

la voir enfin tirée de la position gênée où elle se trouve depuis si longtemps[1].»

Pauvre Charlotte ! L'héritage de son oncle comprend tellement de dettes qu'elle est obligée de le refuser. Elle doit quitter la maison du cardinal qui revient légitimement au margrave et s'installe au bas de la ville, dans la jolie maison à colombages, louée à un certain Sartori, celle qui est transformée aujourd'hui en pizzeria. Il lui reste aussi des propriétés à Saint-Domingue mais l'agitation qui trouble l'île empêche Charlotte de disposer de ses nouveaux biens.

Toutes ces épreuves que traverse la princesse ne changent pas les sentiments injustes que nourrit le prince de Condé envers elle. Cette dureté blesse son petit-fils, aggravant encore leur discordance :

«Il me traite encore bien sévèrement, et ne daigne pas m'ajouter un mot de bonté. Cette retenue lui doit faire presque autant de mal qu'à moi. Suivant vos ordres, j'y mets toute la douceur possible. Je ne me permets aucune plainte et j'attends du temps qu'il me rende des bontés desquelles je ne me suis jamais montré indigne[2].»

*

* *

Après un échange de lettres, Mme Claude Pasteur m'a invitée à lui rendre visite.

Sa biographie du duc d'Enghien, parue en 1972, avait eu un succès mérité. Si quelques-unes de ses affirmations me paraissaient étranges, je relevai celles qui concernaient les relations de Charlotte avec le duc d'Enghien : Mme Pasteur était l'arrière-petite-nièce du notaire de la princesse Charlotte, le comte Foucher, et elle défendait la thèse d'un mariage qu'elle datait de novembre 1803.

Dans un courrier, Mme Pasteur m'avait tout de même écrit qu'elle ne possédait aucun document prouvant ce mariage car, sur les ordres de Charlotte, le comte Foucher avait brûlé tous ses papiers personnels, après sa mort en 1841.

---

1. 18 février 1803.
2. Au duc de Bourbon. 17 mars 1803.

Malgré tout, je ne voulais pas négliger ce témoignage familial.

La maison de Mme Pasteur, héritée de l'arrière-grand-oncle, est nichée en plein centre de Paris.

À l'entrée de la cour-jardin, je m'arrête devant une plaque de pierre contre un mur : le texte qui y est gravé est le même que sur la tombe de Charlotte à Picpus, sauf qu'il ne mentionne pas le mariage[1]. Cette plaque se trouvait dans la chapelle de Meudon, dernière paroisse de la princesse, qui a brûlé pendant la guerre de 1870.

Une jeune femme me fait entrer dans la maison et monter au troisième étage, dans la bibliothèque où m'attend Claude Pasteur.

Partout des livres. L'atmosphère de la pièce où règne une autre époque fait paraître déplacée la présence du téléphone et d'autres instruments modernes. Devant le canapé de velours, sur un petit guéridon recouvert d'un napperon de dentelle, reposent deux verres à pied et un carafon de porto.

La santé de Mme Pasteur lui impose de marcher avec une canne, aussi, avant de s'asseoir, me fait-elle faire le tour des trésors ayant appartenu à Charlotte.

Dans un coin, une table à ouvrage. En bas d'une vitrine, un somptueux nécessaire à toilette en baccarat, grappes de fleurs blanches sur fond jaune, me fait rêver : le prince a-t-il connu ces flacons aux formes et tailles variées ? Sur des étagères, des livres reliés en maroquin vert.

Le souvenir du duc d'Enghien et de Charlotte flotte, léger, dans la pièce et invite au respect de ce qu'ils furent l'un pour l'autre.

La conversation commence. Une sympathie a éclos, très vite, entre nous, née de notre passion commune pour ces deux personnages auxquels nous avons consacré notre temps.

« C'est mon mari qui est allié au comte Foucher, m'explique Claude Pasteur, mais j'ai tout de suite adopté cette parenté. C'était un homme loyal, en qui la princesse avait toute confiance. Elle lui a

1. *Cf.* le premier chapitre.

légué d'ailleurs sa propriété du Val-Meudon, qui n'existe plus aujourd'hui, ainsi que les objets que vous voyez et ces documents que je vais vous prêter. »

Très touchée par ce geste de confiance, je vois qu'il s'agit d'une partie manuscrite du journal d'émigration du duc d'Enghien, du testament de Charlotte, d'une lettre manuscrite du chevalier Jacques et d'articles parus dans *Le Moniteur* au moment de l'exécution du prince.

Le point sur lequel je reviens sans cesse, est l'existence ou non de ce mariage princier. Je ne mets pas une seconde en doute l'honnêteté intellectuelle du comte Foucher mais je n'ai toujours aucune preuve. En revanche, forte de la connaissance que j'acquiers de la personnalité du prince, j'ai de plus en plus de mal à croire à un mariage secret. Devant Mme Pasteur, je me mets à penser tout haut :

« Un fait est indéniable : Charlotte et le duc d'Enghien étaient amants. La thèse naïve de la chasteté qu'ils auraient maintenue entre eux jusqu'au mariage ne peut résister à une lecture attentive des lettres que personne, jusqu'à aujourd'hui, n'avait lues.

« Indéniable aussi : le sentiment qui l'unissait à Charlotte dans les dernières années avait la force d'un lien conjugal. D'autre part, puisque Charlotte s'était donnée au prince en dehors du mariage, pourquoi l'aurait-elle entraîné dans un engagement qui l'aurait irrémédiablement coupé du prince de Condé ?

« Je trouve très beau que Charlotte, durement éprouvée par les années de guerre, de peur, de pauvreté, ait placé son amour au-delà de certaines conventions, au-dessus, surtout, d'un titre qu'elle n'aurait pas pu porter publiquement.

« Le prince espérait-il, un jour, faire tomber les obstacles ? Peut-être sa volonté ne consistait-elle qu'à décourager les projets de mariage dont son grand-père se nourrissait ?

« Quand les ministres de Bonaparte, dans quelques papiers, donnent à Charlotte le titre de duchesse d'Enghien, c'est par convenance. Il ne leur vient pas l'idée d'appeler princesse de Rohan la jeune femme qui a vécu avec le duc d'Enghien.

« Dans les fossés de Vincennes, le duc d'Enghien n'a pas eu honte de parler de la "princesse de Rohan-Rochefort".

« Pour le XIXe siècle, hypocrite et pudibond, le caractère héroïque des deux amants ne pouvait s'abaisser à une simple liaison. Respecter leur amour et leur mémoire, c'était obligatoirement les déclarer mariés. Impossible d'imaginer la respectable princesse de Rohan accomplissant des actes interdits par les bonnes mœurs.

« Je crois que c'est à cause de cette mentalité que la version du mariage s'est développée. »

Mme Pasteur n'est pas hostile à ce que je viens de dire. Le carcan du XIXe siècle obscurcissant la réalité lui semble très vraisemblable.

« Mais le comte Foucher, me dit-elle, était un homme droit. Pourquoi aurait-il menti ? »

Je lui demande alors :

« Est-on sûr que Charlotte lui ait parlé de son mariage ?

– Non, me répond-elle.

– Ne croyez-vous pas que justement votre arrière-grand-oncle respectait trop la princesse pour l'imaginer autrement que mariée ? Il était influencé par son époque... Et puis, quelle importance ? Qu'ils soient mariés ou non ne change rien à la vérité de leur amour. »

Claude Pasteur m'a écoutée attentivement, sans me contredire.

« Cela fait très longtemps que je ne m'étais pas préoccupée de ce problème, me dit-elle. Je vais chercher de nouveau dans nos souvenirs de famille. »

Je la quitte en emportant ses documents sous le bras.

Aux archives de Chantilly, j'ai trouvé un certain nombre de reconnaissances de dettes, jamais publiées à ma connaissance, comprises entre la mort du cardinal et mars 1804. Certaines, comme celle-ci, sont signées de Charlotte et de son père :

« Ettenheim, électorat de Bade ce 10 mars 1804

« Nous reconnaissons devoir à S.A.S. le duc d'Enghien la somme de cinq cents louis d'or de francs valeur reçu comptant que nous nous engageons à lui restituer en or, ou en argent, *monnaie courante*, sur les premiers fonds qui tomberont à notre disposition soit sur nos revenus en francs, [suit une phrase rayée, illisible] en foi de quoi nous avons signé la présente reconnaissance pour valoir ce que de droit.

Le prince de Rohan-Rochefort,
Charlotte de Rohan. »

En travers :

« Bon pour douze mille livres argent de francs. »

En post scriptum :

« L'intérêt de la dite somme sera payé à raison de cinq pour cent jusqu'au moment du remboursement. »

Emprunte-t-on de l'argent à son propre mari ?

*
* *

De plus en plus assuré au pouvoir, Bonaparte ne se contente plus d'être simplement « consul à vie ». L'idée de porter un titre de souverain le fascine. Il sent que c'est possible parce que le peuple l'a adopté.

Reste la famille royale. Même exilée, elle lui paraît toujours menaçante. Les deux frères de Louis XVI ne lui semblent ni dangereux ni populaires mais comment prévoir la réaction des Français s'ils revenaient ?

Bonaparte ne voit qu'une solution : il faut que Louis XVIII renonce au trône de France pour lui et pour ses successeurs. Dans sa naïveté de parvenu, le Premier consul pense qu'un trône en vaut bien un autre et décide d'indemniser somptueusement les Bourbons en leur offrant le trône de Pologne ou celui de la Turquie[1].

Le 26 février 1803, le président Meyer, au nom du roi de Prusse son maître, et agissant pour le compte de Bonaparte, transmet la proposition à Louis XVIII.

Pauvre Bonaparte ! Son cadeau est reçu comme la pire des insultes. Dès le 28 février, à Varsovie, Louis XVIII remet sa réponse à M. Meyer :

1. Sarrobert à d'Enghien, juillet 1803.

« Je ne confonds pas M. Bonaparte, avec ceux qui l'ont précédé. J'estime sa valeur, ses talents militaires. Je lui sais gré de plusieurs actes d'administration, car le bien que l'on fera à mon peuple me sera toujours cher ; mais il se trompe s'il croit m'engager à transiger sur mes droits. [...]

« J'ignore quels sont les desseins de Dieu sur ma race et sur moi ; mais je connais les obligations qu'il m'a imposées par le rang où il lui a plu de me faire naître.

« Chrétien, je remplirai ces obligations jusqu'à mon dernier soupir. Fils de Saint Louis, je saurai, à son exemple, me respecter jusque dans les fers. Successeur de François Ier, je veux du moins pouvoir dire comme lui : Nous avons tout perdu, fors l'honneur. »

Au nom de tous les Bourbons résidant en Angleterre, le prince de Condé soutient solennellement le roi :

« Déclarons :

« Que [...] si l'injuste emploi d'une force majeure parvenait (ce qu'à Dieu ne plaise) à placer de fait, et jamais de droit, sur le trône de France, tout autre que notre Roi légitime, nous suivrions avec autant de confiance que de fidélité la voix de l'honneur, qui nous prescrit d'en appeler jusqu'à notre dernier soupir à Dieu, aux Français et à notre épée [1]. »

Cette déclaration est signée par Condé, Bourbon, Artois et... Orléans qui, ayant demandé et obtenu le pardon des frères de Louis XVI pour la conduite de son père, est rentré dans le giron familial.

À Ettenheim, le duc d'Enghien, ne pouvant signer cette commune déclaration, se joint au duc d'Angoulême pour redire quel sang coule dans ses veines :

« [...] Je suis Français, Sire, et un Français fidèle à son Dieu, à son Roi, à ses serments d'honneur. Plusieurs m'envieront peut-être un jour ce triple avantage. Que Votre Majesté daigne donc me permettre de joindre ma signature à celle de Mgr le duc d'Angoulême, adhérent comme lui de cœur, d'âme, au contenu de la lettre de mon Roi [2]. »

1. 8 avril 1803.
2. 22 mars 1803.

Ému, Louis XVIII répond au prince de Condé :

« Votre commune adhésion à ma réponse m'a exalté. [...]

« J'ai reçu en même temps la réponse de votre petit-fils. Elle est beaucoup plus ancienne ; mais, comme de raison, il a cru devoir, pour me la faire passer, préférer la sûreté à la promptitude[1]. »

Et le prince de Condé, oubliant pour un temps son aigreur, témoigne au duc d'Enghien sa fierté :

« Votre lettre au roi était parfaite. [...] Personne, mon cher enfant, ne vous rend plus justice que moi : je m'occupe de votre gloire future, comme je l'ai fait pour votre gloire passée. Je vous embrasse tendrement[2]. »

Ce refus unanime indigne Bonaparte. Les journaux anglais se gaussent de l'anecdote et enflamment la blessure d'amour-propre du Premier consul qui a fait cette déclaration devant une députation du tribunat :

« Je vous avouerai que j'avais beaucoup de répugnance à entrer en négociation avec une famille à laquelle je ne reconnais depuis longtemps aucun droit à la couronne qu'elle a perdue [...]. Dans ce moment, il n'y aura plus de pardon pour les imprudences ou les tentatives d'un parti auquel il ne reste plus de prétexte ni d'espoir[3]. »

Cet extrait montre le sens diamétralement opposé que donnent Bonaparte et le duc d'Enghien au mot *légitimité.*

Pour d'Enghien, Bonaparte ne peut incarner le pouvoir, et son combat contre les gouvernements qui se sont succédé depuis 1789 est une lutte pour rendre à la France le seul pouvoir qui lui corresponde : un roi.

Pour Bonaparte, le pouvoir légitime est à celui qui le conquiert et le garde, et les Bourbons ont cessé d'incarner cette légitimité.

Les Bourbons et le duc d'Enghien ne sont plus pour lui que des individus qui lui doivent respect et obéissance.

Sinon...

---

1. Louis XVIII à Condé. Varsovie, 23 mai 1803.
2. Condé à d'Enghien, 31 août 1803.
3. Archives de Chantilly. NA 422.

Le duc d'Enghien pressent cette incompréhension mutuelle. « Croyez, cher papa, que mon cœur est droit, écrit-il à son père. Mais ne doutez pas que Bonaparte n'oubliera et ne pardonnera jamais ce qu'il appelle notre folle insolence. »

*
* *

La rupture de la paix d'Amiens, en mai 1803, fait renaître la guerre entre l'Angleterre et la France.

La situation est bien différente de celle de 1792. Pour la première fois, l'Angleterre reconnaît, en France, un gouvernement autre que celui du roi. Il est vrai que la situation intérieure française semble s'apaiser : les émigrés qui sont rentrés se sont présentés aux Tuileries, un commencement d'entente s'ébauche entre Bonaparte et une noblesse qui souhaite oublier les souffrances de la Terreur. Un monde est peut-être en train de renaître : le 25 août 1803, Duroc ordonne aux hommes des équipages du Premier consul de porter désormais les cheveux poudrés comme sous l'Ancien Régime.

Bonaparte, pour beaucoup, incarne une nouvelle légitimité : on commence à dire qu'attaquer le Premier consul, c'est attaquer la France. Au début des guerres d'émigration, en 1792, l'action des Bourbons était soutenue par les royalistes. Aujourd'hui, il est mal perçu que ces mêmes princes, contre Bonaparte, s'allient avec l'Angleterre, ennemi héréditaire de la France.

Mais les Bourbons ne désarment pas. Le comte d'Artois reçoit un nombre croissant d'agents mystérieux. Le prince de Condé s'inquiète des rumeurs qui courent sur d'éventuels voyages de son petit-fils en France. D'Enghien dément formellement :

« Il [le prince de Condé] ne me paraît pas plus rassuré que je ne le suis sur la disposition du Premier consul à notre égard, et il m'engage à prendre en-dessous des précautions pour être averti, dans le cas où il voudrait attenter à notre liberté ; [...] ce qu'il y a de charmant, c'est qu'il croit, d'après les bruits qui ont couru, que j'ai été incognito à Paris, ou du moins à Strasbourg ; vous jugez qu'il n'en a pas été charmé : voyez combien il me juge mal. »

C'est à ce moment que les rumeurs circulent sur les aventures amoureuses que le prince entretiendrait en France !

Sans passer la frontière fatidique, le duc d'Enghien peut rencontrer, comme il veut, un nombre certain de femmes bienveillantes. Et il trahirait ses serments pour un plaisir qu'il peut trouver partout ailleurs ? Soyons sérieux !

Les sentiments du prince sont pourtant clairs : s'il se trame quoi que soit contre Bonaparte, consul à vie[1], qui ne soit pas la guerre, le prince ne veut pas en entendre parler et il ne se gêne pas pour le dire à son père :

« Je ne connais pas un mot de vos histoires d'agence, ce sont un tas de bêtes puantes auxquelles je ne me mêlerai jamais. Je vois dans tout cela un tas de gens qui ne cherchent qu'à gagner de l'argent et qui sont plus nuisibles qu'utiles ; je méprise tout cela. Moi, je vais droit mon chemin et s'il faut s'exposer pour notre Maître, je l'ai fait et le ferai de bon cœur, sans me cacher. Je ne sais pas servir mon Roi en frac, à moins que ce ne soit l'uniforme de la Vendée[2]. »

Mais un mystérieux calomniateur persiste à évoquer devant le prince de Condé les allers et retours clandestins en France de son petit-fils[3] :

« On assure ici, depuis plus de six mois, que vous avez été faire un voyage à Paris ; d'autres disent que vous n'avez été qu'à Strasbourg. Il faut convenir que c'était un peu inutilement risquer votre vie et votre liberté. »

Une fois de plus, d'Enghien jure sur l'honneur que non :

« Je suis trop fier pour courber bassement ma tête et le Premier consul pourra peut-être venir à bout de me détruire, mais il ne me fera pas m'humilier. On peut prendre l'incognito pour voyager dans les glaciers de la Suisse, comme je l'ai fait l'an passé, n'ayant rien de mieux à faire ; mais pour en France, quand j'en ferai le voyage, je n'aurai pas besoin de m'y cacher[4]. »

1. Depuis le 2 août 1802.
2. Au duc de Bourbon.
3. 16 juin 1803, Condé à d'Enghien.
4. D'Enghien à Condé, 1er octobre 1803.

Et l’existence continue dans sa monotone douceur. À son père, il confie son exaspération et envisage un avenir possible avec une franchise cynique. Quoi de plus naturel dans sa position ? Mais rien qui s’apparente à une action terroriste.

« Au reste, je ne vois pas non plus où et comment on pourrait m’employer utilement, puisqu’il ne se déclare aucun allié, et qu’à coup sûr l’Angleterre ne trouvera point de partisans en France. Il faut donc gémir et enrager en silence. Il existe pourtant un cas où il serait de la plus grande importance que je sache ce que j’ai à faire, et que j’aie la certitude d’être soutenu. C’est celui où, par tel événement, accident que ce fût, le Premier consul vînt à périr ; dans ce cas, dis-je, un coup hardi pourrait avoir les plus grandes conséquences, et il faudrait prendre la chose sur le temps ; car quelques jours de perdus suffisent pour rasseoir les esprits, rétablir l’ordre et l’apathie. J’ai bien ici quelqu’espoir ; c’est ma chimère et je m’y attache.

« Voilà ce qui me soutient contre le désespoir où je suis de n’être rien à trente ans, avec ma santé et ma bonne volonté. Une fois ayant commencé, j’emploierais bien jusqu’à mon dernier écu ; mais ma bourse ne suffirait pas peut-être pour le premier coup de collier.

« Sans doute l’Ouest, dans ce cas-là, serait du plus grand intérêt ; mais je crois que l’Alsace, quelques portions des troupes qui s’y trouvent, et le point de réunion que ma personne donnerait ne sont pas à négliger. Je soumets cette réflexion à votre sagesse. Vous me parlerez, si vous le jugez à propos. Il est peu de mois où je ne reçoive de la rive gauche des demandes de nos anciens camarades d’armes, officiers et soldats, employés ou non, qui n’attendent qu’un point de réunion et un ordre pour m’arriver et m’amener de leurs amis. [...] Mais je suis forcé de répondre que j’attends, espère et ne sais rien.

« Quelques lettres de France m’ont aussi témoigné quelqu’inquiétude sur mon séjour si rapproché. Vous savez qu’il est difficile de prendre des précautions sûres contre une trahison, et qu’il est facile d’ajuster un coup de carabine. Ainsi ceci m’occupe peu. Quant à un enlèvement, sous prétexte d’aimer la chasse, il est rare que je sorte de la ville, sans être deux ou trois, chacun avec un fusil à deux coups. Je ne vais du reste seul nulle part. Je suis trop vieux pour courir les filles. Ainsi vous voyez que les occasions de m'avoir à bon marché doivent être rares ; et si quelqu'un de suspect passait le Rhin en face d'ici, je crois que je serais prévenu[1]. »

Trop vieux pour courir les filles ! Mais si naïf dans la confiance qu'il fait à sa minuscule protection !

Le Mardi gras tomba, cette année-là, le 13 février. J'espère, je suis convaincue que le prince eut la joie de fêter son dernier carnaval avec Charlotte, lui qui aimait tant se réjouir avant d'observer l'abstinence qui mène à Pâques.

1. 22 septembre 1803.

CHAPITRE XI

Il est au centre des passions

À première vue, l'enlèvement et l'exécution du duc d'Enghien m'apparaissaient comme une sinistre pagaille ordonnée par un ambitieux que dominaient la passion et un entourage crapuleux.

J'ai cru pouvoir me construire une version à la fois réelle et précise des faits. Naïve que j'étais ! Je me suis noyée autant dans les fausses repentances des acteurs du drame que dans les explications partisanes des commentateurs. Chaque nouvelle lecture s'opposait à la précédente.

J'ai longuement mûri ce fouillis, et de cette lutte de pouvoirs sur fond de crise exceptionnelle, j'ai tiré ma version personnelle[1].

Partiale évidemment.

De l'automne 1803 au printemps 1804, la peur d'un nouvel attentat contre la vie du Premier consul va mettre à vif les nerfs des hommes au pouvoir, à commencer par ceux de Bonaparte qui, perdant le sang-froid qui lui a fait gagner tant de batailles, va passer quelques-unes des pires semaines de sa vie.

Cinq hommes sont les acteurs principaux :

Bonaparte, trente-quatre ans, au-dessus de tous. L'Histoire lui a enseigné que le pouvoir est à reconquérir chaque jour, qu'on soit

1. Les récits de cette crise sont innombrables. J'en ai lu un certain nombre, de ceux des témoins directs (Savary, Fouché, Talleyrand, etc.) à ceux des procès-verbaux de l'époque et des mémorialistes et historiens postérieurs. J'ai travaillé longuement avant de décider ce que je trouvais vraisemblable ou non. En tout cas, je n'ai rien inventé et surtout aucun dialogue.

roi ou chef de bande. Il est arrivé à la première place par ses victoires militaires mais il ne peut y rester qu'en remportant des victoires politiques. Or il a montré sa faiblesse le 18 Brumaire : sans son frère Joseph, il n'aurait été qu'un conspirateur de plus [1]. Dans l'affaire du duc d'Enghien, s'il est le maître du jeu, quelques astucieux s'arrangeront pour l'empêcher de reculer.

Il n'empêche que, comme chef de l'État, il porte la responsabilité suprême de ce crime comme il en est convenu à la fin de sa vie [2]. Sa correspondance entre janvier et mars 1804 [3] montre qu'il se tenait au courant de l'avancée de l'affaire au jour le jour, même si ses informateurs lui annonçaient des faits avant même de les vérifier !

Fouché, ensuite. Ce jacobin de quarante-cinq ans, qui a voté la mort de Louis XVI, est convaincu que Bonaparte ne pourra être le chef des Français que s'il se compromet avec les régicides. Ministre de la Police depuis 1799, il a cessé, pour un temps, de plaire à Bonaparte, à son frère Joseph et à Talleyrand. Le 15 septembre 1802, le Premier consul supprime ce ministère.

Fouché est condamné à l'ombre, mais pas à l'inaction. Une obsession l'habite : puisque Bonaparte n'a pas versé le sang de Louis XVI, qu'il fasse verser celui d'un Bourbon, n'importe lequel. L'exorcisme du symbole royal sera alors complet.

Sa perspicacité et sa malhonnêteté, jointes aux dossiers compromettants qu'il a constitués sur des personnalités de tous bords politiques, et aux agents de renseignement qui lui sont restés acquis, lui permettent de garder le contrôle de la situation.

Et puis Talleyrand. Le plus âgé : cinquante ans. Son sang de grand seigneur périgourdin lui fait regarder de très haut un Fouché à qui le titre de duc d'Otrante ne donnera jamais ce que Talleyrand possède par naissance.

---

1. Lire l'excellente analyse de Jean Tulard dans *Le 18 Brumaire.*
2. Las Cases, *Le Mémorial de Sainte-Hélène.*
3. Archives du SHAT, non publiées à ce jour.

De la Constitution civile du clergé de 1790 au Congrès de Vienne de 1815, son intelligence prodigieuse lui permet de traverser tous les régimes en gardant un rôle de premier plan.

Comme ministre des Relations extérieures, il va tirer toutes les ficelles de l'enlèvement du duc d'Enghien en territoire étranger. Quels motifs le poussent ? À l'époque où commence l'affaire, Talleyrand est en très mauvais termes avec les princes de la maison de Bourbon. Pour garder son ministère, il doit permettre à Bonaparte de rester en place, et pour cela faire oublier son image d'usurpateur. La seule solution est de lui faire créer sa propre dynastie. Il faut pour cela que le retour des Bourbons sur le trône soit rendu impossible.

En 1814, Talleyrand, président du gouvernement provisoire, fera judicieusement disparaître des archives les papiers qui auraient pu le compromettre. Qu'importent ces documents, les faits parlent d'eux-mêmes.

À ceux qui lui reprocheront ouvertement ce « crime », il répondra avec un cynisme parfait : « Eh bien quoi ? Ce sont les affaires [1]. »

Savary, enfin. Deux ans de moins que le duc d'Enghien, il a trente ans en 1804. Nommé sous-lieutenant le 15 septembre 1791, il a fait toutes les campagnes militaires dans les rangs patriotes contre l'armée de Condé, de Berstheim au passage du Rhin le 24 juin 1796, avant d'embarquer pour l'Égypte.

Carrière sans éclat jusqu'à la bataille de Marengo le 14 juin 1800 où il est nommé aide de camp du Premier consul. À partir de ce jour, il ne quitte plus Bonaparte, devenant véritablement son homme lige. On murmurera : « Si l'Empereur disait à Savary de vous tuer, il vous prendrait tendrement par la main et vous dirait : "Je suis au désespoir de vous envoyer dans l'autre monde, l'empereur le veut ainsi [2]." »

Chef de la légion de la gendarmerie d'élite attachée à la personne du Premier consul, il est nommé général de brigade le 29 août 1803.

---

1. Louis Madelin, de l'Académie française, *Talleyrand*.
2. Cité par Jean Tulard, *Fouché*.

En face du pouvoir politique, le pouvoir militaire : Murat, trente-sept ans.

Il a épousé Caroline, sœur de Bonaparte. Pour cet officier dont il a apprécié la valeur au combat, et parce que les rumeurs d'un complot se précisent, Bonaparte crée le poste de gouverneur de Paris. Suffoquant de fierté, Murat a bien l'intention d'exercer pleinement ses fonctions, persuadé qu'il a les moyens de le faire :

« Bonaparte, Premier consul de la République arrête :

« Article 1 : Le général en chef Murat est nommé au commandement des troupes de la 1re division et à celui de la garnison et de la garde nationale de Paris, avec le titre de gouverneur de Paris.

« Article 2 : Il remettra des rapports directs au Premier consul sur tous les mouvements du service de Paris.

« Article 3 : Il jouira d'un traitement de 60 000 francs. Pour tout le reste, il sera traité comme un général en chef[1]. »

Plus de soixante mille hommes en tout se retrouvent sous ses ordres.

Comment ne se sentirait-il pas très puissant ?

*

* *

Fouché écarté, une partie des charges de la police passe au ministère de la Justice dirigé par le grand juge Régnier, brave homme médiocre et ennuyeux, qui laisse dépecer l'héritage par qui le veut : ainsi Dubois, le préfet de police, et Savary. « L'air est plein de poignards », aurait lancé Fouché de sa retraite. La formule, même apocryphe, définit bien la situation.

Quelques foyers de sédition brûlent encore, comme celui d'Offenbourg où s'agite un groupe de royalistes bientôt dénoncés par l'agent double, Méhée de la Touche.

Mais le plus dangereux, fomenté dans le milieu chouan, avec l'appui de l'Angleterre, est celui mené par Georges Cadoudal.

1. Ampliation du 15 janvier 1804. Archives du SHAT.

Georges, comme tout le monde le nomme, est un des derniers chefs chouans encore vivants. À peine un an de plus que le duc d'Enghien, doué d'une prodigieuse force physique et d'une âme de fer, ce chrétien fervent ne connaît de la loi que le respect du roi légitime.

Un irréductible en vérité.

Son projet est d'envergure : enlever Bonaparte vivant et le mener à bride abattue jusqu'à la côte ouest où croise la flotte anglaise.

Hommes, argent, tout est prêt. Débarqué secrètement, Georges réussit à entrer dans Paris le 31 août 1803.

Le comte d'Artois connaît ce plan et l'approuve. Il a même promis – plus ou moins – aux conjurés de leur envoyer son fils, Berry, dès que l'affaire sera bien amorcée.

Avec Georges, le général Pichegru, qui s'est réfugié à Londres près du comte d'Artois. Le choix est judicieux car le conquérant de la Hollande n'a rien perdu de son prestige et sa détermination est sans équivoque : il veut rétablir la dynastie des Bourbons sur le trône en opérant la contre-révolution.

L'attitude du général Moreau est moins claire. C'est lui qui a remplacé Pichegru au commandement de l'armée républicaine. Il a accumulé les victoires et reste encore très populaire au sein de l'armée. Mais, contrairement à Pichegru, lui n'a aucune envie de revoir les Bourbons sur le trône. Il veut surtout se venger de Bonaparte, ayant beaucoup de mal à reconnaître l'autorité d'un général dont il se croit l'égal[1]. Aussi ferme dans le danger que faible de caractère, nourrissant plus de mauvaise humeur que de véritable désir d'action, il est l'homme le plus enclin à écouter les voix les plus folles, dont celles de sa femme et de sa belle-mère, toutes deux passionnément opposées à Bonaparte.

La police consulaire piétine et s'enlise, mettant à la question le menu fretin qui lui tombe sous la main, quand, brusquement, la chance tourne. Le 28 janvier 1804, un nommé Querelle, jugé comme espion et condamné à mort, avoue que des bateaux débar-

1. Cambaceres, *op. cit.*

quent régulièrement des hommes de Georges, à Biville, sur les côtes normandes.

Le 8 février 1804, les pouces écrasés entre des chiens de fusil, Louis Picot, domestique de Georges, reconnaît que Bouvet de Lozier et Pichegru sont en France. Il est exécuté quelques heures plus tard.

Arrêté le 9 février, Bouvet de Lozier fait une tentative de suicide ratée. Quatre jours plus tard, il parle : Georges et Pichegru sont bien à Paris. Un prince est attendu à Biville de façon imminente. Le duc de Berry ?

Le soir même, Savary, dépêché par le Premier consul, part vers les falaises normandes pour cueillir ce prince mystérieux.

Il va s'y morfondre vingt-huit jours, sans aucun succès.

Bonaparte informe le général Soult, cantonné à Saint-Omer, et lui donne des ordres précis[1] : « Il est [...] nécessaire que vous doubliez les postes sur la côte. [...] Faites arrêter sur-le-champ les matelots et équipages du pêcheur qui a communiqué avec les Anglais. [...] Vous pouvez même selon l'usage [pour les] prévenus d'espionnage, lui faire serrer les pouces dans un chien de fusil. »

La présence de Pichegru à Paris est confirmée à Bonaparte par un courrier de... Fouché ! Courroucé par l'incompétence du grand juge Régnier, le Premier consul lui adjoint le conseiller d'État Réal.

Accusateur public en août 1792, Réal a échappé de justesse à la guillotine qu'il méritait autant qu'un autre. Rallié à Bonaparte depuis le 18 Brumaire, il se tient au courant des affaires de la police secrète, il est donc tout désigné pour le travail qui l'attend. Réal se met à la tâche, rêvant que le ministère de la Police pourrait ressusciter pour lui être confié.

Après les frères Polignac, complices du complot, Moreau est pris le 15 février 1804. Quelques jours plus tard, c'est au tour de Pichegru.

Il ne manque plus que Georges.

1. Malmaison, 13 février 1804, huit heures du soir.

Pour faciliter sa capture, Bonaparte, le 28 février, envoie un courrier à Murat et au préfet Dubois, ordonnant la fermeture des barrières de Paris. Ne passeront plus que les voitures postales, après qu'on les aura fouillées. Du jour au lendemain, l'atmosphère, dans la capitale, se met à rappeler étrangement celle de la Terreur.

Enfin le 9 mars, au cours d'une formidable poursuite dans le quartier de la Montagne-Sainte-Geneviève, Georges tombe entre les mains des gendarmes après en avoir abattu un au pistolet et blessé un autre.

L'arrestation de tous ces hommes va servir Bonaparte dans une grande partie de l'opinion : républicains fervents qui se veulent débarrassés à jamais de tout ce qui porte le nom de Bourbon, royalistes frileusement recroquevillés sur les biens qui leur restent ou qu'ils ont reconquis depuis que la Terreur a cessé de les exterminer, nouveaux riches qui ont profité de la confiscation des propriétés de l'Église et de la noblesse pour acheter à bas prix ces biens devenus nationaux et qui n'ont aucune envie de voir surgir des fantômes.

Le 10 mars, Bonaparte réunit aux Tuileries un conseil extraordinaire : les deux consuls, Cambaceres et Lebrun, Talleyrand, le grand juge Régnier, Réal, Murat... et Fouché.

L'identité du mystérieux prince intrigue tous les participants à cette réunion. Les prisonniers ont donné le signalement d'un homme paraissant trente-six ans, cheveux blonds, front dégarni, taille et corpulence moyennes, mise soignée : il s'agit en fait du prince Jules de Polignac.

Pour l'heure, seuls circulent les noms des princes de la maison de Bourbon : les uns sont trop vieux, les autres sont trop loin de la France. Un prince s'approche vaguement de cette description : le duc d'Enghien. Et surtout, il réside très près du Rhin.

Les confusions ont commencé.

Il est vrai que le duc d'Enghien n'est que le dixième dans l'ordre de succession des Bourbons, derrière Louis XVIII, le comte d'Artois et ses deux fils, le duc d'Orléans et ses deux fils, le prince de Condé et le duc de Bourbon. Mais pour les Français restés fidèles aux Bourbons, l'étoile du duc d'Enghien brille plus haut que les neuf autres.

Devant ceux qu'il a réunis, Bonaparte montre alors ce qu'il considère comme un rapport accablant pour le prince.

Les royalistes d'Offenbourg s'agitaient eux aussi. Inefficaces et peu discrets, ces comploteurs de troisième plan n'avaient réussi qu'à se faire remarquer des services de renseignement. On murmurait le nom d'une certaine baronne de Reich, qui aurait travaillé autrefois pour Pichegru.

Dans ce cas, peut-être étaient-ils liés à l'équipe de Georges ? Les agents consulaires, qui se souciaient fort peu de fournir des preuves aux rumeurs, avaient suggéré que peut-être... il n'était pas impossible... que. . dans ces circonstances... le duc d'Enghien fût leur chef.

Réal avait pris l'information au sérieux : sur ses ordres, le préfet du Bas-Rhin, le comte Schée, avait dépêché à Ettenheim le maréchal des logis Lamothe dans le courant de février.

Lamothe s'était installé à *Sonnehaus,* la Maison du Soleil que j'ai contemplée et dessinée. La bonne chère aidant, il avait réussi à délier la langue de l'aubergiste qui, avec son fort accent allemand, avait nommé les hommes qu'il voyait le plus souvent entrer dans la maison du duc d'Enghien, en particulier le marquis de Thumery et le lieutenant Schmitt. Trompé par la prononciation de son hôte, Lamothe avait entendu Dumouriez pour Thumery, et Smith pour Schmitt.

Court-circuitant les intermédiaires, Réal avait remis lui-même à Bonaparte le rapport, soigneusement rédigé, indiquant que le duc d'Enghien se compromettait avec des agents anglais et le traître Dumouriez. Sur des rumeurs et sans aucune preuve, une fois de plus, le rapport ajoutait que le prince faisait régulièrement des allées et venues entre Ehrnheim et Strasbourg.

Le recoupement avec le réseau de la baronne de Reich coulait de source.

Quelle aubaine pour Fouché !

On imagine la colère de Bonaparte, que le nom de Dumouriez avait fait éclater : « Suis-je un chien qu'on peut assommer dans la rue, tandis que mes meurtriers sont des êtres sacrés ? »

Colère peut-être un peu forcée ? En tout cas, bien utile pour couvrir d'un saint courroux ces informations, toutes fausses : l'élimination d'un prince de la maison de Bourbon en est l'enjeu.

Colère qui sert aussi à masquer que le duc d'Enghien ne peut pas être arrêté comme un simple émigré. On appelait *émigrés,* dans la législation, ceux qui n'étaient absents que par leur volonté, et qui, dès lors, pouvaient rentrer en obtenant leur radiation, ce que les Bourbons, à supposer qu'ils le veuillent, ne peuvent faire : un décret a déclaré *ne plus reconnaître de prince français,* et les a *bannis à perpétuité* du territoire[1].

Colère qui va balayer le dernier obstacle qui sépare le consul Bonaparte de l'empereur Napoléon.

La séance des Tuileries s'anime : Talleyrand et Fouché adoptent immédiatement la position du maître. Le pauvre Lebrun essaie timidement de dire son désaccord mais personne ne l'écoute. Cambaceres est plus audacieux : ne pourrait-on pas se contenter de garder le prince en otage ? Et comme Cambaceres, courageusement, s'obstine, Bonaparte lance : « Les Bourbons croient qu'on peut verser mon sang comme celui des vils animaux ! Mon sang vaut bien le leur[2] ! »

Sur ces mots l'enlèvement du duc d'Enghien est entériné par le conseil. L'arrestation de la baronne de Reich sera menée conjointement. Deux enlèvements valent mieux qu'un.

Il faut maintenant désigner celui qui commandera l'opération. Talleyrand propose M. de Caulaincourt, général de trente ans qui, malgré ses sentiments royalistes, ne verra, dans son entière soumission à Bonaparte, que son devoir d'officier.

Lui sera adjoint le général Ordener, commandant les grenadiers à cheval de la garde consulaire. Cet officier de fortune ne connaît que la discipline militaire ; au contraire de Caulaincourt, le duc

1. Pièces judiciaires et historiques relatives au procès du duc d'Enghien.

2. « Vous êtes bien avare du sang des Bourbons ! » se serait écrié Bonaparte qui n'oubliait pas que Cambaceres avait voté, en son temps, la mort de Louis XVI. Cette anecdote, qui figure dans tous les livres relatant la réunion du 10 mars, est vigoureusement contredite par Cambaceres lui-même (*op. cit.*).

d'Enghien n'est pour lui qu'un inconnu. Il n'aura aucun état d'âme à remplir ce qu'il considère comme son devoir.

Le Premier consul approuve ces deux choix sans hésiter.

Reste qu'il faut aller chercher le prince en territoire de Bade, État souverain soumis à son margrave et en paix avec la France. Bonaparte charge Talleyrand « d'excuser cette entreprise », comme l'écrit joliment Cambaceres[1], vis-à-vis des gouvernements étrangers.

En acceptant d'habiller l'enlèvement d'un semblant de légitimité, Talleyrand devient un des responsables majeurs de cet acte. Il confie à Caulaincourt, pour le baron d'Edelsheim, ministre du margrave, une note, datée du 11 mars à trois heures du matin, précisant que le Premier consul, ayant appris « les horribles complots tramés contre sa personne et contre la sûreté de la France », a donné des ordres pour aller chercher à Offenbourg et à Ettenheim « les instigateurs d'un crime qui, par sa nature, met hors du droit des gens tous ceux qui manifestement y ont pris part ».

Que peut le margrave ? Si une guerre éclate entre la France et son minuscule État, provoquée par ce contretemps, il ne pèsera pas lourd. Depuis la nomination à vie de Bonaparte, il s'est rapproché du soleil consulaire et a dépêché son fils à Paris, pour le représenter et dans l'espoir de le bien marier. Ses espérances ne seront pas déçues puisque Bonaparte lui accordera la main de sa nièce, Stéphanie de Beauharnais.

Le prix du sang ?

Le jour même, Bonaparte adresse au ministre de la Guerre, Alexandre Berthier, l'ordre suivant qui lui parvient à onze heures du soir :

« Vous voudrez bien, citoyen général, donner ordre au général Ordener, que je mets à cet effet à votre disposition, de se rendre dans la nuit et en poste à Strasbourg. Il voyagera sous un autre nom que le sien ; il verra le général qui commande la division.

« Le but de sa mission est de se porter sur Ettenheim, de cerner la

1. Cambaceres, *op. cit.*

ville, d'y enlever le duc d'Enghien, Dumouriez, un colonel anglais et tout autre individu qui serait à leur suite.

« [...] Vous donnerez l'ordre que le même jour et à la même heure, deux cents hommes du 26e de dragons sous les ordres du général Caulaincourt (auquel vous donnerez des ordres en conséquence) se rendent à Offenbourg pour y cerner la ville et y arrêter la baronne de Reich si elle n'a pas été prise à Strasbourg, et autres agents du gouvernement anglais au sujet desquels le préfet et le citoyen Méhée, actuellement à Strasbourg, lui donneront des renseignements.

« [...] S'il arrivait qu'il n'y ait plus à Ettenheim, ni Dumouriez, ni le duc d'Enghien, on rendrait compte par un courrier extraordinaire de l'état des choses. »

Alexandre Berthier se contente de recopier cette lettre en y ajoutant quelques recommandations de son cru ; à trois heures du matin, il transmet le tout aux généraux Caulaincourt et Ordener.

L'exécution est en marche.

Ordener arrive à Strasbourg le 12 mars dans la soirée pour apprendre que le comte Schée, préfet du Bas-Rhin, a pris la liberté d'aller arrêter à Offenbourg la baronne de Reich qui avait quitté précipitamment la France pour se mettre sous la protection du gouvernement badois. Elle a été gardée à vue quelques heures, le temps d'exiger courtoisement que le margrave autorisât son extradition, ce qui n'a pas tardé.

Tout s'est parfaitement déroulé et Mme de Reich est incarcérée dans la citadelle de Strasbourg.

Dans une lettre non signée adressée d'Ettenheim, le 31 mars 1804, à M. Chodron[1], une amie proche de la princesse Charlotte (la comtesse d'Ecquevilly ?), ignorant que le prince a été exécuté dix jours plus tôt, écrit ceci :

« La fameuse baronne de Reich qui a compromis tant de monde, et peut-être notre jeune prince, est partie pour Paris ainsi que l'abbé d'Eymard, le pauvre Jacques (à qui on a mis les menottes) et autres. »

La baronne de Reich responsable de l'arrestation du prince ? Le destin du prince se scellait bien plus haut.

1. Archives de Chantilly. Dossier inédit.

La réussite de cette première entorse au droit international est de bon augure pour la grande opération.

Caulaincourt arrive à Strasbourg dans la matinée du 14. Le général Ordener, qui ne connaît pas la région et doit opérer de nuit, a déjà dépêché de Strasbourg deux hommes parlant allemand qui passeront la matinée du 14 à Ettenheim. Leur mission ? Renseigner Ordener sur la position de la maison du prince dans la ville et ses entrées et sorties. Combien de serviteurs et d'amis sont susceptibles de lui prêter main-forte ? Jusqu'où la sympathie des habitants pour le prince peut-elle se manifester ? Peut-on craindre d'avoir à réprimer un engagement armé ?

Les deux agents rentrent à Strasbourg en fin d'après-midi et rendent compte au général Ordener : ils ont dénombré ceux qui étaient dans la maison du prince, et découvert qu'on pouvait tenter une fuite par une porte donnant sur le jardin, mais le risque n'est pas grand. En revanche, il est difficile de prévoir la réaction des habitants d'Ettenheim qui sont très attachés au prince et peuvent gêner l'opération. Raison de plus pour agir de nuit.

Une précaution de plus a été prise : un rapport, daté du 15 mars 1804, signé par Anton Sartori, propriétaire de la maison de la princesse Charlotte, avocat du gouvernement badois, résidant à Ettenheim, relate l'enlèvement du prince, avec cette note au paragraphe 5 :

« Concernant le conseil municipal, le maire Kollefrath et le signataire se sont rendus chez le commandant d'armes, l'ont interrogé pour savoir à quelle occasion cette arrestation qui offensait le droit [...] avait été entreprise avec un tel effet de surprise [...] sur quoi nous reçûmes de lui la réponse qu'il ne savait rien. Il avait reçu des ordres selon lesquels c'était une affaire d'État et Son Altesse l'Électeur avait déjà été prévenu de cela la veille au soir [14], à quoi il ajouta que nous devions nous tenir tranquilles, ne faire preuve d'aucune violence, car il avait trois pièces d'artillerie et au moindre soulèvement ferait tirer sur les citadins sans autre forme de procès[1]. »

1. Archives d'Ettenheim.

Violation d'un territoire étranger ? Le margrave était bel et bien d'accord.

Il est aux environs de onze heures du soir quand le général Ordener et le général Fririon, dépêché par le général Leval, commandant de la place de Strasbourg, arrivent à la ville frontière de Rhinau où se trouvent, depuis neuf heures du soir, les trois cents dragons venus avec leurs bateaux et trois brigades de gendarmerie avec le commandant Charlot, du 38e escadron de gendarmerie.

Sans s'attarder, le général Ordener, assisté du général Fririon, procède à l'embarquement de cette véritable petite armée.

Le froid et le brouillard rendent l'opération éprouvante : les chevaux renâclent à monter sur les bateaux qui vont se glisser péniblement entre les îlots, à cause des courants violents.

Il leur faut une bonne heure pour atteindre la rive badoise.

L'herbe mouillée assourdit les piétinements des bottes et des sabots que l'on a entourés de feutre. Ordener ordonne de charger les armes : quelques cliquetis étouffés dans l'humidité de la nuit.

Quatre par quatre, les cavaliers se dirigent silencieusement vers Ettenheim endormie.

Il est environ deux heures du matin : la journée du 15 mars commence.

*

* *

Informé de la conspiration de Georges, le duc d'Enghien ne se prive pas de juger une situation à laquelle il est étranger et des hommes qui ne sont pas ses amis :

« Voici encore une des œuvres de l'éternel Pichegru ! [...] Conspiration ou non, le prétexte est pris et, à son ordinaire, il va faire des victimes, et rien de plus. Le pauvre Moreau se trouve englobé dans une affaire dont sans doute il n'avait nulle connaissance ; car je le crois trop loyal pour tremper dans toutes ces sottises. [...] Dieu veuille qu'il n'y en ait pas beaucoup d'autres, et que cette malheureuse histoire, comme toutes celles de ce genre, passées ou à venir, ne fasse grand tort au bon parti !

« Jusqu'à présent, il paraît que le gouvernement sortira vainqueur de cette crise, si tant est que c'en soit une et que tout ceci ne soit pas supposé, chose que je ne sais ni ne désire savoir, car ces moyens ne sont pas mon genre[1]. »

Il a parfaitement repéré les espions envoyés en février à Ettenheim pour le surveiller mais il ne s'en est pas soucié. Au moment même où, aux Tuileries, son exécution se met en place, le duc d'Enghien affirme clairement son éloignement de ce genre d'affaire. En toute liberté, pour la dernière fois.

« Je connais, mon cher général[2], les mesures qui ont été prises pour espionner les pensionnés anglais et particulièrement ma personne. Je suis averti depuis longtemps ; mais je vous avoue que la crainte de rencontrer un gueux soudoyé ne me fera jamais faire un pas de plus ou de moins, et je ne suis pas fâché, si l'on a cru à propos d'ouvrir mes lettres, que l'on y ait reconnu ma façon de voir et de penser, et la désapprobation continuelle que j'ai toujours donnée à des mesures en dessous et indignes de la cause que nous servons ; mesures qui ont déjà fait tant de mal. Au reste, j'espère que les arrestations qui viennent d'avoir lieu en France vont tout naturellement débarrasser la bonne cause d'un tas de demi-convertis [allusion à Pichegru et Moreau] qui n'y pouvaient que faire grand tort. »

Ces derniers jours, en écho aux recommandations de prudence de son grand-père, lui sont parvenues celles du roi de Suède, Gustave Adolphe, en séjour chez son beau-père, le margrave de Bade, à Mahlberg, ce château que j'ai aperçu à la sortie d'Ettenheim.

Convaincu ou non, mais poussé par la princesse Charlotte, il a décidé de quitter Ettenheim. Il a loué une maison à Fribourg qu'il fait remettre en état. Il s'y installera dès qu'elle sera habitable.

En attendant, et parce qu'il connaît les fausses rumeurs qui courent sur ses allées et venues, le prince accepte de modifier l'itinéraire

1. Lettre à Jacques. 26 février 1804.

2. 9 mars 1804. Au général, marquis de Vauborel, qui, depuis le licenciement, habitait Offenbourg. L'original de cette lettre fut remis à Bonaparte après la mort du prince, Réal ayant pris la précaution d'en faire une copie.

de ses promenades. «Il portait la prudence jusqu'à ne pas approcher du grand Rhin, limite des deux États. Je veux, disait-il, pouvoir, en cas d'événement, affirmer sur mon honneur que je n'ai jamais été en France[1].»

N'en déplaise aux forgeurs de légende: aucune aventure amoureuse ou frondeuse ne lui faisait oublier qu'il ne voulait rentrer chez lui qu'en pleine lumière, les armes à la main.

Le prince passe toute la journée du 13 mars à la chasse, au bois de Rhinheim[2]. Un de ses serviteurs l'y rejoint pour lui porter un message de Thaddée Roesch, le maire de Rhinau. Celui-ci a observé les mouvements de troupe dans sa ville et que tous les bateaux sur la rive française avaient été consignés. Il conjure le prince de se rendre le soir même dans une des îles du Rhin où doivent l'attendre des amis qui l'emmèneront, dans la nuit, vers un lieu sûr.

Un anxieux de plus, doit se dire le prince car il continue de chasser et néglige le rendez-vous.

Quand il rentre, la princesse Charlotte le supplie de prendre des dispositions: elle a été prévenue de l'agitation au-delà du Rhin par un sous-officier de la gendarmerie qui avait appartenu autrefois à la maison de Rohan et confirme ce que dit Roesch. Mais le prince est fatigué de sa journée et meurt de faim. Refusant de se laisser gagner par ces tracas, il s'attable avec ses amis puis va se coucher.

Canone, très inquiet, obtient de se rendre à la sortie d'Ettenheim pour surveiller jusqu'au matin la route qui vient de Rhinau.

Mais cette nuit-là, tout reste calme dans la ville comme vers le Rhin.

Au petit matin, Canone rentre un peu rassuré et commence son travail. Mais en ouvrant les volets, ses craintes se réveillent car il aperçoit les agents d'Ordener, «désilhouettés» en marchands, qui déambulent peu discrètement autour de la maison. Il s'agit du

1. Cité, le 10 novembre 1823 par le fidèle intendant titré baron de Saint-Jacques par Louis XVIII.

2. Récit de Canone.

brigadier de gendarmerie Pferdsdorf et d'un nommé Stoll. Canone se précipite pour prévenir le prince qui accepte que le lieutenant Schmitt les suive à cheval pour observer leur manège.

Dès qu'ils voient Schmitt à la porte de la maison, les deux sbires remontent à cheval et se dirigent ostensiblement vers la sortie de la ville, sans se presser le moins du monde. Schmitt les suit jusqu'à l'auberge du Cygne, sur la route entre Ettenheim et Strasbourg où il les aborde[1]. Avec tous les accents de la sincérité, les espions racontent qu'ils sont venus faire des achats en ville pour leur commerce. Schmitt les accompagne encore un bout de chemin mais leur apparente bonne foi doit être très convaincante car Schmitt les abandonne et rentre rassurer le prince.

Au fur et à mesure de la journée qui avance, l'indifférence du prince cède devant la préoccupation de ses compagnons ; l'angoisse de la princesse Charlotte pèse de plus en plus lourd : qu'il parte ! À Fribourg, à Bâle, n'importe où, mais qu'il s'éloigne du Rhin.

Dans la soirée, le prince finit par se laisser fléchir : c'est décidé, il partira demain, 15 mars.

On n'est pas à quelques heures près.

Et pour rassurer la princesse avant qu'elle ne rentre chez elle, il demande à ses aides de camp, Grünstein et Schmitt, de passer la nuit près de lui. Avec les domestiques Canone, Poulain et Féron, ils seront six à résister à une attaque éventuelle. La porte d'entrée est soigneusement verrouillée et Canone dépose dans la chambre de son maître les fusils du prince avec leurs munitions.

L'âme tranquille, le duc d'Enghien s'endort.

Il est environ minuit.

Les hommes de Bonaparte sont en train d'embarquer sur le Rhin.

> Le jeudi 15[2], à Ettenheim, ma maison cernée par un détachement de dragons et des piquets de gendarmerie total deux cents hommes environ, deux généraux, le colonel de dragons, le colonel Charlot de la gendarmerie de Strasbourg à cinq heures.

---

1. M. Schmitt, *Mémoire sur l'arrestation du duc d'Enghien.*
2. Journal du duc d'Enghien. J'ai choisi de le citer *in extenso*. Pour le reste, je me suis appuyée, outre le témoignage de Schmitt, sur ceux de Charlot et de Canone.

Réveillé en sursaut, enfile une culotte par-dessus sa chemise de nuit, met ses pantoufles, ouvre la fenêtre, épaule son fusil, crie :

« Qui commande ici ?

– Ouvrez ! répond-on. Nous n'avons pas de compte à vous rendre. »

Ses hommes sont accourus dans sa chambre : six contre des centaines. Il va faire feu. Mais ses hommes risquent d'être tués. Pour rien.

Dans l'urgence, réflexe chevaleresque : s'approche d'un chandelier, brûle la lettre d'avertissement de Thaddée Roesch.

À cinq heures trente, les portes enfoncées,

« Qui est le prince ? – Moi », s'écrie Grünstein. Au même moment on entend un cri venant de l'escalier : « Je suis le duc d'Enghien. » C'est l'intendant Jacques qui s'est précipité lui aussi pour sauver son maître. Les gendarmes, alors, dont le fameux Pferdsdorf, se saisissent de tous les hommes présents.

Ils sortent. Le prince a juste le temps de jeter un vêtement sur ses épaules.

Sur la place de l'église, une petite foule, entre surprise et mécontentement. Parmi eux, le grand veneur de l'électeur de Bade. Le commandant Charlot s'approche de lui :

« Monseigneur, ne soyez pas surpris de tout ceci ; nous agissons de concert avec Son Altesse l'Électeur ; tout est convenu avec lui. »

Aplatissement du grand veneur ; il engage les habitants de la ville à laisser la justice française faire son devoir. Tous se retirent.

Ordre aux gendarmes de passer prendre « Dumouriez » chez lui : c'est Thumery qu'ils trouvent ; peu importe la confusion du nom, le marquis est joint au groupe des prisonniers.

Avec ses amis, le prince, à peine vêtu, descend la rue, encadré de gendarmes. Le cortège passe sous les fenêtres de la princesse.

Ultime regard d'*à Dieu.*

emmené au moulin près la Tuilerie – Mes papiers enlevés cachetés –

Dans ce moulin dont j'ai vu les ruines, en pantoufles et sans bas, le prince grelotte. Demande au commandant Charlot s'il peut envoyer un homme chercher des vêtements chauds.

Attente. L'intendant Jacques murmure à l'oreille du prince qu'une petite porte donne par-derrière sur la campagne ; jamais fermée ; Jacques retiendra les gendarmes pendant que le prince s'échappera vers la campagne.

Mais la porte est fermée : un enfant affolé a poussé le verrou extérieur avant de s'enfuir.

L'homme envoyé par Charlot revient avec les vêtements du prince : un costume de chasse, une redingote vert olive, des bottes et un chapeau rond à double galon d'or.

Conduit dans une charrette entre deux haies de fusiliers jusqu'au Rhin. Embarqué pour Rhinau.

Découvre l'imposant effectif de dragons massés sur la rive.

À Charlot : « Il paraît que le Premier consul attachait une grande importance à mon enlèvement. Au reste, vous avez le droit du plus fort. »

Depuis Ettenheim, le chien Mohiloff court derrière son maître, veut monter dans le bateau. Coups de pieds des soldats, prières du prince. Mohiloff se jette à l'eau, franchit le fleuve à la nage.

Le prince étroitement entouré de gendarmes. Impossible pour lui de plonger.

Protestations vigoureuses contre cet *emparement* de sa personne. Pourquoi cet acte indigne ? Silence de Charlot : comme officier, le prince doit savoir que les ordres, même les plus pénibles, ne peuvent être discutés.

Débarqué et marché à pied jusqu'à Plobsheim[1] ; déjeuné dans l'auberge. Monté en voiture avec le commandant Charlot, le maréchal des logis de la gendarmerie, un gendarme sur le siège et Grünstein.

---

1. Chateaubriand, qui donne une partie de ce journal dans *Mémoires d'outre-tombe,* note, à tort, *Pforzheim,* ville bien plus à l'est.

Pendant le trajet, questions du commandant Charlot : compris la coupable méprise de Lamothe entre les noms de Dumouriez et de Thumery, mais Dumouriez à Ettenheim, c'est vraisemblable. Le prince formel : jamais il ne l'aurait reçu.

Arrivé à Strasbourg chez le colonel Charlot vers cinq heures et demie ; transféré une demi-heure après, dans un fiacre, à la citadelle. Mes compagnons d'infortune venus de Plobsheim à Strasbourg avec des chevaux de paysans, dans une charrette ; arrivés à la citadelle en même temps que moi. Descendus chez le commandant ; logés dans son salon pour la nuit, sur des matelas par terre. Des gendarmes à pied dans la pièce d'avant ; deux sentinelles dans la chambre ; une à la porte. Mal dormi.

Trois rapports (Ordener, Férion et Charlot) immédiatement rédigés et adressés par télégraphe au Premier consul : enlèvement du prince correctement effectué, mais incompétence manifeste de Lamothe, aucune complicité entre le prince et Dumouriez.

Télégraphe détraqué de Paris à Strasbourg, à cause du mauvais temps. Pas de réponse possible par le même circuit.

À la citadelle alsacienne, les deux jours qui suivent vont être très longs : il faut attendre qu'un courrier apporte l'ordre signé du Premier consul de transférer le prince à Paris.

Vendredi 16. – Prévenu que j'allais changer de logement, je suis à mes frais pour la nourriture, et probablement le bois et la lumière. Le général Leval, commandant la division, accompagné du général Férion, l'un de ceux qui m'a (*sic*) enlevé, viennent me voir. Leur abord très-froid. Je suis transféré dans le pavillon à droite en entrant sur la place venant de la ville. Je puis communiquer avec les chambres de MM. de Thumery, Jacques et Schmitt par des dégagements ; mais je ne puis sortir, ni moi, ni mes gens ; on m'annonce pourtant que j'aurai la permission de me promener dans le petit jardin qui se trouve dans une cour derrière mon pavillon. Une garde de douze hommes et un officier est à ma porte. Après le dîner, on me sépare de Grünstein, auquel on donne un logement seul de l'autre côté de la cour. Cette séparation ajoute encore à mon malheur. J'ai écrit ce matin à la princesse. J'ai envoyé ma lettre par le commandant au général Leval ; je n'ai point de réponse. Je lui demandais d'envoyer un de mes gens à Est [Ettenheim] ; sans doute tout me sera refusé.

Cette lettre pour Charlotte est très longue. Le prince a le temps. Respectueux et tendre, il s'inquiète d'abord de la princesse. «On me promet que cette lettre vous sera exactement remise, écrit-il. Toute ma crainte est que cette lettre ne vous trouve pas à Ettenheim et que vous soyez en marche pour venir ici ; le bonheur que j'aurais à vous voir n'égalerait pas, à beaucoup près, la crainte que j'aurais de vous faire partager mon sort. Conservez-moi votre amitié, votre intérêt ; ils peuvent m'être fort utiles, car vous pouvez intéresser à mon malheur des personnes de poids.»

Le prince, inlassablement, répète qui il est et ce qu'il pense, ce qu'il n'a jamais caché :

«On doit examiner les papiers que l'on m'a pris et qui ont été cachetés sur-le-champ avec mon cachet et en ma présence. D'après ce que j'ai vu on trouvera des lettres de mes parents, du roi et quelques copies des miennes. Tout cela, comme vous savez, ne peut me compromettre en rien de plus que mon nom et ma façon de penser ne l'ont pu faire pendant la Révolution. Je crois que l'on enverra tout cela à Paris, et l'on m'a assuré que, d'après ce que je disais, on pensait que je serais libre sous peu de temps. Dieu le veuille !»

Il n'a qu'un souci, rassurer la princesse sur lui-même : «On me témoigne égards et politesse ; je puis dire qu'à la liberté près, car je ne puis sortir de ma chambre, je suis aussi bien que possible.»

Et sur ses sentiments : «Libre ou prisonnier, [mon attachement] sera toujours le même.»

Mais à son journal, il confie des sentiments bien plus sombres :

> Les précautions sont extrêmes de tout côté pour que je ne puisse communiquer avec qui que ce soit. Si cette position dure, je crois que le désespoir s'emparera de moi.
>
> À quatre heures et demie, on vient visiter mes papiers que le colonel Charlot, accompagné d'un commissaire de sûreté, ouvre en ma présence. On les lit superficiellement. On en fait des liasses séparées, et on me laisse entendre qu'ils vont être envoyés à Paris. Il faudra languir des semaines, peut-être des mois. Le chagrin augmente plus je réfléchis à ma cruelle position. Je me couche à onze heures ; je suis excédé, et ne puis dormir. Le major de la place, M. Machin, a des formes très-honnêtes ; il vient me voir quand je suis couché ; il cherche à me consoler par des mots obligeants.

C'est à cet obligeant major Machin que le prince remet sa lettre pour Charlotte. Jamais la princesse n'aura connaissance de ce dernier message. Machin porte le document au général Leval qui le joint aux papiers personnels du prince en partance pour Paris.

Pendant que le prince rédige lettre et journal, Charlotte, qui n'a pas hésité à franchir la frontière, a réussi à pénétrer dans la citadelle et, à quelques mètres de lui – ce qu'on ne dira pas au prince –, passe la journée à supplier en vain les autorités.

«Je n'ai pas du moins à me reprocher de n'avoir pas tout tenté pour le suivre. Je ne sais si je vous ai mandé que quelques heures après le funeste événement j'étais partie pour Strasbourg, je ne pouvais pas le voir mais dans une situation semblable un être absolument dévoué qu'aucune crainte ne peut arrêter peut espérer n'être pas inutile. [...] À peine y étais-je qu'un officier de gendarmerie et l'accusateur public vinrent m'interroger sur les motifs de mon séjour. Vous me connaissez assez, ma chère comtesse, pour juger que ce n'était pas dans le moment où il pouvait y avoir quelque danger que je n'aurais pas avoué hautement le sentiment qui m'y portait. [...]

«Ce fut dans cette conversation que je sus par eux qu'il existait un testament de lui fait depuis plus d'un an dont il leur avait demandé de ne pas prendre lecture mais auquel il avait obtenu d'eux la permission d'ajouter quelques articles, que ce testament cacheté par lui et par eux avait été adressé au Premier consul avec plusieurs billets d'argent prêtés par lui[1].»

On ne retrouvera jamais ce testament.

Samedi 17. – Je ne sais rien de ma lettre. Je tremble pour la santé de la princesse ; un mot de ma main la réparerait. Je suis bien malheureux. On vient me faire signer le procès-verbal de l'ouverture de mes papiers. Je demande et obtiens d'y ajouter une note explicative, pour prouver que je n'ai jamais eu d'autres intentions que de servir et faire la guerre.

1. Lettre à la comtesse d'Ecquevilly. Ettenheim, 3 mai 1804.

Devant le colonel Charlot, le prince rédige un texte qui doit prouver au Premier consul que jamais il n'a trempé dans un complot :

«Profession de foi du duc d'Enghien

«La carrière militaire étant désormais la seule dans laquelle je puisse, après les malheurs de ma famille, soutenir dignement mon nom, je donne ma parole d'honneur sacrée que je n'ai jamais eu d'autre but que d'entrer au service de la première puissance qui rentrerait en état de guerre, et que, si telle autre que l'Angleterre avait fait auparavant la guerre contre telle autre que ce soit, j'aurais sollicité avec les mêmes instances un emploi honorable dans l'armée de l'une ou de l'autre.

«J'ai désiré joindre à l'envoi de mes papiers cette profession de foi afin qu'il ne puisse s'élever aucun doute sur le véritable but vers lequel mes vœux, mes démarches et mes correspondances se sont constamment dirigés depuis la paix : celui de rentrer le plus tôt possible dans la carrière militaire.

«L. A. H. de Bourbon.»

Le soir, on me dit que j'aurai la permission de me promener dans le jardin, même dans la cour, avec l'officier de garde, ainsi que mes compagnons d'infortune, et que mes papiers sont partis pour Paris, par courrier extraordinaire. Je soupe, et me couche plus content.

... Et s'endort empli d'espoir. On lui a laissé entendre qu'un petit jardin serait mis à sa disposition, et qu'il pourrait assister à la messe avec ses compagnons dans la chapelle de la citadelle.

Dimanche 18. – On vient m'enlever à une heure et demie du matin ; on ne me laisse que le temps de m'habiller ; j'embrasse mes malheureux compagnons, mes gens ; je pars seul avec deux officiers de gendarmerie et deux gendarmes. Le colonel Charlot m'a annoncé que nous allons chez le général de division, qui a reçu des ordres de Paris. Au lieu de cela, je trouve une voiture avec six chevaux de poste, sur la place de l'Église. On me campe dedans. Le lieutenant Petermann monte à côté de moi ; le maréchal des logis Blitersdorff sur le siège ; deux gendarmes, un dedans, l'autre dehors.

Ce dernier journal du prince s'achève sur ces mots.

La voiture est celle du général Ordener. Au moment où le prince monte dedans, Mohiloff se précipite aussi ; le prince obtient de le garder près de lui pendant le voyage.

La berline file vers la capitale, ne s'arrêtant que pour changer les chevaux. Ordre est donné de ne montrer le prince sous aucun prétexte : ses repas lui seront apportés dans la voiture où il dormira. Il ne pourra sortir que dans la campagne déserte.

Le prince est de bonne humeur. Il a demandé à rencontrer le Premier consul. Nul doute qu'entre officiers du même âge, ils pourront s'expliquer, à défaut de se comprendre.

Il peut jouir du bonheur de rouler à travers les paysages français.

Sur ordre du Premier consul, le prisonnier voyage sous l'identité du citoyen Plessis.

Son propre nom, le nom de Monseigneur le duc d'Enghien, prince de Condé, chevalier des Ordres du Roi, croix de Saint-Louis et de Malte, descendant de vingt rois, ne rentrera pas en France.

Une partie de lui-même a cessé de vivre.

CHAPITRE XII

Il rentre chez lui... pour être fusillé

Sans rien savoir de la tragédie qui s'est déroulée à Vincennes trois jours plus tôt, la princesse Charlotte attend dans l'inquiétude à Ettenheim. Elle écrit son désespoir à Chodron[1] :

« On ne m'a même pas laissé la liberté d'aller à Paris, où j'aurais peut-être eu le bonheur de lui être utile, où j'aurais eu du moins la consolante certitude de ne pas ignorer son sort. Le malheureux est parti la nuit de samedi au dimanche seul, absolument seul, sans qu'aucun de ses gens ait pu parvenir à le suivre. Il n'a pu laisser aucun ordre écrit. M. Jacques et Féron ont trouvé depuis le moyen de me faire savoir quelques-unes de leurs intentions. »

En effet, l'ordre parvenu à Strasbourg et signé de Bonaparte précisait que seul le duc d'Enghien devait être amené au plus vite à Paris. Les relais avaient été commandés d'avance. Les compagnons du prince attendraient quelques jours pour être transportés par le service ordinaire des diligences.

À la Malmaison où, depuis le 12 mars, il passe le plus clair de son temps, le Premier consul médite les documents étalés sur son bureau[2].

Une note venant de Vincennes d'abord. Le 15 mars, Bonaparte a écrit à Réal pour avoir l'état détaillé des habitants du château. Pour tous ces conspirateurs, qu'ils viennent de Strasbourg, d'Offenbourg

1. 23 mars 1804. Lettre inédite.
2. On peut se référer, là encore, aux récits des témoins directs : Hulin, Aufort, Harel cité par Bourienne...

ou d'Ettenheim, Vincennes pourrait servir de lieu de détention. Le Premier consul a donc besoin de savoir s'il y a des logements vacants, leur désignation précise et dans quelle partie du château ils se trouvent[1].

Cent trente-deux militaires et une cinquantaine de prisonniers occupent toutes les parties habitables de la forteresse en ruine sous le commandement, depuis 1801, d'un jacobin, le citoyen Harel: ancien agent de basse police, mouchard à l'occasion, pour avoir accompli quelques sales besognes, ce triste sire a été nommé gouverneur de la chiourme consulaire avec le titre de chef de bataillon. Il s'est installé dans la seule partie habitable de la tour du Bois avec sa femme et ses deux enfants.

Sur le bureau du Premier consul également, les trois rapports télégraphiés de Strasbourg avec les papiers saisis dans la maison du prince et les lettres qu'il avait sur lui.

La rage doit le prendre.

Au diable l'absence de preuve de la relation entre Pichegru et le prince de Condé! Au diable la confusion entre Dumouriez et Thumery! Dumouriez n'aurait jamais eu de contact avec le prince? La belle affaire! La correspondance est là qui prouve à quel point les Bourbons en bloc lui sont hostiles: envisager froidement de servir les Anglais, en accepter une pension, souhaiter une guerre pour combattre l'usurpateur, c'est-à-dire, lui en personne, n'est-ce pas cela, comploter contre la sûreté de l'État? N'est-ce pas cela, être un traître? N'est-ce pas cela qui mérite la mort?

S'il pouvait réfléchir un peu calmement! Impossible. La discrétion n'est pas la qualité dominante de sa famille. Tous, pour des raisons diverses, se passionnent pour le sort du jeune prince: Joséphine, Hortense et son mari Louis Bonaparte, Joseph et Caroline, Madame Mère ne cessent de frapper à sa porte. Élisa et Pauline ne vont pas tarder.

---

1. Note pressée et secrète écrite par le Premier consul à Réal le 27 ventôse, an XII.

Caroline tremble de perdre ses bonnes relations avec la noblesse de l'Ancien Régime.

Il s'en moque.

Joséphine, la plus généreusement royaliste, se fait accompagner de sa fille pour implorer grâce.

Elles ne font que l'irriter.

Mme Lætitia est plus pragmatique :

« Toi aussi, tu veux ouvrir un compte avec la maison de Bourbon ; c'est assurément très glorieux pour la nôtre... *ma* les suites mon fils, les suites ! Nous ne sommes pas en Corse et n'y voulons pas revenir... Si j'étais toi, *Napolione*, j'y regarderais *oune, doux* et trois fois.

– Ma mère, le chef d'un État punit et ne se venge pas.

– À la bonne *houre*, mon fils, voilà des raisons. *Ma*, comme il n'a pas *toué* aucun des nôtres, il serait meilleur peut-être d'être clément, quoique la clémence soit une *vertou* ignorée en Corse.

– Nous ne sommes pas des Corses, nous sommes Français.

– Soit ! alors fais comme les Français. Ils pardonnent.

– Je ferai comme les Corses, s'écrie Napoléon impatienté.

– Je savais bien, réplique sa mère, que tu ne renierais pas toujours ta patrie[1]. »

Dialogue peut-être apocryphe mais si vraisemblable ! Ce désir de vengeance, révélateur du tempérament du Premier consul, ne peut être que poussé à son paroxysme par les événements de ces derniers jours.

Soucieux uniquement de leurs intérêts personnels, Joseph et Louis tentent de démontrer à leur frère l'aspect impolitique de l'affaire.

Trop tard ! Le duc d'Enghien est en route.

Qu'il meure puisqu'il est devenu si gênant.

Le plus vite possible et dans le plus grand secret : si le clan Bonaparte réagit aussi mal, le pire est à prévoir.

---

1. *Mémoires d'une femme de qualité sur le Consulat et l'Empire*, présentés par Ghislain de Diesbach.

La journée du mardi 20 mars 1804 commence.

La voiture du prince ne ralentit pas son allure : elle est attendue à Paris, en fin de soirée.

Les ordres se précisent. Dans la matinée, Bonaparte dicte l'arrêt suivant :

« Paris, le 29 ventôse de l'an XII de la République une et indivisible.

« Le gouvernement de la République arrête ce qui suit :

« Art. 1. Le ci-devant duc d'Enghien, prévenu d'avoir porté les armes contre la République, d'avoir été et d'être encore à la solde de l'Angleterre, sera traduit à une commission militaire de sept membres, nommée par le général gouverneur de Paris et qui se réunira à Vincennes.

« Art. 2. Le grand juge, le ministre de la Guerre et le général gouverneur de Paris, sont chargés de l'exécution du présent arrêté. »

Il n'est pas fait mention de la conspiration de Georges.

Aussitôt signée par Bonaparte, la note est portée à Murat qui doit la contresigner et nommer les sept juges. Au tour de Murat de laisser éclater sa colère. Il est au pied du mur : la formation d'une commission militaire ne dépend que de lui, comme gouverneur de Paris. Il sait parfaitement que si devant une haute cour ou un grand tribunal un accusé peut s'expliquer, choisir un défenseur, entamer une procédure d'appel, demander sa grâce, le jugement d'une commission militaire est immédiatement exécutoire. Et comme la conclusion ne fait aucun doute, c'est lui, Murat, qui va légitimer cela !

Devant ses officiers, Murat outré s'écrie : « C'est une tache qu'on veut mettre à mon habit ; mais je jure par Dieu qu'elle n'y sera pas. » Aussitôt à cheval, le voilà qui galope jusqu'à Malmaison pour s'expliquer avec son beau-frère. Entre les deux Méridionaux, la discussion s'entend à des lieues. Chacun vocifère, hurlant des arguments que l'autre n'entend pas.

« Si vous n'exécutez pas mes ordres, je vous renverrai dans vos montagnes du Quercy ! » tonitrue Bonaparte.

Murat s'en moque. Il quitte la Malmaison avec fracas et reprend la route de Paris.

À peine arrivé chez lui, il se heurte à César Berthier, son chef d'état-major, qui a déjà été mis au courant de toute l'affaire par le ministre de la Guerre, Alexandre Berthier, son propre frère. La mesure est comble ; l'humiliation, chez Murat, se joint à la colère : « Je ne nommerai pas la commission militaire, répète-t-il ; que Bonaparte la nomme s'il veut ! »

Berthier, le ministre, fonce à la Malmaison où Savary est présent. Il rapporte les propos de Murat à Bonaparte qui, pressé par le temps, dresse lui-même la liste des sept.

« La plupart de ces *juges galonnés* avaient été triés sur le volet, c'est-à-dire qu'ils avaient été choisis parmi les officiers à tout poil qui avaient prêté leur concours le plus actif à Bonaparte pour la perpétration de son 18 Brumaire », écrit le petit-fils de Savary.

Voici leurs noms :

Le général Hulin, commandant les grenadiers à pied de la garde consulaire, président.

Le colonel Guitou, commandant le 1er régiment de cuirassiers.

Le colonel Basancourt, commandant le 4e régiment d'infanterie légère.

Le colonel Ravier, commandant le 18e régiment de ligne.

Le colonel Barrois, commandant le 96e de ligne.

Le colonel Rabbe, commandant le 2e régiment de la garde de Paris.

Le citoyen Dautancourt, capitaine-major de la gendarmerie d'élite, qui fera fonction de capitaine-rapporteur.

Le citoyen Molin, capitaine au 18e d'infanterie de ligne, fera fonction de greffier.

J'ai consulté les dossiers militaires disponibles au SHAT : rien à dire du courage de ces hommes sur les champs de bataille. Je suis tout de même songeuse devant le dossier du général Hulin, grand spécialiste du retournement de veste. Le 14 juillet 1789, il est volontaire pour prendre la Bastille. Ce révolutionnaire enthousiaste, qui parle de Louis XVI comme d'un « despote du fond de son palais de Versailles », va s'attacher à Bonaparte pour l'abandonner dès la première Restauration. Et dans une lettre à Louis XVIII, datée du 16 juillet 1813, il ne montre aucun état d'âme à conclure: «[...] En protestant de mon dévouement au Roi, je ne fais ici que renouveler l'assurance des sentiments dont le vertueux Louis XVI, son auguste frère, eut la preuve.»

Voici de quelle fidélité était capable celui qui allait présider, comme le plus élevé en grade, le jury chargé de condamner le duc d'Enghien.

À cette liste, Bonaparte ajoute le texte d'un interrogatoire de pure forme et enfin un jugement tout rédigé dont le dispositif conclut à une condamnation à mort.

«Mon grand-père, écrit le duc de Rovigo[1], homme pratique avant tout, avait pris soin [d'en] faire une copie, attendu qu'il était écrit de la main même de Bonaparte. Mais ce dernier, suivant son procédé ordinaire, retira ces pièces manuscrites des mains de la commission militaire aussitôt après l'exécution du duc d'Enghien.»

On ne peut être plus clair dans la préméditation, plus froid dans le calcul d'un crime politique.

Il faut obtenir la signature du gouverneur de Paris pour légitimer ces nominations. Pendant que le ministre Berthier convoque les sept membres de la commission, son frère César se rend avec le document chez Murat qui, pris d'une fièvre d'autant plus forte qu'elle est diplomatique, s'est mis au lit. Une note officielle y est jointe:

«La Malmaison, 29 ventôse an XII, quatre heures du soir.

«Général, d'après les ordres du Premier consul, le duc d'Enghien doit être conduit au château de Vincennes, où les dispositions sont faites pour le recevoir. Il arrivera probablement cette nuit à destination. Je vous prie de faire les dispositions qu'exige la sécurité de ce détenu tant à Vincennes que sur la route de Meaux par laquelle il vient [...].»

1. Manuscrit de René, duc de Rovigo, petit-fils de Savary. Inédit.

La bravoure sur un champ de bataille et le courage politique ne sont vraiment pas de même nature.

En poussant des cris d'orfraie, Murat appose son paraphe, signant, quoi qu'il en pense, sa participation à ce qui va se passer.

Enfin, à sept heures du soir, une dernière lettre de Bonaparte, portée par Savary, lui parvient. Elle ne laisse aucun doute sur la volonté du Premier consul: « Faites entendre aux membres de la commission qu'il faut terminer dans la nuit et ordonnez que la sentence, si comme je ne peux en douter, elle porte condamnation à mort, soit sur-le-champ exécutée et le condamné enterré dans une des cours du fort[1]. »

Grande clarté, là encore.

Murat n'interviendra plus. C'est Savary qui, désormais, dirige les opérations.

Murat n'aura communication du procès-verbal du jugement que le surlendemain de l'exécution alors que la loi exigeait sa signature, en tant que commandant de la division militaire, preuve qu'on se méfiait de lui. Pourtant des rumeurs – lancées par Savary? – circuleront, accusant Murat d'être personnellement responsable de l'assassinat du duc d'Enghien. Poussé à bout, il offrira sa démission à Bonaparte, menaçant d'aller pour de bon dans ses montagnes quercynoises. Mais Bonaparte le fera appeler, lui parlera en beau-frère et en ami, et réussira à lui faire garder son poste. Pour sa peine, il lui offrira même un cadeau de cent mille francs. Que Murat acceptera.

Encore le prix du sang.

Dès qu'ils en reçoivent l'ordre, les sept juges se rendent à Vincennes en ordre dispersé, sans connaître l'identité de celui qui doit comparaître devant eux. Le président Hulin arrive le premier vers sept heures du soir mais tout s'est produit avec une telle précipitation qu'un des sept est retenu plus d'une heure à l'entrée du château avant de pouvoir se faire reconnaître par les gendarmes.

1. *Lettres et Documents pour servir à l'histoire de Joachim Murat,* Joachim Murat. L'original de cette lettre, largement citée dans les ouvrages, n'a cependant toujours pas été retrouvé.

Bien plus tôt que prévu, vers seize heures, la voiture transportant « Plessis » passe la barrière de Paris à Pantin et vient stationner 19, quai Malaquais devant le ministère des Affaires étrangères conformément aux ordres donnés à Strasbourg. Pris de court, Talleyrand, qui n'a aucune envie de rencontrer le regard du prince, sort par une porte plus discrète pour se rendre chez Réal qui a reçu les derniers ordres signés de Bonaparte pour envoyer le prince à Vincennes.

À partir de ce moment, Réal se couchera lui aussi, après avoir donné des consignes strictes pour ne pas être dérangé. Cette attitude lui permettra de se considérer comme étranger au dernier acte.

Le duc d'Enghien est invité à ne pas quitter la voiture. Le lieutenant Petermann entre seul au ministère. Une demi-heure, une heure s'écoule avant que le messager de Talleyrand revienne et lui donne sa nouvelle destination. Petermann remonte en voiture après avoir dit quelques mots à l'oreille du cocher. La berline roule de nouveau.

Il pleut mais il ne fait pas encore nuit. Le prince peut apercevoir Notre-Dame, le Louvre, le Palais-Bourbon, maison de ses ancêtres. L'émotion de retrouver ces lieux familiers ne dissipe pas son angoisse. L'emmène-t-on bien chez le Premier consul ? Les rues défilent jusqu'à la place de la Nation. En 1804, elle s'appelle encore place de la Barrière-Renversée. La voiture, de nouveau, franchit une barrière : on quitte Paris mais ce n'est pas la route pour se rendre chez le Premier consul ! La voiture continue de rouler en droite ligne.

Et soudain, sur la droite, il l'aperçoit !

Dans le crépuscule trempé de pluie, le donjon du château de Vincennes dresse sa masse ténébreuse.

*
* *

Juin 2000.

Il fait, en ce début d'après-midi, le plus joli temps du monde. Délaissant les boulevards périphériques, j'ai choisi de passer par le centre de Paris pour me rendre au château de Vincennes. Au placard les gros chandails ! Les femmes dévoilent généreusement leur premier bronzage dans leurs robes à bretelles et leurs sandales décolletées. Par ma fenêtre ouverte, je respire le soleil à pleins poumons.

« Je vous attendrai sur le parking, m'a expliqué Patrick Moulène, chargé de communication du SHAT[1], avec qui j'ai rendez-vous. Vous pouvez entrer avec votre voiture par le passage interdit : j'ai donné des instructions. »

Cela commence très bien : j'aime particulièrement faire des choses défendues avec la bénédiction des autorités !

Dans la cour du château se pressent les militaires en treillis tandis que flânent les touristes qui prennent des photos, les jeunes femmes qui poussent des landaus ou les enfants qui courent avec des ballons.

Patrick Moulène et moi passons devant une série de casemates, puis devant le donjon malheureusement emmailloté de mousseline pour travaux, franchissons une gracieuse colonnade – œuvre de Le Vau – et montons dans le pavillon du Roi saluer le colonel Duchon : il me souhaite la bienvenue, bonne chance pour mon livre à naître, et me confie à Patrick Moulène qui m'emmènera partout où je souhaite aller.

« D'abord, dans les fossés, si vous le voulez bien », dis-je à mon mentor.

Je voudrais trouver le plus vite possible des points d'appui avec l'Histoire : le château est si propre – grâce à André Malraux –, si peu inquiétant. Si je ne m'arrache pas à cette joie de vivre qui vole partout dans l'atmosphère, comment pourrai-je retrouver les traces du prince fusillé ?

Une jeune femme, un imposant trousseau de clefs à la main, nous ouvre la porte de la tour du Diable et nous empruntons un petit escalier en colimaçon qui mène dans les douves sud, à l'opposé de l'entrée principale, « le seul escalier qui existe, m'explique Patrick Moulène. Le duc d'Enghien est obligatoirement descendu par là ».

En bas, une porte étroite donne sur les fossés. Sortant de l'obscurité, le soleil nous éblouit quelques secondes. Nous nous trouvons sur un tapis d'herbe épaisse. Boutons d'or et pâquerettes frémissent

---

1 Voir note p. 15.

dans le vent léger. Le fossé est large d'une dizaine de mètres ; de l'autre côté, le monde : des gens ordinaires et rassurants peuplent l'avenue et la place où roulent tranquillement voitures et autobus. Tout près d'eux, mais hors d'atteinte, nous avançons. Des croix rappellent que des otages furent fusillés par les Allemands à cet endroit. Encore quelques pas et nous voici au pied de la tour de la Reine, devant une colonne tronquée en pierre blanche érigée à l'endroit même où le prince s'écroula.

Hic cecidit est-il gravé. Ici il tomba. Malgré la lumière et la chaleur, je ressens tout d'un coup la pluie et le noir de cette nuit de mars. Je me recueille quelques instants puis me promets, en servant l'Histoire, de ne pas trahir le souvenir du prince fusillé.

En remontant dans la cour, vers la vie, je demande si le duc d'Enghien intéresse les visiteurs de Vincennes.

« Il y a deux catégories, me répond Patrick Moulène : ceux qui ne savent même pas qui c'est, et ceux qui vont se mettre à genoux devant la stèle. »

C'est une clef géante qui ouvre la Sainte-Chapelle. En 1248, Saint Louis demanda à Pierre de Montereau, l'architecte qui avait construit la Sainte-Chapelle de Paris, d'édifier un monument dans son château du Bois – c'est ainsi que s'appelait Vincennes. Cette chapelle était conçue, comme sa sœur parisienne, pour recevoir une partie des reliques que Saint Louis avait achetées à Baudouin II de Courtenay, empereur de Constantinople. Une des reliques aurait été une épine de la sainte Couronne[1], mais, lorsque nous nous sommes rencontrés, Jean Chapelot, archéologue et savant, chargé de la restauration du donjon, a contesté vigoureusement ce fait.

Tombée en ruine, la chapelle fut reconstruite sur les ordres de Louis XVIII. Les vitraux cassés furent remplacés, retraçant par l'héraldique l'histoire du château, de Henri II jusqu'au duc d'Enghien. Sur l'un d'eux figurent les étendards du régiment d'Enghien[2].

1. F. de Fossa, *Le Château historique de Vincennes à travers les âges*.
2. Laurent Vissière, *Les Verrières de la Sainte-Chapelle de Vincennes*.

Le sculpteur, Louis Deseine, qui avait travaillé pour la maison de Condé, fut choisi pour exécuter un mausolée qui rappellerait à jamais l'horreur d'un crime perpétré contre un héros si illustre. Ne sachant pas si son œuvre serait placée dans les fossés, sur les lieux mêmes du crime, ou dans la chapelle, Deseine entreprit un travail gigantesque. Les Cent-Jours arrêtent le projet, repris dès la deuxième Restauration.

C'est la chapelle qui est finalement choisie pour recevoir le monument. Mais Deseine meurt en 1822 et, après des rebondissements rocambolesques, c'est son neveu, Amédée Durand, qui achève l'œuvre en 1824[1].

Quand Napoléon III arriva au pouvoir, il fit reléguer dans le coin nord de la chapelle, ce monument qui ne chantait pas la légende napoléonienne. Il fallut démolir un mur pour faire passer l'encombrant souvenir. Le mur a été reconstruit et deux fenêtres minuscules laissent voir, en haut, la tête du prince et, en bas, un morceau du sarcophage.

Le résultat est horrible. Coincé entre trois murs, le monument occupe les neuf dixièmes de la pièce. Quatre gigantesques personnages se tiennent sur deux niveaux, reposant sur un socle de marbre : le duc d'Enghien, en haut, inexpressif au possible, est soutenu par la Religion. À ses pieds, la France enchaînée, un bras entourant une croix, pleure. Elle a les traits de la marquise de Dreux-Brézé, dame de la cour de Louis XVIII et femme du grand maître des cérémonies royales. Face à elle, le Crime est armé d'un poignard et de la torche de l'envie. Il a les traits de Caulaincourt ! On se sent plus dans un débarras que dans une chapelle. Les restes du duc d'Enghien sont bien là, mais je n'arrive pas à me recueillir.

Un dernier arrêt dans un bureau de la tour du Bois. La tradition veut que ce soit ici même qu'eut lieu la parodie de procès du prince : une pièce petite aux moulures vert amande. Je me penche à une fenêtre qui donne sur les fossés sud et la colonne tronquée.

1. Anne-Marie de Lapparent, *Louis Deseine, sa vie, son œuvre, 1743-1822.*

Je suis souvent revenue à Vincennes. À la mairie, je suis restée songeuse devant un tableau de la fin du XIXe siècle représentant Savary effondré en larmes devant la fosse où a été jeté le corps du prince. Au château, j'ai travaillé aux archives militaires et à la bibliothèque. J'ai voulu voir quel genre de fusil avait tué le duc d'Enghien: l'adjudant Laffargue m'a présenté un fusil de l'époque, m'expliquant la différence entre les canons rayés et les canons lisses, me montrant surtout les balles qui avaient troué le corps du prince, des balles grises, en plomb, de seize millimètres. Je ne me rendais pas compte à quel point elles pouvaient être grosses!

«Comme vous le savez, il crachinait cette nuit-là, me dit l'adjudant. Ils avaient sûrement armé au sec pour que l'eau ne s'infiltre pas dans les culasses. Pas question de rater leur cible! Le duc était dos au château, les gendarmes dos au fossé. Seize balles tirées à quatre pas, ça vous troue un bonhomme. Même si une cuisse a reçu une balle, la tête une autre, il en restait suffisamment pour faire exploser le thorax!»

Que pouvait-il rester du cœur après un tel tir?

J'ai continué ma visite – oh! ces appartements du Roi, admirablement restaurés, avec ce chemin de ronde qui conduit aux appartements de la Reine – et je me suis promenée.

J'ai cherché les ombres de Saint Louis et de son fameux chêne et celle de tous les souverains qui séjournaient volontiers à Vincennes pour y chasser, tant que le Versailles du grand siècle n'était pas né. Philippe le Bel s'y maria, Louis le Hutin y mourut comme, plus tard, Charles IX. Henri IV y fit accoucher Gabrielle d'Estrées de César de Vendôme. Marie de Médicis commença à le mettre au goût du jour et le jeune Louis XIII y résida, avec la cour, tout le printemps de 1617. Mazarin en fit sa résidence et chargea Colbert et Le Vau de l'embellir à tel point que Louis XIV, rentrant de Saint-Jean-de-Luz, y passa près d'un mois avec sa jeune épouse. Après un mois d'agonie, le cardinal mourut, le 9 mars 1661, dans une chambre du pavillon de la Reine. Louis XIV y abrita ses amours avec Mlle de La Vallière qui y accoucha, le 17 octobre 1666, de Mlle de Blois. L'hiver 1669, la cour y passa une partie du carnaval.

On y joua la *Bérénice* de Racine. Un bal splendide suivi d'un souper magnifique fut la dernière fête donnée à Vincennes avant que Versailles ne l'éclipsât à jamais. À la mort de Louis XIV, suivant ses dernières volontés, le petit roi Louis XV y séjourna quelques semaines.

Parallèlement, le donjon faisait fonction de prison d'État depuis la fin du XVe siècle. Le Grand Condé, coupable d'avoir frondé contre son roi, y fut enfermé plusieurs mois et se consola dans la culture des œillets jusqu'à ce que la paix des Pyrénées et le mariage de Louis XIV entraînassent, à la demande des Espagnols, la grâce de l'ancêtre qu'admirait tant le petit prince de Chantilly.

D'autres prisonniers célèbres y sont menés : Diderot, Mirabeau, Sade...

Sous l'influence de Mme de Pompadour, une manufacture de porcelaine y est installée jusqu'à ce qu'on la transfère à Sèvres.

L'École militaire y est fondée en 1751 mais, cinq ans plus tard, s'installe à Paris dans les bâtiments que nous connaissons aujourd'hui.

Le 24 mai 1784, une ordonnance supprime l'usage du donjon comme prison. Elle raye le château des résidences royales et Louis XVI envisage sa destruction. L'état de délabrement est tel que les bâtiments sont un danger pour la population mais une pétition signée des habitants de Vincennes demande sa conservation.

La Révolution laisse les choses en l'état.

Le Directoire installe quelques troupes dans les bâtiments encore habitables.

Ce soir de mars 1804, le gouverneur Harel se croit le maître des lieux. C'est lui qui a renseigné Bonaparte sur les occupants de cette ruine. Il est cinq heures du soir et il prend connaissance d'une note de Réal qui vient de lui arriver :

«Cinquième division,
« Police secrète

«29 ventôse an XIII, 4 heures et demie.

«Au citoyen Harel, commandant du château de Vincennes.

«Un individu dont le nom ne doit pas être connu, citoyen commandant, doit être conduit dans le château dont le commandement vous est confié; vous le placerez dans l'endroit qui est vacant, en prenant des précautions pour sa sûreté. L'intention du gouvernement est que tout ce qui lui est relatif soit tenu très secret, et qu'il ne lui soit fait aucune question, ni sur ce qu'il est, ni sur les motifs de sa détention; vous seul devrez communiquer avec lui, et vous ne le laisserez voir à qui que ce soit jusqu'à nouvel ordre de ma part. Il est probable qu'il arrivera cette nuit.

«Le Premier consul compte, citoyen commandant, sur votre discrétion et sur votre exactitude à remplir ces différentes dispositions.»

Harel vient à peine de finir sa lecture qu'un bruit de roues et de sabots le fait se précipiter à sa fenêtre. Il est à peine cinq heures et demie mais la calèche qui a gardé son avance passe le pont-levis et pénètre dans la cour.

Il n'y a aucune chambre et aucun repas, ce soir-là à Vincennes, pour le prisonnier!

*
* *

Il est descendu de voiture, toujours vêtu de sa redingote vert olive. Son chapeau à double galon d'or ne couvre pas entièrement ses longs cheveux châtain clair qui tombent en boucles autour de son visage. Il porte un affreux chien dans ses bras. Il semble au bout de l'épuisement mais son allure dénote une grande noblesse et ses traits tirés de la bonté.

Harel, impressionné malgré lui, propose à l'inconnu de monter dans sa propre chambre en attendant qu'un logement soit mis à sa disposition.

Le sacrifice n'est pas grand: Harel soupçonne qu'il ne dormira pas beaucoup cette nuit.

Le prince suit le gouverneur avec plaisir: il ne s'est pas départi de sa bonne humeur, mais avoue qu'il est glacé et affamé.

Dans sa chambre, juste séparée de celle de son mari par un paravent, Mme Harel sanglote en silence. De sa fenêtre, elle a vu descendre le duc d'Enghien de voiture et a reconnu en lui, coïncidence étonnante, son frère de lait. Elle comprend bien ce que signifie ici la présence du prince, et elle en est bouleversée parce qu'elle garde de la reconnaissance pour les princes de Condé qui lui ont versé une pension jusqu'à la Révolution.

C'est elle qui recueillera Mohiloff qu'on refusera de rendre à la princesse de Rohan. Empaillé après sa mort, il figure dans le catalogue de l'exposition du pavillon de Marsan pendant l'été 1932. Depuis... on ne sait plus rien: il a dû tomber en poussière.

De l'autre côté du paravent, Harel fait asseoir le prince. Ne pouvant quitter son prisonnier, il charge le brigadier Aufort d'aller chercher un repas chez le traiteur le plus proche, le citoyen Mavrée. Mais il est déjà tard et les clients ont été nombreux. Il ne reste qu'un peu de potage au vermicelle, du fricandeau. Mavrée ajoute une bouteille de vin et vend le tout pour moins de huit francs à Aufort[1].

Pendant ce temps, Harel, qui a fait préparer une chambre de fortune dans le pavillon du Roi, y emmène le prince. À la lumière d'un falot, ils traversent la cour sous la pluie fine et froide, suivis de Mohiloff. Le prince est soulagé: malgré les gendarmes qui montent la garde à la porte, du papier faisant office de vitres, ce n'est pas une cellule de prisonnier. Il croit même reconnaître la pièce.

Et voilà qu'Aufort revient avec le jeune serviteur du traiteur Mavrée, Hippolyte Turquin, qui porte le panier contenant le repas. «En rentrant, raconte le brigadier Aufort dans ses mémoires, je cherche à me justifier de la mauvaise réussite de ma commission. Le prisonnier reçoit mes excuses avec une extrême bonté...»

1. Témoins directs: Harel, Aufort, l'abbé Roger, curé de Vincennes; et témoignages recueillis dans le procès-verbal du 21 mars 1816.

Au moment où il s'assied, le prince voit le couvert grossier: fourchette et cuiller en étain qu'on donne aux prisonniers. Lui qui a supporté tant d'épreuves se sent incapable de subir celle-là. Malgré sa faim, il se relève sans un mot et se met à arpenter la chambre. Harel a compris: il fait signe à Aufort qui part et revient avec un couvert en argent.

Le prince remercie et se rassied mais il a encore une grâce à demander: «J'ai avec moi un compagnon de voyage, c'est le petit chien que vous voyez là. Il est le seul ami dont on ne m'ait pas séparé. Le pauvre animal a fait avec moi toute la route; il est, comme moi, à peu près à jeun depuis Strasbourg. Permettez que je lui témoigne de mon mieux ma reconnaissance en partageant avec lui ce léger repas.»

Et de verser dans une assiette la moitié de son potage et du fricandeau dont Mohiloff, selon Aufort, «s'accommode parfaitement».

Détendu par la chaleur et la nourriture, le prince engage la conversation. Il se souvient d'être venu enfant à Vincennes quand il séjournait au château de Saint-Maur, autre propriété des princes de Condé. Si le gouvernement le veut bien, il pourrait chasser dans les bois. Il s'engage sur l'honneur à ne rien tenter pour s'échapper.

Des projets pour les jours à venir! Tout en écoutant poliment les confidences ingénues du prince, Harel a une pensée cynique pour ce qui se passe dehors. En même temps qu'on lui donnait des ordres pour recevoir le prisonnier, on lui demandait de faire creuser une fosse dans la cour. Harel a objecté que, la cour étant pavée, le travail serait difficile. À défaut de la cour, on s'est rejeté sur les fossés. Pendant que le prince termine son repas, le sieur Bonnelet, aidé de deux gendarmes et de bouteilles d'eau-de-vie apportées par Mme Harel, terminent, sous la pluie, de creuser la fosse qui doit recevoir le corps du duc d'Enghien. Le citoyen Godard, employé comme artificier au château, a fourni trois pelles et trois pioches.

Le procès n'est même pas commencé!

Le prince a essayé d'obtenir quelques informations d'Harel qui ne répond à aucune question, alors il demande la permission de se coucher.

Il est onze heures du soir. Harel se retire derrière la porte, laissant le prince se déshabiller, se mettre au lit et essayer de s'endormir.

Le Premier consul est à la Malmaison. Hortense lui a amené son fils, le prince Louis, sachant qu'il raffole du petit garçon. Après le souper, Bonaparte engage une partie d'échecs avec Mme de Rémusat.

Savary est arrivé et a pris possession du fort. Confronté à une hiérarchie qui lui est bien supérieure, Harel ne peut que céder son commandement. Sans qu'il ait son mot à dire, ses propres soldats ont été fermement invités à rester chez eux dans leurs baraquements.

Les ordres de Bonaparte sont précis et Savary les exécute à la lettre. Dans la cour, une compagnie de la 4e demi-brigade légère et une de la 18e de ligne, entre le donjon et la chapelle, des détachements de chasseurs à pied de la garde des consuls, de la 98e brigade et de la gendarmerie d'élite. Le 1er cuirassiers et le 2e régiment de la garde de Paris prennent position sur l'esplanade, en face de la porte donnant sur le parc, là où le prince a exprimé le désir de chasser.

Pour assurer le bon déroulement de la commission militaire et de l'exécution capitale, c'est près de deux mille hommes qui montent la garde à l'intérieur et autour de la forteresse.

Deux mille soldats contre un prince.

Les sept juges sont au complet dans le salon de Harel. Hulin écrira dans ses mémoires que ni lui ni aucun de ses compagnons ne savaient qui ils allaient avoir à juger.

Étrange affirmation car Hulin a passé un moment, l'après-midi même, à la Malmaison avec le Premier consul et qu'il a donc reçu des ordres directement de Bonaparte.

Il écrira aussi, fait bien plus grave, que lui comme ses collègues étaient entièrement étrangers à la connaissance des lois. « Chacun avait gagné ses grades sur le champ de bataille ; aucun n'avait la moindre notion en matière de jugements ; et pour comble de malheur, le rapporteur et le greffier n'avaient guère plus d'expérience que nous. »

Une première fois, peu après minuit – le prince a-t-il eu le temps de dormir ? – le lieutenant Noirot, de la gendarmerie d'élite, visage plein et coloré, marqué de petite vérole, pénètre dans la chambre avec deux gendarmes de garde dont l'un porte une lanterne et demande au prince de s'habiller et de le suivre pour paraître devant la commission militaire.

Il a changé de costume sauf la redingote vert olive qu'il enfile. De nouveau, on lui fait traverser la cour – voit-il dans l'ombre les innombrables silhouettes silencieuses, l'arme au pied ? – et remonter vers le salon délabré d'Harel, dans la tour du Bois, où l'attendent trois hommes.

Le rapporteur Dautancourt, le greffier Molin et le chef d'escadron Jacquin voient alors entrer un jeune homme pâle, taille 1,705 m, cheveux et sourcils châtain clair, figure ovale, longue et bien faite, yeux gris tirant vers le brun – le bleu de l'enfance s'est donc éteint –, bouche moyenne, nez aquilin, menton un peu pointu, bien fait. Il est vêtu d'un habit bleu barbot à boutons de métal, d'un gilet blanc et d'un pantalon de nankin. Il a ôté sa redingote et tient son chapeau à la main. Sans un mot, il s'assied sur la chaise qu'on lui désigne.

Le major Dautancourt commence l'interrogatoire d'identité.

Avec simplicité et sans montrer de faiblesse, le prince répond volontiers : de son enfance à Chantilly à ses dernières années en pays de Bade, qu'aurait-il à cacher ? Il ne renie aucune campagne militaire, aucune prise de position politique : il n'a jamais eu à choisir, sa naissance lui a imposé son destin.

Dautancourt a, entre les mains, les questions que Bonaparte a dictées dans l'après-midi à Réal. Elles portent essentiellement sur les liens du duc d'Enghien avec l'Angleterre, plus faciles à prouver que sa complicité avec Cadoudal.

Le prince affirme ne jamais avoir mis les pieds en Angleterre et n'avoir revu ni son père ni son grand-père depuis la dissolution de l'armée de Condé. Oui, il a entretenu une correspondance avec eux, mais n'est-ce pas naturel entre membres d'une même famille ?

Et quand on lui demande quelles ont été ses relations avec Pichegru et Dumouriez, il n'a aucun mal à répondre : aucune.

Que reste-t-il des faits reprochés au prince ? Qu'il a porté les armes contre la République ? Mais la France entière sait cela, et d'ailleurs, le duc d'Enghien le revendique sans aucun malaise.

Le greffier fait signer le procès-verbal à tous les présents, y compris au duc d'Enghien. Mais celui-ci demande à ajouter un codicille :

« Avant de signer le présent procès-verbal, je fais, avec instance, la demande d'avoir une audience du Premier consul. Mon nom, mon rang, ma façon de penser et l'horreur de ma situation me font penser qu'il ne se refusera pas à ma demande.

« L. A. H. de Bourbon. »

La séance est levée, le prince est ramené dans sa chambre du pavillon du Roi. Là, il demande une plume et du papier et commence à rédiger une lettre pour la princesse Charlotte.

Il ne faut pas longtemps pour transformer le salon d'Harel en salle de tribunal : le feu allumé dans la cheminée, une longue table avec, derrière un fauteuil présidentiel entouré de six chaises, quelques chandeliers, une chaise pour l'accusé. Les juges prennent place quand arrive Savary enveloppé dans son manteau.

« Je n'ai aucun motif de taire son nom, écrira son petit-fils, d'autant plus qu'au début de cette triste affaire, l'aide de camp de Bonaparte était tout désigné, non pour jouer le rôle d'agent secret, comme certains publicistes l'ont prétendu, mais bien pour la conduire jusqu'au bout. »

Savary s'installe près du feu, derrière le fauteuil qu'occupe Hulin. Ombre glacée qui pèsera lourd sur la décision des sept juges.

Un des juges demande au président la communication des pièces à charge.

Pas de pièces à charge.

Un autre demande la communication des pièces à décharge.

Pas de pièces à décharge.

Un autre demande alors que l'on réunisse les témoins.

Pas de témoins.

Dans ces conditions, sont-ils habilités à siéger ?

Le président Hulin leur rappelle alors qu'ils ne sont pas en conseil de guerre, mais en commission militaire, juridiction spéciale instituée par la Convention en l'an III, ne relevant d'aucune règle. Rien ne l'oblige aux formes légales de la justice et elle juge sans appel.

Le procès-verbal de l'interrogatoire qui vient d'avoir lieu est le seul document qu'ils peuvent consulter.

La supplique du prince les fait tous réagir. N'est-ce pas leur devoir de la transmettre au Premier consul ? Il faudra environ quatre heures au messager pour aller à la Malmaison et en revenir. Rien ne les empêche de siéger en attendant la réponse de Bonaparte. Mais Savary, qui n'avait encore pas dit un mot, déclare froidement qu'une telle démarche déplairait sans nul doute au Premier consul.

Alors, pour donner à cette parodie de séance une apparence de légalité, on laisse les portes du salon grandes ouvertes pour permettre à d'éventuels spectateurs d'entrer.

De qui se moque-t-on ?

« Qu'on aille chercher l'accusé », dit alors Hulin.

Pour la deuxième fois.

Il est deux heures du matin.

Le prince répond avec calme aux deux premières questions : « Avez-vous porté les armes contre la République ? – Oui. – Êtes-vous à la solde de l'Angleterre ? – Oui. »

Mais quand il entend qu'on l'accuse d'avoir trempé dans la conspiration de Cadoudal, il bondit de colère, jette à terre son chapeau et refuse avec véhémence d'être assimilé, lui, le petit-fils du Grand Condé, à une bande d'assassins.

Avec une sincérité que les juges ne peuvent comprendre, il déclare qu'il a pris les armes, non contre sa patrie, mais contre la Révolution, qui a renversé le trône auquel elle a substitué l'échafaud. Il déclare également que, lorsqu'il a offert ses services à l'Angleterre, celle-ci les a refusés, mais qu'elle l'appellera sous peu à jouer un rôle important sur le Rhin, ce qui explique sa présence dans le grand-duché de Bade où il attend les instructions du gouvernement britannique.

Ces paroles ne peuvent pas être comprises des juges, tous soldats de la Révolution. Effrayé de la loyauté de ses réponses, Hulin essaie de faire revenir le prince sur cette dernière déclaration. Mais le duc d'Enghien, tout en remerciant Hulin avec courtoisie, refuse de retirer un seul des mots qu'il vient de prononcer.

Hulin demande au prince s'il n'a plus rien à dire dans l'intérêt de sa défense.

Le prince prie simplement ses juges de bien vouloir être ses interprètes auprès du Premier consul pour lui exprimer son désir d'obtenir une audience qu'il a vainement sollicitée, à plusieurs reprises.

« Qu'on emmène l'accusé et qu'on évacue la salle », dit alors Hulin.

Une fois encore, le duc d'Enghien traverse la cour détrempée et retrouve sa chambre. Pendant quelques instants, il s'entretient avec le lieutenant de gendarmerie Noirot. Coïncidence, une fois de plus : cet officier a servi dans le régiment du Royal-Navarre dont le colonel était le marquis de Crussol, ami personnel du prince de Condé, et chez lequel Noirot avait rencontré le duc d'Enghien, alors à peine âgé de cinq ans. Une ombre de chaleur passe dans leurs regards.

Puis l'officier sort et le prince, excédé de fatigue, se met encore une fois au lit, persuadé que maintenant, on va le laisser tranquille. Il s'endort enfin d'un profond sommeil.

Les portes de la salle ont été refermées et les juges commencent à huis clos leurs délibérations. Le greffier gratte son papier sous la dictée de Dautancourt.

La mort est votée à l'unanimité sous le regard toujours glacé de Savary. Comme on ne leur a fourni aucun texte juridique, et qu'ils n'en ont aucune connaissance, le numéro des articles de loi et leur date de promulgation sont laissés en blanc.

Aucun d'eux ne s'en offusque.

Un seul, tout de même, le colonel Barrois, propose à ses collègues d'ajouter un mot à seule fin de permettre au Premier consul de statuer sur la requête du duc d'Enghien, que la commission, selon le désir exprimé par lui, était chargée de remettre à Bonaparte.

«Hulin répondit que c'était juste, écrit le duc de Rovigo, et comme il s'apprêtait à rédiger une demande de sursis adressée au Premier consul, mon grand-père s'approcha alors du président et lui arrachant la plume des mains, lui dit: "Votre mission est terminée, maintenant le reste me regarde."»

Quelle bonne façon de se blanchir en se persuadant que Savary va se rendre à la Malmaison pour transmettre la requête du prince! Plus personne n'insiste.

Savary descend alors jusqu'à la porte de la cour et donne ses derniers ordres.

L'adjudant Pelé fait sortir du rang les seize gendarmes d'élite qui doivent constituer le peloton. Un par un, au pas cadencé, ils se mettent en marche derrière leur chef jusqu'à la tour du Diable, descendent l'escalier étroit, suivent le fossé boueux au pas cadencé jusqu'à la tour de la Reine qu'ils contournent pour s'arrêter, juste sous la chambre qu'occupa Anne d'Autriche, à l'endroit où attend le trou béant.

L'adjudant les dispose sur deux rangs face au mur du château.

Ils ont compris ce qu'ils vont avoir à faire mais ils n'ont aucune idée de l'identité du condamné. Pelé leur explique brièvement qu'il s'agit d'un dangereux conspirateur. Il va leur être amené d'ici quelques instants et placé à distance de quatre pas. La consigne est simple: lorsque Pelé portera la main à son chapeau, les gendarmes mettront l'homme en joue et lorsqu'il se découvrira, les gendarmes feront feu.

En haut, sur l'esplanade, les hommes de Savary montent la garde. D'autres sont venus encercler le peloton. Quelques lanternes trouent le noir de la nuit.

Les sept officiers qui ont jugé le prince ont pris place un peu à l'écart. «Au milieu se trouvait mon grand-père», témoigne le duc de Rovigo.

Tout est en place. Le criminel, certainement très dangereux, n'a plus qu'à se montrer.

Harel, une lanterne à la main, a pénétré pour la troisième fois dans la chambre où dort le prince profondément. Il lui tape légèrement sur l'épaule.

«Qu'y a-t-il? Que me veut-on encore? s'écrie le duc réveillé en sursaut.

– Monsieur, lui dit Harel, veuillez vous lever et me suivre.

– Mais où me conduisez-vous? interroge le prince en se levant.

– Veuillez rappeler tout votre courage», lui dit simplement Harel.

En sa qualité de gouverneur, Harel est obligé d'assister à l'exécution. Il a peut-être un sursaut d'émotion: ce sont les seules paroles qu'il prononce.

Le prince s'est de nouveau rhabillé. Mohiloff sur ses talons, il se déclare prêt à suivre Harel.

Il est quatre heures moins vingt.

Il pleut toujours. Le lieutenant Noirot est là, lui aussi, ainsi que deux gendarmes et le brigadier Aufort. Sous le regard curieux des centaines de soldats massés dans la cour, le petit groupe qu'éclaire la lanterne de Harel passe sous le gracieux portique, devant la chapelle en ruine, jusqu'à la tour du Diable où, par la porte basse, ils doivent emprunter l'escalier à vis.

Le prince a un mouvement de recul. «Sentant le froid qui venait d'en bas, dira Harel, il me serra le bras et me dit: "Me jetterait-on dans un cachot!"»

Harel ne répond rien. Il sait que le prince a compris.

Ils sortent à l'air libre; avançant péniblement dans l'herbe trempée, ils dépassent la tour des Salves puis celle de la Surintendance, toujours suivis de Mohiloff. À la tour de la Reine, ils tournent l'angle du château et brusquement le prince découvre ceux qui vont l'abattre. «Grâce à Dieu, murmure-t-il, je mourrai de la mort du soldat.»

Harel approche sa lanterne de l'adjudant Pelé qui tire un papier de son manteau et entreprend à haute voix la lecture du jugement:

« Aujourd'hui, le 30 ventôse an XII de la République,

« 2 heures du matin,

« La commission militaire [...] s'est réunie au château de Vincennes [...].

« Le président a fait retirer l'accusé, le conseil délibérant à huis clos, le président a recueilli les voix en commençant par le plus jeune en grade ; le président ayant émis son opinion le dernier, l'unanimité des voix l'a déclaré coupable et lui a appliqué l'article [? un silence] de la loi du [? deuxième silence] ainsi conçu [? troisième silence] et en conséquence l'a condamné à la peine de mort.

« Ordonne que le présent jugement sera exécuté de suite, à la diligence du capitaine rapporteur, après en avoir donné lecture, en présence des différents détachements des corps de la garnison, au condamné.

« Fait, clos et jugé sans désemparer, à Vincennes, les jour, mois et heure que dessus ; et avons signé [...]. »

Une, deux secondes s'écoulent.

« Que Dieu pardonne à mes juges, dit alors le prince d'une voix grave mais ferme. Allons messieurs, faisons tous notre devoir. Mais au moins, me sera-t-il permis d'avoir pour un instant un prêtre catholique ?

– Tiens, voilà qu'il veut mourir comme un capucin », crie une voix.

La voix de Savary ? En tout cas, elle provient du groupe d'officiers supérieurs.

Le prince met alors un genou à terre pour une dernière prière. Se relevant, il dit de nouveau :

« Y a-t-il parmi vous un homme d'honneur qui veuille s'engager à rendre un service à un homme qui va mourir ? »

Le lieutenant Noirot s'approche.

« J'ai une requête à vous faire », dit le prince.

Les deux hommes s'entretiennent quelques instants à voix basse.

« Puis-je compter, dit le prince en haussant la voix, que vous exécuterez mes dernières volontés ?

– Vous avez ma parole, répond Noirot qui, se tournant vers le piquet de gendarmes, ajoute : « Quelqu'un aurait-il une paire de ciseaux ? »

Une paire de ciseaux surgit d'une poche. Noirot s'en empare et va la donner au prince.

Le duc d'Enghien se coupe alors une mèche de cheveux, retire un anneau de son doigt, enveloppe les objets dans la lettre qu'il a écrite tout à l'heure à Charlotte.

« Me ferez-vous la grâce de remettre ceci à la princesse de Rohan-Rochefort ? »

Noirot promet et recule.

« Mes amis ! » crie alors le prince.

« Tu n'as plus d'amis ici ! » interrompt une voix, toujours la même.

Se reprenant, le prince dit alors :

« Eh ! bien, que l'on m'indique ma dernière place de bataille. »

L'adjudant Delga prend le prince par le bras, le rapproche du piquet de gendarmes. Sortant de sa poche un mouchoir, il s'apprête à lui bander les yeux mais le prince l'arrête :

« Monsieur, j'ai vu la mort de plus près sans être intimidé. »

Et comme l'adjudant lui demande de se mettre à genoux : « Un Condé, dit le prince fièrement, ne fléchit le genou que devant Dieu. »

Il demande alors s'il peut commander lui-même le feu. Cela lui est refusé. « Qu'il est affreux de mourir de la main des Français ! » dit-il encore.

« Commandez le feu ! » crie alors Savary.

« Visez au cœur ! » a le temps de dire le prince.

L'adjudant Pelé a levé son chapeau. Dans la même seconde, les seize fusils crachent leur feu sur le prince qui tombe foudroyé, la face contre terre.

Il est exactement quatre heures du matin.

Pelé s'approche pour constater la mort. La figure du supplicié est méconnaissable, le corps est criblé de balles.

De furieux aboiements se font entendre, c'est Mohiloff qu'on éloigne à coups de bottes.

Deux gendarmes fouillent les poches du cadavre : une montre, le carnet sur lequel le prince a écrit son dernier journal. Ils ne touchent ni à son porte-monnaie ni à l'anneau d'or de son oreille.

Ils se saisissent du corps et le précipitent dans la fosse, la face contre le sol. Vite ils jettent de la terre. Dans la précipitation, une pierre écrase la tête. Encore quelques pelletées jusqu'à ce qu'un léger tumulus recouvre complètement les restes du prince.

Tous alors s'éloignent sauf deux sentinelles : une au fond du fossé, l'autre sur le chemin de la contrescarpe.

Talleyrand s'est rendu à une invitation chez la duchesse de Luynes. La société est brillante et le ministre a passé une partie de la nuit à jouer au creps avec la maîtresse de maison. Soudain, il tire sa montre et dit :

« Le dernier des Condé a cessé de vivre. »

Mohiloff est revenu près de son maître. Il s'allonge sur la terre mouillée de sang et d'eau et se met à hurler à la mort.

Post-scriptum

Nicole Garnier me tend ce qu'elle vient de sortir de la chambre forte du musée Condé : lié d'un ruban de soie, un sachet de velours violet, doublé de noir, sur lequel est cousu un rectangle de coton blanc, portant l'inscription : « Reliques de Mgr le duc d'Enghien. 21 mars 1804. »

À l'intérieur, une petite enveloppe et une feuille de papier : « Reliques de Mgr le duc d'Enghien. [...] Trouvées en juillet 1884 dans les archives par M. Depelchin, conservées par ordre de Mgr le duc d'Aumale. »

Dans l'enveloppe, une autre feuille de papier, d'une écriture plus ancienne, avec certains mots illisibles. Pas de signature.

« Ce rendez-vous convenu hier avec la princesse Charlotte.

« Auj. mercredi 17 avril 1816, à 11 heures du matin, Mr Jacques (avec lequel madame [la duchesse d'Angoulême] a resté une demie heure dans laquelle elle lui a appris que le Roi l'avait fait baron) [...]. Il demeure au Palais-Bourbon : une dent, des cheveux de M. le duc d'Enghien et un ducat qu'il portait toujours dans sa poche. [...] J'en aurai tant à griffonner mais les forces me manque [sic] et ma pauvre tête est en mauvais état. »

Enfin une dernière feuille :

« Les cheveux sont chez M. Froment-Meurice, 46 rue d'Anjou, pour les mettre en médaillon. »

La mèche de cheveux dans un médaillon est visible à Chantilly.

La dent a disparu.

Le ducat est toujours dans le sachet, enveloppé dans une feuille de papier. Je prends et garde un moment entre mes mains cette fine pièce d'or que le prince a palpée, peut-être, quelques minutes avant de mourir.

Éléments de bibliographie

Sources manuscrites

Archives de Chantilly

Journal des chasses de S. A. S. Mgr le prince de Condé à Chantilly, 1748-1785, par Toudouze, lieutenant des chasses du prince à Chantilly. 371-372. XXC1 12-13. Inv XXC 12 et 13.

Cahiers d'études du duc d'Enghien. Série 99E, 7, 8, 9.

Récit du duc de Bourbon. Na 174.

Correspondance. Série Na 366, 399, 421, 422, 423, 431, 432, 433. Série Z, suppléments VI, VII, CXLIII, CXCIII, CCXXIII, CCXXVII.

Affaires secrètes. 120 a 14, Na 422.

Journal de campagne du duc d'Enghien (1796). 120 C6.

Journal de la campagne de Constance (1799) du duc d'Enghien. Dossier Charavay, Na 424.

Journal des campagnes de la division aux ordres de S. A. S. Mgr le prince de Condé, 1792-1800. Général d'Ecquevilly. Inv. 121 A14 et 15.

Archives nationales

Correspondance. Séries 34 AP3 et 34 AP10.

Archives du SHAT à Vincennes: 29 yf 10, 2 yf 141 196, 8 yd 1207, 7yd 521, 3 yf 1809, 3 yf 24 359.

Dossiers militaires: duc d'Enghien, prince Murat, général Savary, Pierre Delorme, général Hulin, général Ravier, général Barrois, lieutenant Noirot, colonel Charlot.

Correspondance de Napoléon, pièces non publiées. C17285.

Manuscrit de René, duc de Rovigo. Aimablement prêté par la librairie Teisseidre.

Ouvrages consultés[1]

Anonyme : *Pièces judiciaires et historiques relatives au procès du duc d'Enghien*, Paris, Baudouin, 1823.

Anonyme : *Mémoires d'une femme de qualité sur le Consulat et l'Empire*. Préface de Ghislain de Diesbach, Paris, Mercure de France, 1987.

Anglemont (Édouard d') : *Le Duc d'Enghien*, Paris, Mame Delaunay, 1832.

Barante (baron de) : *Souvenirs* 1782-1866, publiés par son petit-fils, Paris, Calmann-Lévy, 1890.

Baudus (lieutenant-colonel Élie de) : *Études sur Napoléon*, Paris, Debécourt, 1841.

Baudus (Florence de) : *Le Lien du sang*, Paris, Le Rocher, 2000.

Bertaud (Jean-Paul) : *Bonaparte et le duc d'Enghien, le duel des deux France*, Paris, Robert Laffont, 1972.

Bertaud (Jean-Paul) : *Le Duc d'Enghien*, Paris, Fayard, 2001.

Bieuville (colonel), et lieutenant Perrier : *Les Gouverneurs militaires de Paris*, Abbeville, Connaissances et mémoires européennes, 1999.

Bittard des Portes (René) : *Histoire de l'armée de Condé d'après les Archives de l'État, les mémoires de l'Émigration et des documents inédits*, Paris, Librairie Émile-Paul, 1905.

Bouillé marquis (de) : *Souvenirs et Fragments pour servir à la mémoire de mon temps 1769-1812* (publiés par P.L. de Kermaingant), Paris, Picard, 1906.

Boulay de la Meurthe : *Les Dernières Années du duc d'Enghien*, Paris, Hachette, 1886.

Boulay de la Meurthe : *Correspondance du duc d'Enghien*, Paris, Picard, 1904.

Bouvens (abbé de) : *Notice historique sur Louis-Antoine-Henri de Bourbon-Condé, duc d'Enghien, prince du sang royal, suivie de son oraison funèbre prononcée dans la chapelle catholique de Saint-Patrice, à Londres, en présence de la famille royale*, Paris, Michaud Frères, 1814.

Cambaceres : *Mémoires inédits*, présentation et notes de Laurence Chatel de Brancion, Paris, Perrin, 1999.

Castries (duc de) : *Les Hommes de l'Émigration*, 1789-1814, Paris, Tallandier, 1979.

Chamson (André) : *Le Drame de Vincennes* (théâtre), 1955.

Chapelot (Jean) : *Le Château de Vincennes*, Paris, Caisse nationale des monuments historiques et des sites, 1994.

1. Par principe, j'ai cité toutes les biographies du duc d'Enghien qui me sont tombées sous la main. Il y en a de bonnes, il y en a d'exécrables, je laisse au lecteur sa liberté de jugement.

Chateaubriand : *Mémoires d'outre-tombe*, Pléiade Gallimard, 1990.
Choulot (comte de) : *Mémoires et Voyages du duc d'Enghien*, Moulins, Desrosiers, 1841.
Chuquet (Arthur) : *Valmy*, Paris, 1899.
Clinchamp (comtesse de) : *Chantilly*, Paris, Hachette, 1902.
Collectif : *150 ans d'histoire d'Enghien-les-Bains*, Éditions Valhermeil.
Colleville (comte de) : *Les Ordres du Roi*, Paris, Jouve.
Condé (prince de) : *Journal d'émigration. 1789-1795*, publié par le comte de Ribes, Paris, Georges Servant éditeur, 1924.
Constant (L.) : *Le Duc d'Enghien*, Paris, Armand le Chevalier, 1869.
Cornut-Gentille (Pierre) : *La Baronne de Feuchères*, Paris, Librairie académique Perrin, 2000.
Crétineau-Joly : *Histoire des trois derniers princes de la maison de Condé*, Paris, Amyot, 1867.
Daudet (Ernest) : *Les Bourbons et la Russie pendant la Révolution française*, Paris, La Librairie illustrée, 1907.
Desmarest (P. M.) : *Quinze ans de haute police sous le Consulat et l'Empire*, Paris, L. Grasilier, 1900.
Destremau (Noëlle) : *Le Duc d'Enghien*, Jouques, Éditions du Cloître, 1990.
Diesbach (Ghislain de) : *Histoire de l'Émigration*, Paris, Grasset, 1975.
Diesbach (Ghislain de) : *Les Secrets du Gotha*, Paris, Julliard, 1964.
Dulaure (J. A.) : *Histoire des environs de Paris*, Paris, Furne, 1838.
Dupont (Marcel) : *Le Tragique Destin du duc d'Enghien*, Paris, Hachette, 1938.
Dupont (Marcel) : *Murat*, Paris, Hachette, 1934.
Espinchal (comte d') : *Journal d'émigration*, Paris, Librairie académique Perrin, 1912.
Fossa (F. de, capitaine d'artillerie) : *Le Château historique de Vincennes à travers les âges*, Paris, Daragon, 1908.
Galimard-Flavigny (Bertrand) : *Les Chevaliers de Malte, des hommes de fer et de foi*, Paris, Gallimard, coll. « Découvertes ».
Ganay (comte Ernest de) : *Chantilly au XVIIIe siècle*, Paris et Bruxelles, G. Van Oest, éditeur, 1925.
Gaxotte (Pierre) : *La Révolution française*, Paris, Éditions Complexe, 1975.
Gourdon de Genouillac (H.) : *Le Crime de 1804*, Paris, E. Dentu, 1873.
Grouvel (vicomte) : *Les Corps de troupe de l'émigration française*. Tome II : l'armée de Condé, Paris, Les éditions de la Sabretache, 1956.
Hennequin (capitaine L.) : *Zürich. Masséna en Suisse*, Librairie militaire Berger-Levrault, 1911.
Houdard (L.) : *Précis justificatif de l'arrestation et de la condamnation du duc d'Enghien*, Saint-Germain-en-Laye, M. Mirvault, 1913.

Hulin (comte) : *Explications offertes aux hommes impartiaux au sujet de la commission militaire instituée en l'an XII pour juger le duc d'Enghien*, Paris, Baudouin frères, 1823.
Hyde de Neuville (baron) : *Mémoires et Souvenirs*, Paris, Plon, 1888.
La Faye (J. de) : *La Princesse de Rohan et le duc d'Enghien*, Paris, Émile Paul Frères, 1929.
La Rocheterie (Maxime de) : *Marie-Antoinette et l'Émigration*, Paris, Librairie Charles Douniol, 1875.
Las Cases (comte de) : *Le Mémorial de Sainte-Hélène*, Paris, Pléiade Gallimard, 1956.
Lavallette (comte de) : *Mémoires et Souvenirs*, Paris, Mercure de France, 1994.
Lenôtre : *Drames d'histoire*, Paris, Flammarion, 1935.
Lombard (Paul) : *Par le sang d'un prince*, Paris, Grasset, 1986.
Madelin (Louis) : *Talleyrand*, Paris, Flammarion, 1944.
Magny (Françoise) : *Palais-Bourbon, sa place*, Paris, Institut néerlandais, 1987.
Maricourt (baron André de) : *Les Bourbons (1518-1830)*, Paris, Émile-Paul Frères, 1936.
Maulnier (Thierry) : *Celui qui n'avait rien fait* (théâtre), Paris, Gallimard, 1983.
Melchior-Bonnet (Bernardine) : *Vie et mort du dernier des Condé*, Paris, Amiot-Dumont, 1954.
Millot (Abbé) : *Dialogues et vie du duc de Bourgogne*, Paris, Petit, 1816.
Montenon (Jean de) : *La France et la presse étrangère en 1816*, Paris, Librairie académique Perrin, 1933.
Murat (S.A. le prince). *Lettres et documents pour servir à l'histoire de Joachim Murat (1767-1815)*, Paris, Plon, 1909.
Nauroy (Charles) : *La Femme du duc d'Enghien*, Paris, Charanay Frères, 1883.
Nougarède de Fayet (A.) : *Le Duc d'Enghien*, Paris, Librairie mondiale, 1908.
Oberkirch (baronne d') : *Mémoires*, Paris, Mercure de France, 1970.
Otrante (duc d', ministre de la Police générale) : *Mémoires de J. Fouché*, Paris, Nouvelles Éditions Publicitaires, 1957.
Pasquier : *Mémoires du chancelier Pasquier*, Paris, Plon, 1893.
Pasteur (Claude) : *Le Duc d'Enghien ou la Mauvaise Destinée*, Paris, Tallandier, 1984.
Pradel de Lamaze (Martial) : *Le Château de Vincennes*, Paris, Calmann-Lévy, 1932.
Procès-verbal signé le 21 mars 1816 à Vincennes de l'exhumation du corps du duc d'Enghien et de la cérémonie religieuse, par les commissaires du roi.

Puymaigre (comte A. de) : *Mémoires*, Paris, Plon, 1884.
Riasanovsky (Nicholas V.) : *Histoire de la Russie*, Paris, Robert Laffont, coll. « Bouquins », 1994.
Roger (M. l'abbé, curé de Vincennes) : Discours prononcé lors de la cérémonie religieuse à Vincennes, le 21 mars 1816.
Sabourin de Nanton : *Ettenheim et le duc d'Enghien*, Mulhouse Bader, 1869.
Savary (duc de Rovigo) : *Mémoires*, Ponthieu, 1823.
Schmitt (M.) : *Mémoire sur l'arrestation du duc d'Enghien*, Dôle, 1895.
Schumann (Maurice) : *Qui a tué le duc d'Enghien ?* Paris, 1984.
Ségur (marquis de) : *La Dernière des Condé*, Paris, Calmann-Lévy, 1899.
Six (Georges) : *Dictionnaire biographique des généraux et amiraux français de la Révolution et de l'Empire, 1792-1814*, Paris, Georges Saffroy, éditeur, 1934.
Société d'avocats et de publicistes : *Causes politiques célèbres*, Paris, Langlois, 1827.
Sommervogel (le père P.C. de la Compagnie de Jésus) : *Une correspondance pendant l'émigration 1792-1797. 48 lettres inédites de Louis-Joseph de Bourbon, prince de Condé, du duc de Berry et du duc d'Enghien*, Paris, Ch. Douniol, 1867.
Sorel (Albert) : *L'Europe et la Révolution française*, Paris, Plon, 1913.
Sorel (Alexandre) : *Le Château de Chantilly pendant la Révolution*, Paris, Hachette, 1872.
Thiard de Bissy (général) : *Souvenirs diplomatiques et militaires*, Paris, 1900.
Thibaudeau (A. C.) : *Mémoires*, Paris, Baudouin Frères, 1824.
Thiboult de Puisact (J. de) : *Journal d'un fourrier de l'armée de Condé*, publié par le comte Gérard de Contades, Paris, Didier, 1882.
Tulard (Jean) : *Bibliographie critique des mémoires sur le Consulat et l'Empire*, Genève, Librairie Droz, 1971.
Tulard (Jean) : *Dictionnaire Napoléon*, Paris, Fayard, 1989.
Tulard (Jean) : *Fouché*, Paris, Fayard, 1998.
Tulard (Jean) : *L'Anti-Napoléon*, Paris, Julliard, 1965.
Tulard (Jean) : *Le 18 Brumaire*, Paris, Librairie académique Perrin, 1999.
Welshinger (Henri) : *Le Duc d'Enghien*, Paris, Plon, 1888.

Revues

Le Bulletin monumental. Année 1998, Laurent Vissière : *Les Verrières de la Sainte-Chapelle de Vincennes : une apocalypse politique*.
Journal officiel : loi du 19 fructidor, an V.

Le Moniteur universel. 1er germinal de l'an 12 (22 mars 1804).
La Revue universelle, 1er janvier 1931, Jacques Bainville : « Le fossé sanglant ».
Le Spectateur du Nord, 1797-1801.

Articles

Chapard (Françoise) : Causerie de novembre 1982 : *La Forêt,* Association de sauvegarde de Chantilly et de son environnement.
Vassiliev (Alexis) : *L'Armée royaliste des émigrés du prince de Condé dans l'Empire de Russie,* Paris, Librairie du Globe, 1989.

Travaux

Breton (Armelle) : *Condé, chef des armées émigrées, 1789-1815,* mémoire de maîtrise, préparé sous la direction de M. Jean Tulard, 1990.
Lapparent (Anne-Marie de) : *Louis Deseine, sa vie, son œuvre, 1743-1822,* thèse présentée à l'École du Louvre, 1985.
Mauguin (Laurence) : *Étude critique du Journal des chasses de J. Toudouze (1748-1785),* mémoire de maîtrise préparé sous la direction de M. Pierre Chaunu, 1986.

REMERCIEMENTS

Ce livre n'aurait pu voir le jour sans l'aide précieuse de :

Mme Chantal Amalric, le colonel Gérard Bieuville, Mme Patricia Bouchenot-Déchin, M. Louis Bulit, le comte Ghislain de Diesbach, Mlle Vanessa Elliott, M. Henri-Christian Farkoa, le colonel Philippe Guyard, Mme Catherine de Léobardy, M. l'abbé Georges Marion, Mme Mathieu Vidal, M. et Mme Vladimir Volkoff,

à Chantilly, Mme Nicole Garnier, conservateur en chef du patrimoine, chargée du musée Condé, et toute son équipe, en particulier M. Ramdame Manseur,

à Ettenheim (Allemagne), le docteur et Mme Jäger, MM. Bernhard Uttenweiler, Dieter Weiss, et la mairie,

à Sychrov (République Tchèque), la comtesse Kottulinsky et le docteur Milos Kladlec,

à Vincennes, sous la bienveillante autorité du général Berlaud, le lieutenant-colonel Duchon, MM. Stéphane Allion, Raphaël Massot, conservateur de la bibliothèque, Patrick Moulène, chargé de communication et son équipe, l'adjudant Philippe Lafargue et M. Gibiat, directeur des Archives militaires.

TABLE

Cet ouvrage a été imprimé par la
SOCIÉTÉ NOUVELLE FIRMIN-DIDOT
Mesnil-sur-l'Estrée
pour le compte des Éditions du Rocher
en janvier 2002

Imprimé en France
Dépôt légal : janvier 2002
CNE section commerce et industrie Monaco : 19023
N° d'impression : 58063